Elise Wuppermann geb. Tips

Texanische Tagebücher

1850 - 1865

aus den handschriftlichen Originalen übertragen, aus anderen Quellen ergänzt, mit 33 Abbildungen versehen und herausgegeben von

Gerhard Vowinckel

© 2024 Elise Wuppermann geb. Tips
Verlag: BoD • Books on Demand GmbH, In de
Tarpen 42, 22848 Norderstedt
Druck: Libri Plureos GmbH, Friedensallee 273,
22763 Hamburg
ISBN: 978-3-7597-3059-6

Vorbemerkungen des Herausgebers

Elise Wuppermann hat die texanischen Tagebücher ihren drei Töchtern hinterlassen - in der Reihenfolge ihres Alters. So kamen sie nach Clara Tafel und Lily Thomae auf meine Großmutter Laura Vowinckel, dann auf meinen Vater Werner Vowinckel und schließlich - nachdem meine älteren Geschwister kein Interesse zeigten - auf mich. Was mich daran angesprochen und dazu bewogen hat, sie abzuschreiben und interessierten Verwandten zugänglich zu machen, ist der Einblick in für uns, wenige Generationen später, nur mehr schwer vorstellbare, teilweise abenteuerliche Lebensbedingungen und der sympathische, literarisch unambitionierte bodenständige Sinn, mit dem Elise die großen und kleinen Ereignisse ihres Lebens schildert.

Zum besseren Verständnis mancher Tagebucheintragungen und um die Lücken zu schließen, die sie lassen, habe ich weitere Quellen zu Rate gezogen. Bei meinen Einfügungen in den Text der Tagebücher habe ich mich auf folgende Manuskripte und Veröffentlichungen gestützt:

Vorbemerkungen des Herausgebers

Erinnerungen von Clara Tafel geb. Wuppermann an ihre Kindheit und Jugend in Texas, die sie für ihre Kinder aufgeschrieben hat.

Briefe von Julius Tips an seinen Oheim Joh. Herm. Braun in Elberfeld (Eine Abschrift dieser Briefe verdanke ich einem Mitglied der Familie Tips, dessen Namen und Adresse ich leider verschlampt habe - ich bitte um Verzeihung.)

Briefe von Otto und Elise Wuppermann an Ottos Vater Reinhard Theodor, an andere Verwandte und an einander.

Robert R. Robinson Jr., Die Bremerverwandtschaft in Deutschland und in Texas, Nortex Press, Burnet/Texas 1979, mit Kapiteln zu den Familien Tips und Nohl

Dr. Walter Dietz, Chronik der Familie Wuppermann. Hg.: Familienverband der Familie Wuppermann, Leverkusen-Schlebusch 1965

Nachrichtenblätter des Familienverbandes der Familie Wuppermann e. V.

Beim Text der Tagebücher habe ich Elises kreative und variantenreiche Schreibung beibehalten. Die anderen Quellen liegen mir z. T. nur in Abschriften vor, die sich nicht an die Schreibweise der Originale halten.

Hamburg im Juli 2013

Gerhard Vowinckel

4

Alles mag auf dieser Welt,
über gehn, sich ändern,
Freud und Leid nicht dauernd hält,
Ewig aber meine Liebe.
Was Gott will, gescheh' all'zeit,
Ihm wollen wir vertrauen,
Gläubig auf ihn schauen.
Dich zu lieben, mein Leben Dir zu weih'n
Einzig nur von dir geliebt zu sein,
Ist mein höchstes Glück; mein Wunsch auf Erden,
Nie von dir getrennt zu werden! -

Von deiner treuen Elise.
Life-oak-hill, den 11. Juni, 1850.[1]

---

1 Deckelinnenseite auf einem eingeklebten Blatt mit den eingeprägten Initia-
len E W)

Vorgeschichte

Am 5. November 1849 läuft das Segelschiff „Neptun", von Bremen kommend, nach über neunwöchiger Seereise gegen sechs Uhr Abends in den Hafen von Galveston, Texas ein. Zu den etwas mehr als hundert Passagieren an Bord gehören Johann Conrad Tips, seine Ehefrau Anna Caroline geb. Braun und ihre acht Kinder[2], darunter die älteste Tochter Elise, außerdem die verwandte Familie Nohl mit vier Töchtern.

Die Familie Tips kommt aus der zu Preußen gehörenden Stadt Elberfeld. Bei ihr hatte Johann Conrad dreißig Jahre lang in herausgehobener Stellung als rechte Hand der Bürgermeister Brüning und von Carnap gewirkt - von 1832 an mit der Amtsbezeichnung „Stadtsekretär". Tüchtigkeit und Rechtschaffenheit hatten ihm hohes Ansehen erworben, das sich u. a. in seiner Erhebung zum Ritter des Roter-Adler-Ordens ausdrückte. Zu seinem 25jährigen Dienstjubiläum 1842 hatte die Stadt ein Fest für ihn ausgerichtet und sein Jahresgehalt um 100 Taler erhöht.

---

2   *Julius (21), Elise (19), Eduard (17), Hermine (15), Clara (14) Gustav (9), Walter (8) und Helene (5)*

Vorgeschichte

Die revolutionären Ereignisse der Jahre 1848-49 waren zu viel gewesen für den konservativen Beamten. Auch hatte jahrzehntelange Büroarbeit seine Gesundheit untergraben, weshalb der Arzt ihm zu einer Änderung seiner Lebensweise mit mehr körperlicher Arbeit geraten hatte. Seine älteren Kinder planten auszuwandern. Ohne sie aber wollte er im Alter nicht sein. So hatte er sich entschlossen, mit der ganzen Familie Deutschland zu verlassen und in Texas, damals Wunschziel vieler deutscher Auswanderer, eine neue Existenz zu begründen. Da er über keine Rücklagen für eine solches Unternehmen verfügte, hatte er bei der Stadt um seine Entlassung und die Umwandlung der ihm zustehenden jährlichen Pension in eine Barabfindung gebeten, die ihm auch gewährt wurde. Bei ihrem Aufbruch in die neue Welt am 28. August war die Familie von zahlreichen Mitbürgern mit guten Wünschen zum Bahnhof begleitet worden und in der Zeitung waren Gedichte zum Lobe Johann Conrads und seines ältesten Sohnes Julius erschienen.[3]

Johann Conrad Tips

---

3 *Eine ausführliche Schilderung der Reise findet sich in den Briefen von Julius Tips an seinen Oheim Joh. Hermann Braun*

Vorgeschichte

Das Dampfboot „Palmetto" bringt die Reisenden von Galveston weiter nach Indian Point, wo sie den größten Teil ihres Gepäcks bei der Spedition H. Runge & Co. einlagern und sich aufmachen, um das Land zu erkunden auf der Suche nach dem geeigneten Platz für eine Farm. Johann Conrad reitet zunächst voraus. In Yorktown trifft die Familie wieder mit den Nohls zusammen und mit Wilhelmine (Minchen) Lenshen, geb Tips, einer Schwester von Jettchen Nohl und Nichte Johann Conrads.

Minchen war schon 1848 mit ihrem Mann nach Texas gekommen. Dieser war im folgenden Jahr an einem Hitzschlag gestorben, nachdem es es hartnäckig abgelehnt hatte, einen Hut zu tragen. Am 6. November hatte Minchen ein Kind geboren, das aber schon nach wenigen Tagen gestorben war.

Auf ihrer weiteren Suche nach einem Platz, um sich anzusiedeln, treffen Johann Conrad und seine Familie Bekannte und Verwandte aus Deutschland, hören sich ihre Ratschläge an und ziehen weiter. San Antonio erweist sich als teuer, schmutzig und unsicher. Der Plan, dort zunächst den Unterhalt durch Handarbeit zu verdienen, bis sich ein geeigneter Platz für eine Farm finden würde, wird fallen gelassen. Am Cibolo und am Comal sucht man weiter. In New Braunfels wohnen überwiegend Deutsche, aber auch, wie Julius Tips schreibt, „manche unrespektable Deutsche, die vor einigen Jahren durch den Verein[4] ins Land gebracht wurden". Ein Angebot, in der Nähe von Braunfels eine Farm auf ein Jahr zu mieten, wird wegen der ausbeuterischen Konditionen

---

4   *Verein zum Schutze deutscher Einwanderer in Texas (Mainzer Adelsverein), von Angehörigen des deutschen Hochadels gegründet zur logistischen und finanziellen Unterstützung der Auswanderung von Menschen, die in Deutschland Not litten. Organisatorisches Unvermögen und finanzielle Unregelmäßigkeiten führten dazu, dass viele der vom „Verein" nach Texas gebrachten Auswanderer dort Seuchen zum Opfer fielen (so 1846 in Neu-Braunfels) oder verhungerten.*

verworfen. Vom Kauf einer Farm am Cibolo schreckt man zurück, weil der Fluss häufiger trocken fällt. Nachdem schon zuvor ein Herrn Bechem die Verbindung nach Seguin hergestellt hatte, kommt am 29. Dezember dessen Partner Otto Wuppermann nach Braunfels, um die Familie Tips auf eine Farm aufmerksam zu machen, die unterhalb seiner eigenen, gemeinsam mit den Herren Bechem und Krochmann bewirtschafteten, zum Verkauf steht. Julius Tips beschließt, Otto Wuppermann zu begleiten und sich die Farm anzusehen. „[D]es ewigen Umherreitens müde" lässt er sich von seinem Vater Johann Conrad ermächtigen, die Farm gleich zu kaufen, wenn sie den Ansprüchen genügt. Tatsächlich stellt sie sich als geeignet heraus, der Preis ist erschwinglich und so schließt Julius den Kauf ab. Am nächsten Abend feiert er mit den neuen Nachbarn Bechem, Krochmann, Wuppermann von der oberhalb gelegenen, sowie Fischer und Koenemann von der unterhalb gelegenen Farm Silvester und eilt am Neujahrstag 1850 nach Braunfels zu seiner Familie zurück.

Otto Wuppermann hat, wie er am 2. Januar 1850 seinem Vater schreibt, die Silvesternacht „in äußerst gutem erquickenden Schlaf verbracht"; und er hat einen Vorsatz gefasst: „[M]eine feste Absicht ist, in diesem Jahr zu heirathen".

Otto hat, mit dem Segelschiff „Uhland" von Bremen kommend, am 29. Juni 1848 in New Orleans zuerst amerikanischen Boden betreten. Ausgestattet mit 500 Talern in Gold, einem Akkreditiv über 500 Louisdor auf ein Geschäftshaus in New Orleans und der Aussicht auf Kredite von Verwandten will er sich in Texas eine Existenz als Farmer aufbauen. Auf dem Schiff hatte er zwei junge Männer, Bechem und Krochmann, kennen gelernt, die den gleichen Plan hatten, und sich mit ihnen zusammen getan.

Vorgeschichte

Ein Dampfboot bringt die drei von New Orleans nach Galveston, ein weiteres nach Houston. Auf Frachtwagen - um die teure Postkutsche zu sparen - kommen sie nach La Grange und von dort nach Seguin. Nachdem sie sich auch in Braunfels und Umgebung umgesehen haben, wird ihnen in der Nähe von Seguin die Farm „Willow Spring" angeboten: „300 acr., 50 acr. cultiviert, mit Mais bebaut und eingezäunt zum Schutz gegen Vieh und Wild, ein Garten mit 1 acr. Kartoffelland, [...] Wohngebäude und Scheune für $ 1000.-. "⁵

Sie nehmen das Angebot an und sind nun Farmer. Das erweist sich mühsamer als gedacht. Die körperlich äußerst anstrengende Arbeit, Verletzungen, wiederholte langwierige Erkrankungen am „kalten Fieber", die Kündigung der Wirtschafterin, die einen jungen Mann heiraten will, der, wie Otto schreibt „durchaus ihr nicht zu empfehlen ist", zermürben die Neufarmer. Am 25. Oktober 1849 meldet Otto seinem Vater: „ Übrigens geht (seit Ende Juni) alles quer. Unsere Köchin lag nebst Kind, Vater und Schwester, welche von Friedrichsburg herunter gekommen waren unsere Köchin zu besuchen und mit ihr über ihre neue Heirath zu sprechen, 3 Monate bei uns krank! Kranke Leute kann man natürlich nicht wegschicken, und so mußten wir uns denn in das höchst Unangenehme fügen, und diese 4 Personen pflegen, obgleich wir selbst und unser Arbeitsmann abwechselnd alle, und zuweilen alle zugleich krank waren! Vor einigen Wochen, als die Köchin wieder wohl war, jagten wir sie weg und freuten uns, als ihr Vater, Schwester, Bruder, der unterdessen auch gekommen war, unsere Gastfreundschaft in Anspruch zu nehmen, uns 8 Tage später auch endlich verließen. "

Bechem will nach Deutschland zurück, um sich eine Frau zu holen, und will vorher ausgezahlt werden, fühlt sich aber durch

---

5 *Otto Wuppermann in einem Bericht an seinen Vater*

das finanzielle Angebot seiner Partner übervorteilt. Weitere „Verluste und Versäumnisse" bringen auch Krochmann zu dem Entschluss, Texas zu verlassen. Auf sich allein gestellt will Otto nicht weitermachen, da „hier ein Farmer ohne Frau nicht bestehen kann!" Die drei beschließen, die Farm zu verkaufen. Da sie aber keinen Käufer finden, machen sie gezwungenermaßen vorläufig weiter.

Im Dezember 1849 meldet Otto seinem Vater die Ankunft von „Stadtsekretair Tips von Elberfeld mit Frau und 8 Kindern". Am 2. Januar 1850 schreibt er: „Tips mit Familie von 10 Personen kaufte am Sylvester Abend durch meine Vermittlung eine äußerst reizend gelegene kleine Farm 5 Minuten von unserem Haus für $ 550.-." Drei Wochen später heißt es: „Enfin, das Junggesellenleben hier fängt nachgerade an, mir bis zum Übermaß unausstehlich zu werden, und so gut mir das Leben als Farmer im allgemeinen gefällt, ebenso sehr ist es mein täglicher Wunsch, dasselbe nicht mehr in der bisher betriebenen Weise fortzusetzen; ein Farmer hier muß Familie haben, ohne das ist er ein unglücklicher Mensch, kann auch nicht voran kommen!

Die Familie Tips, unsere Nachbarn seit 6 Wochen, sind in der Beziehung wirklich gut beraten; da sind 8 Kinder, von denen 7 schon fähig sind, bei den auf der Farm vorkommenden Arbeiten zu helfen. So sind sie dem äußerst großen Übelstand enthoben, fremde Leute halten zu müssen, sie können alles selbst thun, und ich zweifle nicht, nach einigen Jahren werden diese Leute gut voran kommen. Sie sind fleißig am arbeiten. Der Vater besorgt den Garten, die zwei erwachsenen Söhne bestellen das Feld, die beiden erwachsenen Töchter führen die Milchwirtschaft und die Mutter mit einer Tochter von 14 Jahren das Hauswesen. Zwei Knaben von 11 und 13 Jahren helfen hier und da und machen sich äußerst nützlich.

Vorgeschichte

Abends wird musiziert, vierhändig auf dem Piano, oder mit Begleitung von Violine und Harfe, auch im Gesang wird nicht Unbedeutendes geleistet. So ist mir denn nach 1 ½ jähriger Entbehrung wieder der große Genuß zu Theil geworden, deutsche Musik zu hören. Es wurde mir ganz eigenthümlich heimathlich zu Muthe, als ich vor einigen Wochen abends nach vollbrachtem Tagewerk bei Tips saß, und die eine der Töchter eine schöne Symphonie von Beethoven vortrug. Welch eine schöne Sache ist es doch um die Musika! Herr Tips sen. spielte früher Orgel; er spielt auf dem Piano nur Choräle; kürzlich sangen wir zusammen das schöne Lied: 'Wer nur den lieben Gott läßt walten' u. etc. und Herr Tips begleitete uns dazu auf dem Klavier."

Schließlich, am 5. April 1850 schreibt Otto zu mitternächtlicher Stunde an seinen Vater: „Äußerst bewegt setze ich mich heute nieder, Ihnen eine Mittheilung von der größten Wichtigkeit für mich zu machen. - Ich sprach Ihnen schon in meinen früheren Briefen[...] von unserer Nachbarschaft Tips (Stadtsekretär in Elberfeld), ich sagte Ihnen aber nichts davon, daß mich seit einigen Wochen ein besonderes Interesse an jenes Haus knüpfte. Ich will's kurz sagen, mein lieber, lieber Vater, mein besonderes Interesse knüpft sich an die älteste Tochter des Herrn Tips, Frl. Elise Tips. Ihre liebenswürdigen, wirklich vorzüglichen Eigenschaften hatten mein Herz ganz nach und nach, je mehr ich mit ihr zusammen kam, in Beschlag genommen. - Ich hatte mich seit Jahren keiner innigen aufrichtigen Inclination mehr für fähig gehalten. - Zu meinem eigenen großen Erstaunen fand ich, daß mit einem Mal Gefühle hier zum Vorschein kamen, die doch darauf hindeuteten, ich prüfte mich selbst möglichst genau, ich ging, neben meinem speziellen Verlangen überhaupt, auch aus diesem Grunde zum heil. Abendmahl, um mir recht klar zu werden über meine Ansprüche an eine Frau, über meinen festen Willen, sie

12

glücklich zu machen u. ectr. (Elise war in diesen Tagen nicht zu Haus, sondern in Braunfels bei ihren Verwandten.) So kam ich zu dem festen Entschluß, dem Lenker aller menschlichen Schicksale, diese wichtige, hochwichtige Sache anzuempfehlen, ihn um seinen Segen und um seine Fingerzeige zu bitten, wenn's möglich wäre. Ich hatte einen Nebenbuhler in einem benachbarten jungen Deutschen (nicht aus unserer Gegend, Sie kennen ihn gar nicht), er war zu meiner Betrübnis mit nach Braunfels geritten, so daß ich wähnte, das Schlimmste befürchten zu müssen. - Ich empfahl im Gebet auch besonders dies dem Herrn! - So kam Osterdienstag, Mittwoch, Elise war zurück, ich sprach sie, konnte aber keine besondere Zuneigung zu mir bei ihr entdecken. - Die große Ungewißheit beunruhigte mich ungeheuer, endlich faßte ich den Entschluß, mich den Alten brieflich anzuvertrauen, und sie um ihre Meinung zu fragen. - Da kam Ihr Brief vom 12./15. Febr. nebst Einlage von Gustav, Laura, Hohrath, an. - Was Sie über heirathen sagen, paßte so eigenthümlich auf meine Lage, daß ich unwillkürlich ganz fest wurde in dem Entschluß, jenen Brief, den ich noch in der Tasche hatte, abzugeben. - So that ich denn auch, gleich den andern Tag nach Empfang ihres Briefes. - Das Weitere können Sie sich leicht denken. - Ich bat in dem Brief um reifliche Überlegung von Seiten der Eltern, und ging dann erst den 3. Tag zu Tips wieder hin. - Die Alten waren ganz einverstanden, sie sprachen sogar von ehrenvoller Verbindung, wiesen mich aber ganz an die Tochter, mit der ich meine Sache allein abmachen müsse, mir ihre Neigung erobern, sie, die Alten hätten ihr gar nichts von meinem Brief gesagt. - In der größten Verlegenheit ging ich heute Abend zu Elise in die Kuhpenn, wo sie eben melkte, als sie fertig war, nahm ich ihr die Milcheimer ab, und brachte sie ans Thor; da aber konnte ich denn doch nicht länger zögern; mit Angstschweiß auf der Stirne, brachte ich in sehr dürren Wor-

ten mein Anliegen vor, und hörte dann zu meinem großen Erstaunen und Freude, daß schon längst im Innersten ihres reinen Herzens, innige Zuneigung zu mir herrsche!

- Ich konnte und konnte es nicht glauben, daß in einem so liebenswürdigen jungen Mädchen, zu mir armen störrigen, 31 Jahre alten Menschen, wirklich eine innige Zuneigung herrschen könne. - Als Elise dies aber immer und immer wieder versicherte, - da lieber Vater, wurde ich wirklich über und überglücklich, und so haben wir denn lange unter dem schönen Sternenhimmel auf einem Baumstamm gesessen, bis die kühle Abendluft mich mahnte, Frl. Elise ans Haus zu bringen. - Die herbei-gerufene Mutter brachte uns zum Vater, wir empfingen den

Anna Tips geb. Braun, Elises Mutter

herzlichen, innigen Segen der würdigen Eltern, und somit wurden wir den übrigen 7 Geschwistern als Braut und Bräutigam vorge-stellt.

Hiermit komme ich nun, Sie auch um ihre Einwilligung zu bitten, mein theurer Vater, und auch ihren Segen. - Ich glaube erwarten zu dürfen, daß Sie ihn mir geben. - Meine Braut ist 20 Jahre alt, so unbefangen, einfach, natürlich, wie ich nie ein Mädchen gesehen, dabei sehr verständig, brav, sehr <u>arbeitsam</u> und fleißig und dabei, ich bin des überzeugt, <u>innig fromm</u>! Ich habe *ihr gleich gesagt, mit Gott wollten wir unsere Verbindung beginnen, an Gottes Segen sei alles gelegen, ohne dem seien wir verloren. - Elise stimmt <u>ganz</u> mit mir ein, und so glaube ich denn hoffen zu dürfen, wir werden glücklich zusammen sein auf <u>dieser</u> Basis! - Elise singt gut und spielt gut auf dem Piano, zu meiner außerordentlich großen Freude. - Vermögen ist indessen <u>gar nicht</u> da, nicht einmal zu einer guten Ausstattung, wie mir Frau Tips im Voraus sagte. - Gott walte des Weiteren! - Ich hoffe, Sie antworten bald, Sie können denken, wie viel mir an Ihrer Einwilligung gelegen ist. - Nächstens Näheres."*

Der väterliche Segen lässt nicht länger auf sich warten, als die Post hin und her braucht. Die Brautleute bedanken sich in einem Brief vom 24. Juli. Doch auf die Vorfreude ist unterdessen ein dunkler Schatten gefallen. *„In meinem elterlichen Hause"*, schreibt Elise, *„ist jetzt eine recht betrübte Zeit, meine Eltern und fünf Geschwister liegen am klimatischen Fieber darnieder, während ich nach vierwöchentlichem Leiden an dieser Krankheit jetzt eben wieder so weit bin, um Ihren Brief beantworten zu können."* Die Krankheit, die zuerst Elise und ihre Schwester Helene befällt, wird abwechselnd als *„Katharalisches Fieber"*, *„climatisches Fieber"*, *„California-Fieber"*, *„Nervenfieber"* und *„Faulfieber"* bezeichnet. Mitte Juli erkranken nacheinander die bis dahin verschont gebliebenen Mitglieder der Familie und am 1. August schreibt Julius Tips seinem Oheim nach Deutschland: *„Die Hand des Herrn hat uns schwer getroffen (...). Am 25. Juli Abends gegen 10 Uhr starb unsere gute liebe Schwester Clara an einer Lungenlähmung und gestern Abend, den 31. Juli gegen 9 Uhr verschied unser theurer, lieber Vater. Beide schlummerten sanft hinüber. Clara lag 12 Tage lang im heftigsten Fieber, fast immer ohne Bewußtsein, bis eine hinzugetretene Lungenlähmung in wenigen Stunden ihrem Leiden ein Ende machte. Vaters*

Vorgeschichte

Schmerzenslager währte 15 Tage. Seine Kräfte nahmen von Tag zu Tag ab; in den letzten 8 Tagen sprach er garnicht mehr, bis ihn der Tod ruhig hinwegnahm." Vater und Tochter werden unweit des Hauses unter immergrünen Lebenseichen feierlich und unter großer Anteilnahme deutscher und amerikanischer Nachbarn begraben.

Im August trennen sich die Nachbarn Fischer und Koenemann und Otto kauft ihre unterhalb der Tipsschen gelegene Farm, um sie mit seiner zukünftigen Frau zu bewirtschaften. Die Ereignisse im Hause der Tips haben ihn nervlich so angegriffen, dass Dr. Nohl ihm Ausspannen verordnet. Elise, Julius und er reiten über Braunfels ins Gebirge nach Marienthal am Oberlauf der Guadalupe, wo sie sich bei Bergsteigen, Jagen, Baden und Lesen erholen. Die Hochzeit wird auf den 28. September festgesetzt.

I.

Mein Tagebuch,

angefangen, den 29. September 1850,

am ersten Tage unserer Verheirathung.

———————————

Nach meinem Heimgang (Tode) sollen meine texanischen und deutschen Tagebücher, und Briefe in den Besitz meiner geliebten Tochter, Clara Tafel übergehen. Nach ihr, sollen dieselben auf Lily Thomae, und nach Lily, auf Laura Vowickel [!] kommen.

Düsseldorf, den 9. Nov. 1915
Eure, Euch innig liebende
Mutter, Joh. Elise Wuppermann

Tagebuch

September 1850

29. Sept. 1850. Gestern feierten wir unsere Hochzeit, ein glücklicher, seeliger Tag, ein Tag voll froher süßer Erwartung, voll Liebe und Seeligkeit!

Mein geliebter Otto und ich wurden 5 Uhr Abends auf dem Hofe unserer lieben Mutter unter einer schönen Ulme von Prediger Young getrauet, er hielt eine schöne inhaltreiche Rede. Die Gäste, Jettchen und Bianca Nohl, Minchen Lenhsen, Herr Ferguson, Schmiedt, Krochmann, Fischer, Koenemanns, Heusinger, und meine liebe Mutter und Geschwister, welche im Kreise um uns standen, gratulirten und umarmten uns aufs innigste. O Vater, o Clara, ihr fehltet mir noch gar zu sehr, warum verließet ihr uns so früh? Doch wie egoistisch von mir, so zu klagen, Ihr habt ja nun kein Leid, keine Schmerzen mehr, und seid bei unserem gütigen Vater im Himmel!

Nach der Trauung tranken wir ein Glas Wein und gingen dann ins Haus zum Eßen. Unter anderen hatten wir einen schönen Sandkuchen von Herrn Tillmann, einen Stärkepudding von Jettchen, cincn Reiskuchen von mir verfertigt. Schinken, Rinderbraten, Kartoffelsalat, vor dem Essen Boullon, nachher Thee. Die Gäste baten uns, etwas zu musizieren, worauf Hermine und ich einige Duette sangen, wonach mich Minchen in unser liebes Häuschen begleitete. Mein lieber Otto war schwarz gekleidet, mit

Farm der Familie Tips, Zeichnung von Otto Wuppermann

weißer Weste und Rosenbouquetchen im Knopfloch. Nachdem ich angekleidet war, befestigte mir die liebe Hermine das von ihr verfertigte Myrthenkränzchen ins Haar, und meine theure Mutter überraschte mich, indem sie mir eine schöne mit Diamanten besetzte Nadel, ein Geschenk meines lieben Otto, überreichte, und an die Brust heftete. Otto trug eine Uhrkette aus meinen Haaren, ein Geschenk meines Bruders Julius. Als Hochzeitsgeschenke bekamen wir, von Louis und Jettchen ein Dutzend flache Teller und Salatgabel u. Löffel mit silbernem Griff; von Herrn Ferguson, einen Suppenlöffel, ordinäre Salatgabel und Löffel und einen Waßereimer von Zedernholz mit kupfernen Reifen, von Minchen einen hübschen Bettüberzug, von Herrn Schmidt 4 Enten, und von Herrn Bechem ein hübsches Kästchen, welches wir aber erst nach seiner Abreise erhalten. Heute Morgen machte ich uns ein gutes Biefsteak, Nachmittags besuchten uns die Mutter und Geschwister.

October 1850

Dienstag den 15 Oct. Heute theilte uns Louis mit, daß sich die liebe Minchen mit Gustav Heusinger verlobt habe. Eduard schoß einen großen Hirsch.

Sontag, den 19. Oct. machten wir eine kleine Tour um Pekanüsse zu suchen. Mutter und Geschwister fuhren, Otto und ich ritten. Wir verbrachten den Tag recht vergnügt, aßen Mittags ein Butterbrod mit Eiern, suchten fleißig Nüße und kehrten früh wieder nach Hause. Die arme Helenchen hatte Fieber, zur Abwechslung kizelte ich meinen Bären ein bischen, wofür er mich mit seinen großen Tatzen, tüchtig in die Füße kniff.

Dienstag, den 21. Oct. Heute machten uns alte vom Steins[6] ihre Abschiedsvisite, ich gab ihnen Ottos Zeichnungen (von Mutters Farm) an Tante Hanchen nebst einem Briefe mit.

Mittwoch, den 22. Oct. Heute morgen kaufte Otto 2 Kühe mit jungen Kälbern von Narvarro, und trieb sie mit Herrn Krochmann in die Penne, wir gaben ihnen die Namen Mina und Bianca. Dann schlachtete Otto das erste Schwein, ein kleines Spanferkel.

Den 29. Oct. Mein lieber Otto hat eine dicke, geschwollene Backe und Zahnschmerzen. Heute morgen holte er unsere 4 Schweine von Willow Springs. Gestern besuchte uns Herr Reinbach, welcher in Begriff war, nach Deutschland zu reisen, um sei-

---

6 Johanna Catharina Elisabeth vom Stein ist die Mutter von Louis Nohl, in zweiter Ehe verheiratet mit Carl vom Stein.

ne Mutter und Schwestern zu holen. Sein Fuhrmann brachte die beiden Damensättel mit für Mutter und Hermine. Die Letzteren besuchten mich gestern Nachmittag.

Den 25. Oct. brannte und markte Otto mit den Herrn Bechem und Krochmann unser Vieh, die Herrn blieben zum Mittagessen bei uns.

31. Oct. wurde unser Hühnerhaus fertig, Otto schoß eine große Ratte todt, das Geschwür am Zahn hat Otto durchgeschnitten, und die Geschwulst und Schmerzen hören auf. Herr Schmidt reist nach Indianola um seine Frau abzuholen, und wird uns Proviant einkaufen. Julius ist in Seguin, um die Hobelbank zu machen. Herr Tillmann besucht Herrn Bechem, er hat eine schlimme Hand, war heute hier. Ich goß 98 Lichter mit Wachs für künftigen Sommer.

November 1850

2. Nov. Otto schlug heute mit Herrn Schuchardt das Haus unten herum zu. Morgens früh lag ein Schwein todt in der Penne. Mein lieber Mann verkaufte heute die erste Butter, 2 Pfd. zu 20 C. das Pfd. Heute Abend schlug Otto mit Herrn Sch. im Rauchhaus eine große Stinkkatze todt.

Sontag, den 3. Nov. Otto machte heute Morgen ein allerliebstes Kästchen, mit Herrn Schuchard, indem er mir sagte, es sei für unsern kleinen Caro, nach Tisch gestand er mir aber, es sei für zwei Tauben bestimmt, welche er, bei dem Kaufe von Mina u. Bianca von Navarro erbeten und für mich bestimmt habe. Der gute, liebe Mann! Nachmittags ritten wir hin nach Navarro, die Tauben zu holen. Die Damen waren sehr artig, schenkten uns noch 2 junge Tauben, 3 Stangen Zuckerrohr, Blumen, und zeigten mir den schönen großen Spring.

Den 4. Nov. Mein liebes Männchen schmiert mit H. Schu. die Küche aus und fand unter dem Kamin eine kleine Eierschlange, die 3te seit 5 Wochen, ich tödtete früher 2 große Moccassin-Schlangen, eine an der Quelle, die andere in der Küche im Salzbad.

7. Nov. Brill brachte heute Morgen ein Viertel von einem Bief, dieses wurde eingesalzen und morgen geräuchert. Die arme Mutter hat leider das Fieber wieder. Herr Krochmann brachte Otto Briefe von unserm lieben Vater und Schwester Laura, welche leider die traurige Nachricht von dem Tode unserer lieben Schwester Mathilde enthielten. Drei liebe, theure Verwandte sind in diesem Jahre von uns geschieden, das ist sehr schmerzlich! Den 28. Sept. an unserem Hochzeitstage waren die Briefe abgegangen.

8. Nov. Otto fand heute beim Aufräumen im Kornhause eine Eierschlange. Heute Morgen trieb er mit Herrn Krochmann unsere Horn in die Penne. Gegen Mittag schoß mein lieber Mann eine große Ratte im Rauchhaus.

9. Nov. Ich brannte u. mahlte ein Säckchen Caffee für einen Amerikaner welcher an die Fenz kam und darum bat, für 20 c.

14. Nov. Otto kaufte den Cid und war einige Tage in Seguin, wegen Herrn Bechems Process.

15. Nov. Herminens Geburtstag, mein lieber Otto machte das Appartement fertig, woran ihm meine Brüder halfen. Sehr angenehm und plaisirlich ist das Butter verkaufen, bis jetzt habe ich schon 2 ½ Dollar für Butter eingenommen.

17. Otto brannte mit Mr. Rogers, Herrn Bechem und Julius den Ali, den Cid und die Mary. Dann schlachteten wir eines der drei Schweine für den Winter.

November 1850

18. Sontag, Wir ritten mit Mutter, Julius und Hermine nach Seguin, und besuchten Tom Johnsten und Klasing. Abends tranken wir bei Mutter den Caffee. Otto hat eine kleine Geschwulst am Beine.

December 1850

6. Dec. Otto schlachtete mit Julius 2 Schweine, eins von 128, das andere von 140 Pfd. Wir hatten einen doppelten Norder von 6 Tagen und 5 Grad Kälte, Otto's Geschwulst und Schmerzen haben bedeutend nachgelassen.

8. Dec. Mein lieber Otto schoß ein Eichhörnchen, eine Ente und ein Rebhuhn.

13. Dec. Otto trieb mit Herrn Krochmann und Bechem die Rose mit einem schönen Kuhkalbe in die Penne. Tags vorher machten wir Bratwürste und Panhas. Von der Kälte litt ich sehr.

14. Dec. Otto ritt heute Morgen nach Braunfels, um sich Pferdegeschirr zu kaufen, und verlor in Seguin seinen Plänket, welchen Herr Tillmann wiederbrachte. Ich war den ganzen Tag bei der Mutter, da Otto erst Morgen wiederkommen will, so bat ich Eduard bei mir zu schlafen, was er auch that. Nachmittags bekam Mutter Besuch von Rogers und Brills, wir musierten, was ihnen sehr gefiel. Es ist zum todtlachen, wenn die Mutter englisch spricht, so sagte sie z. B. zu Miss Perregh, Et is heute werri wärm, zu Mr. Rogers: Iß yü Moder well? Mr. R.: Jes Mem. Mutter: Jes Mem?

15. Dec. Seit einigen Tagen bin ich immerwährend übel, sehr frostig und müde, wenn es wirklich die Ursache von dem ist, was Mutter glaubt, so würde ich mich unaussprechlich freuen.

December 1850

21. Eduard schoß heute 5 Haasen, von denen er uns 2 brachte. Den 15. kam Otto von Braunfels zurück, und brachte ein junges spanisches Pferd mit, welches er in Br. zu 10 Doll. gekauft, und Fritz genannt hatte.

24. Wir bekamen heute Besuch von Herrn Krause und einem andern Mann namens Maurer, welche die Nacht bei uns blieben. Nachmittags machte ich ein Christbäumchen fertig, woran zu Lichterchen ein Stück Wachsstock benuzt wurde. Morgens backte ich Spekulatius. Mein liebes Ötterchen holte Abends die Kinder bei der Mutter ab, welche einen Teller mit Speculacius und eine Kleinigkeit dazu bekamen. Als ich sie kommen hörte, steckte ich den Baum an, welcher ganz nett war. Ottöchen überraschte mich mit einem schönen Waschkorbe und einer Gießkanne, welche mir sehr lieb sind, ich schenkte ihm 1 paar Stiefel, 1 paar hirschlederne und 1 paar wollene gehäckelte Handschuhe und 1 blaue Schreinerschürze. Wir waren alle sehr vergnügt und tranken ein Gläschen Punsch zusammen. Wie gut ist mein lieber theurer Otto, und wie sehr liebe ich ihn!

25. Dec. Erster Weihnachtstag, schlechtes Wetter, den ganzen Tag Regen. Wir hatten eine kleine Gesellschaft zum Mittagessen, Mutter und Geschwister und die Herrn Bechem und Krochmann. Mittags ein schönes Essen: einen gebratenen Puter, Nudeln, Potetossalat, Schnitzeln, Kastanie und Apfelpai. Nachmittags spielten wir Komödchen, und tranken um 8 Uhr den Thee, wozu ich zweierlei gutes Brod, Rauchfleisch, Butter, Käse und Apfelpai aufsetze. Dann plauderten wir noch etwas, und sangen ein Weihnachtslied.

26. Die vergangene Nacht und heute immer Regen, unsere Betten mußten wir in die Stube mouven.

December 1850

Während Elise sich mit Schwung und Optimismus in ihr neues Leben stürzt, plagen Otto finanzielle Sorgen. Für ihre neue Farm „Wupperhof" hat er 685.- $ an die Vorbesitzer Fischer und Koenemann zu zahlen. Seine „sonstigen Hausanschaffungen", darunter 5 Kühe, 5 Rinder, 2 jähr. Ochsen und 3 Kälber, die er seinem bisherigen Partner Bechem abkauft, belaufen sich auf 470.- $. Ein Wagen, der auf der neuen Farm dringend gebraucht wird, muss noch angeschafft werden. Die Ernte auf „Willow Spring", der mit Bechem und Krochmann gemeinsam betriebenen Farm, ist weit über Erwarten schlecht gewesen, ein Brand, dem der größte Teil der Einfriedung (fence) zum Opfer fiel, hatte einen Schaden von 300 $ verursacht. Immerhin war es gelungen, „Willow Spring", wenn schon nicht zu verkaufen so doch zu verpachten - gegen einen Pachtzins von einem Drittel der Ernte. Doch die Gelder, die Otto dringend aus Deutschland erwartet, lassen, u. a. wegen der politischen Ereignisse, auf sich warten. Geldsorgen werden die nächsten Jahre begleiten und Otto ist nicht geneigt, sie leicht zu nehmen.

1851

Januar 1851

Montag, den 6. Wie freue ich mich, wieder in unserm lieben Häuschen zu sein, meine lieben Kühe wieder melken zu können, und meinem lieben Männchen wieder seine Lieblingsspeise, warmes Maisbrod zu backen. Silvesterabend waren wir bei unserer lieben Mutter, wo wir ein Glas Punsch tranken. Neujahrmorgen traten wir unsere Reise nach dem Zibolo an, zuvor ritten wir zur Mutter, um ihr zum neuen Jahr zu gratuliren, die arme Frau lag im Bette und hatte das Fieber. Es war so kalt, daß wir, um uns zu erwärmen, mehrere Mal tüchtige Strecken zu Fuß gingen, wo dann Otto die Pferde führte, ich aber hinterherlief und die Pferde mit einem Stocke antrieb. Mittags 1 Uhr kamen wir bei Nohls an, die Guadaloupe war so klein, daß wir durchreiten konnten. Abends waren wir bei Ferguson zum Thee, wo wir uns gut amüsirten. Da Fritz lahm war, lieh Otto bei Ferguson die Bill, ein herrliches Pferdchen, welches ich nach dem Zibolo und zurück ritt. Otto war so heiser, daß er kaum sprechen konnte. Den 2. ritten wir, zu Riotte, unterwegs stieß der alte Niels zu uns, welcher uns den nächsten Weg zeigte. Herr Wallrath und Frau Riotte empfingen uns sehr freundlich. Herr Riotte war nach San Anton, kehrte jedoch abends zurück. Wir blieben bis Sonntag Morgen, wo uns Herr Wallrath nach Braunfels begleitete. Indeß ich mich mit der lieben Frau Riotte und ihren Kindern unterhielt, machte Otto manchen Ritt in die Umgegend, deren Hauptzweck war, Wagen zu besehen, den letzten Morgen fand er endlich einen, welchen er wahrscheinlich kaufen wird. Den 3. waren wir Nachmittags bei Brachts zum Caffee, Frau B. und ich freuten uns gegenseitig, uns wieder zu sehen, sie war gesund und munter, sie wohnten recht nett in einem kleinen hübschen Häuschen. Frau Bracht versprach mir, uns recht bald zu besuchen. Den 4. ging ich mit Frau Riotte zu Perimann, welche das Pianino von alte v. Steins gekauft haben. Nachdem ich die liebe Familie Riotte näher kennengelernt habe, bedaure ich es doppelt, daß sie nicht ganz in uns'rer Nähe wohnen. Wir erkälteten uns beide sehr, besonders ich bekam einen heftigen Husten. In Braunfels trafen wir Heusinger, welcher uns von Minchen den 30. Dec. als ihren Bräutigam vorgestellt war, sie logierten Nachts bei uns

Wilhelmine (Minchen) Tips, (verh. Lenshen/Heusinger/Reuter)

und ritten den andern Morgen mit Bianca, Goldbeck und Seele, welche mit ihnen kamen, nach Braunf. zurück.

7. Gestern bei unserer Rückkehr hörten wir, das ein Huhn krepiert, und die eine Taube verunglückt sei. Otto trieb heute mit Herrn Krochmann die wilde Nonne, welche uns fortgelaufen war, wieder ein, er arbeitet wieder an der Fenz auf Willow Spring.

13. Unsere liebe Mutter entschloß sich Gestern auf unser aller Bitten, Louis' und Jettchens Einladung nach Braunfels zu folgen, um sich zu erholen und endlich das Fieber los zu werden, Julius fuhr sie heute morgen hin, ich hoffe auf Gott, und bitte ihn, daß er sie bald in unsere Mitte gesund zurückführe.

17. Wir haben wieder einen tüchtigen Norder. Den 14. besuchte uns Herr Runge, und theilte uns die freudige Nachricht mit, die erwarteten Kisten seien unterwegs, er logierte Nachts bei uns. Den 15. besuchte uns Herr Riotte, er kam, um eine Negerinn zu miethen. Abends gingen wir hinauf und musicirten, welches Herrn Riotte sehr amüsirte. Otto brachte endlich Briefe von Deutschland, worunter 5 an Mutter, 2 an Julius, und 1 von Ohm Hermann an mich. Herr Krochmann hilft Otto die Fenz dicht machen, und das Thor an der Kuhpenne verbessern. Gestern Morgen ritten Herr Bechem und Otto mit Herrn Riotte um den Wagen von Maclöln zu holen.

17. Otto ist noch nicht zurück gekehrt, jedenfalls hält ihn der Norder zurück, welcher heute wieder mit aller Gewalt wüthet, und braust. Ich machte heute ein kleines Gedicht für ihn, überschrieben: „Hihsenbeinchens Heimkehr." Walter und Helenchen schlafen bei mir.

Sonntag, den 19. Jan. Gestern Abend kam mein lieber Otto zurück, er brachte den Wagen, und die beiden längst erwarteten Kisten mit den Hochzeitsgeschenken mit. Gestern Abend packten wir noch die größte aus, und heute Nachmittag die kleinere. Sie enthielten beide schöne Geschenke, unter anderm 1 silbernen Suppenlöffel, 1 Dutzend neusilberne Suppen- u. dito Theelöffel, 1 Dutzend Dessert-Messer und Gabel, 1 Dutzend Fischmesser u. Gabel, 1 Thee- u Löffelkistchen, 2 Stücke Leinwand und viel Gebild. Ferner eine schöne Gewürzdose, 2 Säckchen mit Pflaumen, ein große Büchse voll Thee, Gartengeräthschaften, eine schöne Lampe mit 6 Gläsern, 3 Glocken, und 12 Dutzend Lampenwieken, Zwirn, Litze; für Otto ein Tabaksbeutel, für mich 1 Geldbeutel, und 1 hübsches Kindermützchen u. a. m. Diese schönen Geschenke machen uns viel Vergnügen. Für H. Könemann war auch ein kleines Päckchen beigefügt, woraus wir ein Stück Kistekuchen machten. Otto liegt zu Bett, in voriger Nacht mußte er sich tüchtig übergeben, wahrscheinlich wegen Überladung des Magens. Julius ritt heute Morgen nach Br., um der Mutter die von Deutschland angekommenen Briefe zu bringen u. sich nach ihrem Befinden zu erkundigen.

24. Jan. Wir hatten Besuch von Prediger Kleist, welcher uns recht gut gefiel. Brief von Mutter, sie hat leider das Fieber wieder.

26. Ich wurde heute 21 Jahre alt, mein lieber Otto schenkte mir eine Matratze, Hermine einen Pflaumenkuchen. Julius aß zu Mittag mit uns, wir hatten Hasenragout mit Nudeln und Pflaumenkompot. Nachmittags ritten wir alle in die Kirche, und Abends tranken alle Geschwister Thee mit uns, ich bin also nun 21 Jahre alt, vor einem Jahre kannte ich meinen theuren Otto kaum, und bin jetzt schon über 4 Monate seine Frau, der liebe gute Gott lasse uns noch lange vergnügt und sorgenfrei und wie jetzt einander herzlich liebend zusammen leben!

27. u 28. Otto und ich arbeiteten beide den ganzen Tag im Garten, Otto grub ihn ganz um, indeß ich harkte und säete.

Februar 1851

4. Heute Morgen ersäufte ich unsere kleine Katze, weil sie es mit dem stehlen zu arg machte. Morgen fahre ich mit Eduard nach Braunfels um die Mutter abzuholen.

7. Gestern kam ich von Braunfels zurück, Mutter ist leider noch immer nicht gesund, Frau Ferguson hat ein todtes Kindchen bekommen, die arme, arme Frau, wie dauert sie mich. Minchen kam mit uns, um 4 Wochen hier zu bleiben. Vorgestern Morgen begleitete ich sie mit Eduard nach ihrer künftigen Farm, welche mir recht gut gefiel. Otto verpflanzte heute die Pfirsichbäume, wobei ich ihm half.

März 1851

9.) Heute ging ich mit meinem lieben Mann zum Abendmahl, die Rede von Pastor Kleist erbauete mich durchaus nicht, ebenso war die heilige Handlung lange nicht so feierlich, wie in Deutschland. Mutter und Hermine gingen ebenfalls zum Abendmahl. Diesen Abend waren die Herren Bechem, Runge und Listig zum Thee bei uns. Das Wetter ist außerordentlich warm und schön jetzt.

10. Christian, der Junge, welchen Otto zur Hülfe gemiethet hat, bekam heute in Folge heftiger Erkältung das Fieber, Otto schrieb deßhalb an Dr. Morgan. Vor einigen Tagen war Bianka hier, um uns ihren Bräutigam vorzustellen, sie nahmen Minchen wieder mit zurück. Otto wurde heute mit pflanzen des Korns fertig.

Vor einigen Tagen hatte Otto mit Hermine einen kleinen Streit wegen Hans (Pferd), welcher jedoch jetzt wieder glücklich beigelegt ist.

Mittwoch, 12. März holte uns Edmund v. Stein mit Fergusons Wagen nach Braunfels, um in dem Liebhaber Conzert mitzuwirken. Hermine und ich fuhren mit, Eduard ritt, und Otto kam den andern Tag nach. Ich besuchte Frau Ferguson und trank Cakao mit ihr. Abends fand das Conzert statt,

den 13. Hermine und ich spielten die Ouvertüre aus dem Califen von Bagdad, und sangen das Duett aus dem Freischütz „Schelm halt fest", ich sang die Arie aus Robert dem Teufel, Herr Listig, Fräulein Dittmar, Eduard und Hermine spielten abwechselnd. Nach dem Conzert war Ball und ich hatte das Vergnügen, einigemal mit meinem lieben Männchen zu tanzen. Mitunter wurde Caffee, Thee und Wein mit feinem schönem Backwerk herumgereicht, so wie auch guter Kartoffelsalat, Sülze, Butterbrod, mit Kalbs-, Schweine- und Puterbraten. Wir amüsirten uns sehr gut und gingen erst gegen ½ 2 Uhr Nachts nach Nohls. Den andern Tag regnete es, wir konnten erst Freitags wieder nach Hause, Herr Seele fuhr uns. Er machte Hermine den andern Tag einen Antrag, welche ihn aber natürlich nicht annahm. Wir verkauften an Louis 72 Pfd. Speck, welchen Herr Seele mitnahm.

Den 16. März wurde das Clavier bei Mutter abgeholt, Abends 9 Uhr durch die Herrn Morgan und Hill, wann wird ein neues da sein? Mutter verkaufte es zu 200 Dollar.

Den 25. fing ich eine Stinkkatze im Schlafzimmer, Otto war nicht zu Hause, ich rief Julius und Eduard, der Letztere schoß sie todt.

Den 27. trieb Otto die Altsche und Flora mit jungen Kälbern ein, Christian hat das Fieber, auch ich bin seit gestern Morgen sehr unwohl.

April 1851

den 10. April machte ich 18 Pfd. Butter ein, zu unterst 4 Pfd. von mir, dann 4 Pfd. von Mutter, und zuletzt 10 Pfd. von Frau Brill. Den 11. grub sie Otto im Rauchhaus in die Erde.

Den 13. bekam die Nami in der Kuhpenne ein todtes Kalb, den 14. starb das Kalb von der Alma.

Den 17. ritt ich mit Mutter, Otto u. Hermine nach Seguin, wo mir Dtr. Morgan zur Ader ließ, wobei mir sehr schlecht wurde.

20. Ostern. Wir aßen Mittags nebst Herrn Bechem bei der Mutter, Puter, grünen Salat mit Eiern und Schnitzeln, nach Tisch kamen Navarro's, welche, weil es Abends regnete, bis den andern Morgen da blieben. Ich ritt mit Otto, Herrn B. Julius und Eduard zur Kirche, Pastor Kleist predigte recht schön. Abends tranken wir den Thee bei der Mutter, aßen Ostereier und Reiskuchen. Den 2ten Ostern wurde nichts aus der Parthie zu der Quelle des Geronimo, Otto arbeitete den ganzen Tag im Felde.

26) Heute bekam ich Briefe von Deutschland, von Tante Hanchen, Louise Korte, Schwester Laura und deren Tochter Laura, Otto von Tante Hanchen, und Schwager Hösterey.

Juni 1851

22) Lange schrieb ich nichts in mein Tagebuch und muß deßhalb ziemlich weit nachholen. Vor 3 Wochen kam Staeheli uns zu besuchen, oder vielmehr um Hermine zu sehen, auf welche er von James Ferguson u. Frau Riotte aufmerksam gemacht worden war. Sie gefiel ihm sehr gut und er versprach uns in 14 Tagen einen zweiten Besuch. Frau Theisen machte uns mit ihrem Manne den ersten Besuch.

Den 8. (erster Pfingsttag,) aßen wir bei Mutter Hirschbraten von Goldbeck und Fietzebohnen, Frau Opem [?] und Perrig [?], Herr Bechem und Herr und Frau Schmitt aßen ebenfalls dort, die beiden ersten uneingeladen.

Den 9. (zweiter Pfingsttag) fuhren wir morgens 6 Uhr zum Geronimo Spring, auf Louis und Goldbeks Land. Herr Bechem, Fischer und Pröbsting, so wie Mrs. Cooke, Cäcilie und Josepha Navarro gingen mit. Die beiden Goldbeks hatten einen langen Tisch und Bänke an einer schönen Stelle im Bottom aufgeschlagen. Mit den Braunfelsern waren unserer 29 Personen. Fritz Goldbek schoß 2 Fische, welche sich Jettchen beide zueignete. Wir hatten uns gut mit Proviant versehen, kalten Puter, Rauchfleisch, Eiern, Brod, Butter, Weintraubentorte, und ???kuchen. Navarros hatten Ceeks gebacken. Gegen 6 Uhr Abends gingen wir und nahmen einen Baum mit Honig aus, aßen aber fast alle zu viel, was uns sehr schlecht bekam. Gegen Abend wurden bei dem schönsten Mondschein gesellschaftliche Spiele gespielt, und einige hübsche Lieder gesungen. Pröbsting wurde sehr fexiert indem ihm vor und nach sein Plänket, Sattel, Wyskyflasche und Stiefel weggenommen wurden. Eduard spielte zum Tanz auf, mein armer Otto tanzte auch einigemal aus Pflichtgefühl, obgleich er sich sehr unwohl fühlte. Theodor Goldbek hatte sich einige Tage vorher mit der Axt arg in den Fuß gehauen. Wir amüsirten uns recht gut und fuhren andern Morgens 10 Uhr wieder nach Hause. Otto fuhr den Tag darauf mit Herrn Schmitt wieder hin, um die Bienen zu holen, welche aber vor einer halben Stunde fortgeflogen waren.

14.) Kam Staeheli wieder, Abends nach Tische gingen wir alle zusammen zu Herrn Fischer, Herr Bechem trug die Mutter und Herr Staeheli Hermine durch den Creek, ich ritt.

16.) ritten wir nach Seguin, besuchten Frau Theisen und spielten Clavier, Herr Bechem war auf dem Rückweg ein bischen drüber.

17.) Nach dem Essen machte Herr St. Hermine einen Antrag, diese bat sich 14 Tage Bedenkzeit aus.

19.) Otto ritt nach Braunfels um sich bei F. noch näher nach dem Charakter St. zu erkundigen, diese gaben ihm die besten Zeugnisse. Er ritt auch zu Ölkers wegen einem Mädchen zur Hülfe für mich, dieses hatte jedoch einstweilen nicht überredet werden können. Bekäme ich doch bald wenn auch nur eine kleine Hülfe, das viele arbeiten wird mir immer saurer. Du lieber Gott, noch einige Wochen und wir haben schon ein liebes Kind, was werde ich aber vorher noch alles zu leiden haben! Wäre es doch schon glücklich da, wie werden wir das liebe Kind beide lieben und uns bemühen, es zu einem guten und frommen Menschen zu erziehen. Lieber Vater im Himmel gieb Du Deinen Segen dazu!

Wenn nur mein theurer Otto gesund bleibt, er fühlt sich leider seit einiger Zeit oft unwohl!

20.) kam mein lieber Mann gesund und munter von Braunfels zurück den

21.) ritt er nach San Anton um auf der dort den 23. stattfinden-den Auktion womöglich den wilden „Fritz", seine goldene Uhr und Pistolen zu verschwappen.

23.) Montag, der alte Luziano Navarro lud uns und Herrn Be-chem zur Feier seines Geburtstages ein, sein ältester Sohn holte uns mit dem hübschen neuen Wägelchen ab. Wir waren den gan-zen Tag recht vergnügt und aßen die ersten sehr schönen Wasser-melonen diesen Sommer. Der junge Navarro fuhr uns wieder Abends nach Hause. Das ist eine recht liebenswürdige Familie!

25. kam Otto gesund und munter von der Reise nach San An-tonio zurück, ohne jedoch etwas gekauft oder verschwappt zu ha-ben. Von Kampmann u. Frau wurde er freundlich aufgenommen.

Juni 1851

28. Die 14 Tage Bedenkzeit waren zwar noch nicht abgelaufen, allein Hermine hatte Johann Staeheli durch Otto sagen lassen, er möge heute kommen. Wir luden Mutter und Hermine Abends zum Thee mit Puffertskuchen ein, damit Johann und Hermine eine ungestörte Unterhaltung hätten. Nach Tische ließen wir sie im Zimmer allein und nachdem die Unterredung etwa eine Stunde gedauert, tranken wir alle ein Glas Wein auf die Gesundheit der Verlobten.

Hinkfuß mit Kalb eingetrieben

Otto rasierte sich Herminens Verlobung zu Ehren den Bart ab.

Juli 1851

4. Otto war mit Herrn Bechem, Eduard, Gustav u. Walter in Seguin zum Diner, wo sie sich ziemlich schlecht amüsirten, Johann und Hermine in Braunfels um sich als Brautleute vorzustellen, Julius mit ihnen, um von dort den andern Tag über den Zibolo nach San Anton zu gehen, wo er sich Arbeit suchen will.

10. Mein lieber Otto ritt heute Morgen abermals nach Hordeville und Braunfels um ein Mädchen für mich zu miethen. Gestern Nachmittag hatte der arme Mann schreckliche Zahnschmerzen, er war zur Mutter gegangen, um Kaffeebohnen für mich zu brennen, da mir die Hitze schädlich ist, mußte jedoch aufhören. Gegen Abend schoß Otto eine große Schlange an der Quelle todt.

Gestern hatte ich einen solchen Schrecken, das ich ganz außer Athem war und am ganzen Körper bebte. Die tückische Horn schlug mir näm. dreimal so schnell sie konnte in den Milcheimer, wofür sie von Otto mit Peitschenhieben traktiert wurde. Ich hatte eine sehr schlechte Nacht darauf und schreckliche Träume, wenn nur mein süßes Kindchen nicht darunter gelitten hat!

13. Otto hatte gestern wieder Zahnschmerzen und legte deßhalb 2 spanische Fliegenpflaster. Heute Morgen lieh er bei Navarro den Wagen, um ein Mädchen für mich in Hordenville zu holen und brachte für uns und Mutter jedem 5 schöne Wassermelonen mit. Helenchen, Gustav und Walter sind in Braunfels, Julius hat das Fieber. Auf heute Mittag luden wir Mutter, Johann, Hermine und Eduard zum Essen ein. Wir hatten Hasenbraten mit Savoien und Vietzebohnen von Mutter, und Reispudding, nach Tische tranken wir ein Glas Ingwerbier. Johann bekam das Fieber, Otto fuhr gegen 5 Uhr nach Hordenville, wie ich ihm so nachsah, wurde mir so traurig zu Muth, daß ich weinen mußte, ich wußte selbst nicht warum, möge es doch keine Ahnung vor einem bevorstehenden Unglück sein, lieber Gott bewahre doch meinen geliebten Mann!

Diese Nacht schlafe ich ganz allein auf der Gallerie.

21. Den 14. brachte Otto Hanchen mit, ich bin bis jetzt zufrieden mit ihr, denn sie zeigt viel Lust zur Arbeit nur hat sie einige unangenehme Fehler, zu vieles Sprechen, Naschhaftigkeit, und Hang zur Unwahrheit, ich hoffe jedoch ihr diese Fehler mit der Zeit und Gottes Hülfe abzugewöhnen. Julius hat seit 11 Tagen das Fieber, ist jedoch Gott sei Dank auf der Besserung. Doktor Morgan behandelt ihn, er ist noch sehr schwach. John lag ebenfalls einige Tage schwer am Fieber krank. Otto ist mit dem Blätterfuttermachen beschäftigt, er hat bis jetzt 350 Bündel und wird noch 150 machen. Herr Schmitt (Johannes) hatte die Cholera, und war gefährlich krank, ist jetzt auf der Besserung. Es ist heute

Johannes Schmidt

Montag, ich wasche diese Woche zum letztenmale vor meiner

Niederkunft, denn es wird mir jetzt sehr sauer. Helenchen ist schon seit 14 Tagen in Braunfels bei Nohls, hat aber wie John schrieb zuweilen das Heimweh. Gestern Mittag aß Herr Bechem bei uns, ich hatte Suppe, einen großen Haasen, welchen Otto geschossen, Savoien und Traubenkuchen. Heute Mittag verzehrten wir einen Waschbären, welchen Eduard am Milkreek geschossen hatte. Den 15. hatte mein lieber Otto seinen Geburtstag, er wurde schon 33 Jahre alt. Ich backte ihm einen Weintraubenpai und machte ein kleines Gedicht dazu. 2 paar blaue Hosen für den Werktag schenkte ich ihm schon 6 Wochen vorher, da er sie sehr nötig hatte.

24. Heute Morgen ritt Otto mit Mutter wegen einer Hebamme für mich nach Seguin, Otto sprach deßhalb mit Misst. Dee, er brachte auch Briefe mit von Deutschland, einen von Vater, einen von Bruder Ernst und einen von Bruder Gustav. Nachdem Mutter und Otto gefrühstückt ritt letzterer nach Seguin der dortigen Prüfung beizuwohnen, nachdem er vorher bei der Beerdigung von Springers Kind zugegen gewesen.

25. Jahrestag von Clara's Tod. Ich machte einen Kranz, welchen wir auf der Unvergeßlichen Grab legten. Den 27. ging ich mit Mutter und Eduard wieder hin, der Kranz war von den Ameisen schon beinahe ganz zerstört.

Julius ist auf der Besserung. John und Hermine machten bei Navarro's und Herrn Fischer Brautvisiten. Otto ist unwohl und nimmt Pillen zum Abführen ein.

August 1851

Den 5. wurde unser liebes Klärchen geboren. Den 4. Montags ritt Otto nach Seguin, wo er den ganzen Tag blieb. Nachmittags wusch ich noch ein Hemd für Otto klagte aber gegen Mutter, welche bei mir war, schon über Leibschmerzen, welche gegen Abend immer schlimmer wurden. Gegen ½ 8 Uhr kam Otto von Seguin zurück und frug mich wie es ging? Ich sagte, nicht gut etc. machte aber noch unter manchmal starken Schmerzen das Abendbrod auf den Tisch. Bald nachher rief Otto die Mutter welche ich gegen 10 Uhr bat, da die Schmerzen unerträglich wurden, Otto nach Seguin zur Hebamme zu schicken. Otto ritt gleich hin und kam nach einer starken Stunde mit Frau Dee, einer Amerikanerin zurück. Diese erklärte, das Kind könne schon in einer Stunde da sein. Die Schmerzen wurden immer fürchterlicher, dazu

*Clara Wuppermann
(verh. Tafel)*

kam mehrmaliges Erbrechen und großer Schlaf. Eine unaussprechliche Freude hatte ich jedoch, als ich den ersten Schrei unseres Kindes hörte. Otto hatte die Nacht einen entsetzlichen Schlaf, mußte mir aber trotzdem fortwährend eine Hand reichen, woran ich nicht schlecht gezogen haben mag, da ich selbst die Schmerzen davon noch 8 Tage später in den Armen fühlte. Unsere liebe Mutter weinte einige mal aus Mitleid für mich.

8. holte der abscheuliche Alfes sein lügenhaftes durchtriebenes Hannchen wieder, Mutter und ich weinten aus Ärger über die Frechheit und Roheit des Menschen, und ich weinte aus Angst für die schlimmen Folgen, welche dieser gräßliche Ärger für den armen Otto haben könnte.

13. kam Caroline Hohlfeld zu uns, den 18. Abends ging Mutter wieder nach Hause, sie wollte zwar anfangs länger bleiben, aber Hermine ließ alles zu sehr in Unordnung kommen.

Den 12. war Vater Wuppermanns Geburtstag, Otto schenkte mir zur Feier des Tages eine Flasche Wein, Gingerbrod, ein Stück Bisquitkuchen und Pfeffermünzchen.

16. schrieb ich an unsern lieben Vater und gratulirte ihm zum Geburtstage.

17. Sontags ging ich zum erstenmal wieder mit Mutter herauf. John Staeheli war auch da. Wette zwischen John und Mutter wegen der Nase Clärchens über 1 Jahr, um 3 Flaschen Wein.

30. Abends Theegesellschaft, Pastor, Mutter, Eduard, John und Hermine, Fergusons welche wir erwarteten kamen erst den Sontag 31. waren Morgens bei uns, tranken ein Glas Ingwerbier, sahen die Quelle etc. Mittags aßen wir alle bei der Mutter, auch Mst. Dove und Herr Bechem. Wir aßen Schweinebraten, Nudeln, Potatossalat und Pflaumen. Nach Tisch während wir eine Tasse Caffee tranken, bekam John sehr heftig das Fieber. Wir besuchten Nachmittags Herrn Bechem und tranken Abends wieder bei Mutter den Thee. Ich freute mich sehr, die lieben Fergusons Leute einmal hier zu haben, sie wollten aber trotz allem zusprechen nicht über Nacht bleiben. An diesem Tage kam Otto zuerst die Idee, (bei einer Unterredung mit H. Ferguson) nach Friedrichsburg zu ziehen und dort einen Store anzufangen. Mein lieber Otto theilte mir dieses Abends mit, und obgleich ich Anfangs sehr überrascht war, so leuchteten mir doch seine Gründe gleich ein. Wir haben dann ein besseres, obgleich in mancher Beziehung nicht so angenehmes Leben, brauchen uns nicht so zu plagen und Otto verdient mit wenig Mühe, wofür er sich jetzt, wie der gemeinste Mann quälen muß. Doch die Trennung von Mutter und Geschwister wird mir schrecklich schwer werden.

September 1851

Otto grub den 1. Sept. die Butter wieder aus, sie hatte sich ganz gut erhalten.

2. Gestern Nachmittag ging Caroline H. ihren Vater zu besuchen, und ist bis jetzt noch nicht wieder gekommen, wie es scheint, ist es mit der auch wieder zu Ende. Nami's Kalb, Jährling todt. Heute brachte uns Julius (welcher mit Gustav seine Biene, welche er zufällig in der Nähe von Braunfels wieder gefunden, hierhertrieb) die traurige Nachricht, daß Gustav Heusinger Sonntag Morgen plötzlich an einem Lungenschlag gestorben sei. Die arme, arme Minchen, Otto und ich schrieben ihr gleich, sie möchte zu uns kommen.

6) Graf Reichenbach besuchte Otto um Familiennachrichten von ihm zu hören. Er hatte Samstag Abends und Sontag Morgens einen Anfall von Fallsucht. Otto u. Eduard konnten ihn kaum halten. Doct. Morgan ließ ihn Sontag Nachmittags an beiden Armen zur Ader, Dienstag (9.) ging er von uns nach Braunfels, und einige Tage darauf zu Navarro, um spanisch zu lernen. Unser liebes Clärchen hatte einige mal Fieber, so daß ich viel Angst und Sorge ausgestanden habe. 13.) Ging Hermine nach Braunf. und dem Zibolo, kam 15. zurück.

10) Einen unangenehmen Auftritt bei Mutter, Eduard schrieb mir einen impertinenten Brief, Abends kam er herunter, wir hatten wenigstens eine 2stundenlange Unterredung mit ihm, ohne ihn seines herzlosen Starrsinns wegen, von seinem Unrecht überzeugen zu können.

21. Sontag Morgens einen vorwurfsvollen Brief von Mutter, worin sie uns ungerechter Weise ihr Haus verbot.

22. Otto ritt Morgens früh zu Herrn Schmitt, um diesem einem verständigen ältern Manne die Sache vorzulegen. Dieser gab uns ganz Recht. Wir schrieben hierauf an Mutter, indem wir ihr mit klaren Worten auseinander setzten, wie sehr sie uns Unrecht gethan, erhielten aber keine Antwort. Wir haben beide in der Sache alles mögliche gethan und sind den untersten Weg gegangen, darum sehen wir auch allen weiteren Folgen ruhig entgegen. Die Mutter wird es gewiß einst sehr bereuen, uns so Unrecht gethan zu haben, es thut mir um ihretwillen sehr leid. Gestern waren wir den Nachmittag sehr vergnügt bei Navarro's, ich nahm Clärchen welche Gott sei Dank jetzt ganz wohl ist, zum erstenmal mit auf's Pferd. Julius kam heute von Braunfels zurück und ist einstweilen ohne Stelle. Er brachte uns einen Brief von meinem lieben Schwiegervater mit. Ich hatte heute die Negerin, Juno hier, welche die Wäsche von 6 Wochen wusch.

23.) Hermine holte heute unser Kind, weil es Mutter zu sehen wünschte, wir gaben es ihr mit, um Mutter alles zu Gefallen zu thun, und weil wir dachten, es sei der erste Schritt zur Versöhnung, aber nichts dergleichen.

26.) Heute waren Herr Bechem und Koenemann hier, um uns Adieu zu sagen. Herr B. nahm noch etwas Prairie-Thee mit, um ihn unserm Vater in Deutschland mitzubringen. Julius hilft Otto seit gestern Morgen Korn einfahren. Unserm lieben kleinen Engel geht es recht gut, sie wird alle Tage dicker und erfreut uns're Herzen durch ihr freundliches Lächeln. Lieber Vater im Himmel erhalte Du uns diesen Schatz! - Mit Mutter leider noch immer dasselbe.

27.) Wir haben jetzt 3 Hunde Caro, Philax und Nestor. Heute war ich bei Mhs. Brill, wo ich seit langem wieder einmal einen Apfel aß. Wir haben seit einigen Tagen wieder große Hitze, Gestern Nachmittag gegen 3 Uhr 31 Grad [39° Celsius]. Otto wurde heute mit dem Erndten des Kornes fertig. Heute hatten wir den ersten gelinden Norder.

28.) Sept. Heute ist es ein Jahr, das wir verheirathet sind, vieles hat sich in diesem Jahr geändert, nur uns're Liebe nicht. Mein theures Männchen brachte mir heute 8 Äpfel und eine Flasche Wein von Seguin mit, Nachmittags ging ich mit den Kindern Weintrauben suchen.

30.) Otto ritt mit John nach Braunfels um mit Louis wegen meiner zu sprechen, kam den 3.) wieder und brachte mir Pillen mit.

Oktober 1851

Den 4. Otto ließ bei Doct. Morgan zur Ader, da es ihm mit seinem Unwohlsein, Schwindel, Kopfschmerz etc. noch nicht besser geht. den

5.) ritt Otto mit Fritz und Hans, welchen ich Juno getauft habe nach Hordenville, um Fritz zu verkaufen, kam jedoch nicht weiter, bis zu Herr Steins, wo er von Fritz abgeworfen wurde, wobei er sich jedoch Gott sei Dank nicht beschädigte. Fritz lief weit zurück und verlor den guten Zaum von Deutschland. Später wiedergefunden.

7) G. Reichenbach half Otto 2 Kälber brennen, und machte 6 schöne Cigarren.

8) Otto verkaufte den Fritz zu 24 Dollar an einen Mann Namens Flagge, und neckte 2 Joch Ochsen zusammen. Unser kleines Engelchen fängt schon an, laut zu lachen; es ist ein freundliches liebes Kind, und liegt den ganzen Tag im Bette ohne zu schreien. Du lieber guter Vater im Himmel, segne unser geliebtes Kind, und lasse es zu Deiner und unserer Freude heranwachsen,

gieb Du uns Verstand und Kraft, uns ein frommes, gutes Kind zu erziehen.

Der alte Amerikaner vom Yorks Kreek war heute hier, und bot uns ein Negermädchen zum Verkauf an, da aber Otto wahrscheinlich einen Store anfängt, so brauchen wir jetzt keins. Wie es mir scheint, fangen die 250 Stahlpillen an gut zu wirken, seit Gestern fühle ich mich stärker und besser.

Meinem lieben guten Männchen geht es leider noch immer nicht besser, auch wird er von Tag zu Tag heftiger und ärgert sich über die geringste Kleinigkeit. Der liebe Gott gebe doch, daß er bald wieder besser werde. Seine Heftigkeit ist mir besonders unangenehm, wenn Freunde oder eins meiner Geschwister dabei sind, denn ich denke dann oder ich fühle es vielmehr: Eine Frau kann auf ihren Mann, (wenn er ruhig und kaltblütig jeden großen und besonders den kleinen Unannehmlichkeiten im Leben entgegentritt) stolz sein und er ist ihr eine Stütze an die sie sich klammert und an die sie, die Schwächere vertrauend und bewundernd emporblickt.

Flucht und tobt aber ihr Mann bei jeder Kleinigkeit, die ihm in den Weg tritt, so muß eine Frau, die ihren Mann liebt, sich seiner schämen, kann ihn nicht hochachten, hat keine Stütze an ihm, besonders wenn sie selbst die Besonnenheit und Ruhe hat die ihm fehlt.

(Bei meinem lieben, geliebten Otto hängt seine Heftigkeit, Gott sei gedankt, nur mit seinem jetzigen Unwohlsein zusammen, ist er nicht sonst der beste Mann von der Welt? Ja, Gott Dank, daß er und kein anderer mein Mann ist, jeder hat seine Fehler und ich bin mir wol bewußt, daß die meinigen weit zahlreicher sind.)

12.) John St. ordnete es so an, daß wir alle zusammen nach Seguin ritten und musicierten, Mutter und Julius holten uns auf dem Wege ein, Erstere drückte meine Hand, und alles war vergeben und vergessen. Otto nahm Clärchen zu sich auf's Pferd, Mutter nahm sie in Seguin auf den Schoß, sie war den ganzen Nachmittag ruhig und artig. Lange konnte der Schlüssel zum Klavier nicht gefunden werden, endlich brachte ihn Julius. Wir musicierten und sangen uns satt, John hatte Kopfschmerzen.

13) Mutter schickte Helenchen herunter u. ließ mich zum Kaffee bitten. Ich ging mit meinem Clärchen herauf, wir waren recht vergnügt. Abends war Herr Schmitt hier.

16. Oct.) Otto trat Morgens nach dem Caffee seine Reise nach Friedrichsburg an, der liebe Gott führe ihn gesund und zufrieden wieder zurück. - Nachdem ich bei der Mutter gegessen, ging ich mit ihr, Helenchen u. Clärchen zur Amalia, wo alles in größter Unordnung war, weil sie am bauen waren. Ohne Caffee, auf den wir uns gefreut hatten, traten wir unsern Rückzug an. Herr Schmitt kam hin, um von Mutter 25 Buschels Korn zu kaufen. Dem Fuchs gab ich 6 Ähren Korn.

17.) Ich brannte bei der Mutter Caffee, sie lud mich ein so lange Otto abwesend sei, bei ihr zu essen. Helene half mir das Schecks-Kalb ins Feld treiben. Clärchen war unwohl, sie hatte das Abführen. Die Schweine nach wie vor im Feld. Abends kam der Fuchs und holte sich 4 Ähren Korn. Ich schickte Mutter Brod.

18.) 2 Schweine im Feld, eine Menge Blätterfutter herausgerissen. Caro Würmer. Helene und ich den Hof rein gemacht. Die Zimmer geputzt. Die 3 Schweine mit Mühe in die Penne getrieben und die Penne zugemacht. Dem Fuchs Korn gegeben. Clärchen war wohl. Ich recht guten Appetit. Heute 11 Eimer Wasser geholt.

Sontag. den 19.) Reibkuchenvisite. Goldbeck hier. Clärchen Mittags ein wenig Fieber, sonst sind wir alle ganz wohl. Amalie ausgeblieben. Clärchen Abends wieder wohl. Ein todtes Küken im Hühnerhaus.

20.) Gestern Nacht wurde ich durch Hühnergeschrei geweckt und fand heute Morgen ein Huhn zwar noch lebend, aber so zerrissen, daß ich es vollends tödten mußte. Ich schickte es der Mutter, diese briet es. Eduard brachte mir einen Brief von meinem lieben Öttchen, welcher mir große Freude machte, zugleich einen von Herrn Dittmarr an Otto. Caro erhielt abermals eine Wunde von dem Eber. Betty kam Abends im Dunkeln, ich gab ihr 6 Aehren. Reichenbach brachte endlich die Laterne zurück.

21.) Es fiel nichts bemerkenswerthes vor, als das sich der Fuchs 8 Ähren holte u. die Mhstr. Perrihs Hochzeit hatte.

22) Ich sah oft auf den Seguiner Weg, ob mein Männchen noch nicht käme, aber er kam nicht, ich habe große Sehnsucht nach ihm, käme er doch bald und gesund und munter zurück!

23) Es glückte mir die Hannes und nach vieler Mühe auch das wilde Carlchen in die Penne zu treiben. Otto kam heute wieder nicht, er bleibt schrecklich lang.

24) Schon wieder ein ganzer Tag hin, und noch ist Otto nicht gekommen, Morgen muß er kommen, sonst fürchte ich sehr für ihn. Bei jedem Gebell der Hunde laufe ich vergebens heraus, und unzählige mal sehe ich vergeblich auf den Weg. Unser liebes Kind wird Otto stärker und größer finden. Sie ist wieder sehr erkältet. Gute Nacht mein Herzens Männchen, gerne macht ich Dir ein kleines Gedicht, aber ich bin zu aufgeregt, um einen vernünftigen Gedanken zu haben. Gott sei mit Dir!

25.) Schon wieder Abend und noch immer ist Otto nicht gekommen, heute ist er schon 10 Tage fort. Nein, das ist bald nicht mehr zum Aushalten, diese ewige Spannung, und doch, was kann ich machen? Nichts - wie in Geduld warten.

Nach Tische kam Herr Fischer, um Otto zu besuchen, später kamen Cäcilie und Josepha Navarro, mit Hermine, welchen ich eine Tasse Kaffee machte.

27.) Kam Herr Schmidt, von Braunf., um Willow-Spring zu besehen, er ritt 30) wieder fort, nachdem er 1700 Dollar geboten und
Otto nicht anders wie 1800 verkaufen kann, noch will. Schm. war
mehrmals aus um einen Hirsch zu schießen, bekam jedoch keinen, was ihn sehr zu ärgern schien.

Willow Spring near Seguin, Guadalupe County, Texas
Zeichnung von Otto Wuppermann

31.) John und Jettchen kamen bei der Mutter an, den 1.

November 1851

1) ging ich Nachmittags zur Mutter und pflückte [mit Bleistift
verbessert: rupfte] einen Puter für die Hochzeit,
den 2.) John und Hermines Hochzeitstag, Morgens machte ich
Kränze, womit die Gallerie bekränzt wurde. Mittags nach Tische
kam Minchen herunter, unser liebes Kind zu sehen, die arme
Frau, was hat sie alles durchgemacht. Dann fuhr ich mit Eduard
nach Seguin, bei Tillmann die Braten und den Kuchen zu holen.
Gegen 5 Uhr gingen wir mit unserm lieben Clärchen herauf. Die
Gäste: Die beiden Herrn und Frau Ferguson, Herr Fischer und

Pröbsting, Mister und Miss. Navarro und Cooke, Cäcilie als Brautjungfer, Louis, Jettchen, Bianca, Minchen, Goldbeeck, und Doove, waren schon versammelt. Prediger Eisenlohe von Braunfels traute sie unter einer schönen Ulme mitten auf dem Hofe. Die Hunde störten sehr und war es ein wenig lächerlich, daß der Pastor zweimal Hermine Lips sagte. Zur Feier des Festes schoß Otto 20 vorher geladene Büchsen ab. Bald darauf setzten wir uns zu Tische, ich kam zwischen Louis und P. Eisenlohe zu sitzen. Das Essen bestand aus Puterboullon, ein ganzes Spanferkel, Potetos und Vietzebohnen, Salat, Kartoffelpudding, Puterbraten mit Schnitzeln und eingemachte Pflaumen. Tillmann hatte einen hübschen Bisquit- und Hermine einen Traubenkuchen gebacken. Otto forderte in einer kleinen Rede die Gesellschaft auf, zum Andenken an unsern sel. Vater alle einen Schluck aus dem großen silbernen Becher zu trinken. Noch mancher muntere Toast wurde ausgebracht, und manches Lied gesungen. Alle waren heiter und wohl. ½ 11 Uhr begleiteten uns die Herrn herunter, und zogen nachdem sie uns noch ein Ständchen gebracht, wieder herauf. Die arme Minchen hatte Nachts Zahnschmerzen.

3) Gemeinsames Frühstück bei Mutter, Frau Ferguson schenkte mir ein Kleidchen für Clärchen. Jettchen hatte allein Katzenjammer, weil sie zu viel Eßbares vertilgt hatte. Gegen 8 Uhr zogen alle ab, Hermine und John in einem bekränzten Wägelchen. Ich half der Mutter den ganzen Tag.

4.) Onkel Herman's Geburtstag.- 15.) Herminens Geburtstag.

10) Schuchard baut den Kamin am Haus wieder auf. Den 8. schoß Otto ein entsetzlich mageres Schwein, welches wir im Mondschein flämmten und reinigten. Ich schrieb an Louise Korte.

13) Otto ritt nach Braunfels um mit H. Schmidt wegen dem Verkauf von W. S. zu sprechen.

Den 6) kam Otto zurück, als Mutter und ich eben im Begriff waren, nach Navarro's zu reiten. Die Überraschung und Freude war groß. Kurz vorher hatten wir einen tüchtigen Schreck, weil Mutter mit samt Helene, welche hinter ihr saß, vom Pferde fiel, aber sich gar nicht wehe thaten. Otto brachte Herrn Alex mit, W. S. wahrscheinlich verkauft, Schmitt (Joh.) Verwandte angekommen. Tante Hanchens Geburtstag.

Den 17) ritt Otto mit Herrn Alex wieder nach Braunfels, leider ist sein Kopfübel noch immer nicht besser. Gustav ritt mit um bei Louis zu bleiben. Clärchen ist sehr wohl.

18) Die Negerin Juno kam heute Morgen, Nachmittags als ich einiges Zeug auf die Bleiche legen wollte, sah ich die Horn (Horn, eine wilde Kuh), welche mir vor einigen Tagen weglief in den Bottom gehen. Ich lockte sie mit Korn, und siehe da, auf einmal kommt auch die Violetta mit einem allerliebsten Kuhkälbchen heran gelaufen. Das machte mir große Freude.

Es ist doch nur eine halbe Existenz, ohne den geliebten Mann zu leben, seit 2 Tagen habe ich ihn nicht gesehen, und es ist mir, als wenn es schon 8 Tage wären. Leichter würde es mir vielleicht werden, wenn Otto wieder ganz gesund wäre. Dieses ist meine tägliche Bitte zu Gott!

Betty und der alte Knochen holten sich spät Abends ihre Portion Korn. Das dicke Bierfaß kam erst gegen 9 Uhr. Herr Hahnert mit Frau und Kindern zieht in das Schulhaus auf dem Berge.

19) Julius brachte mir einen dicken Brief von der Post an Otto. Ich machte ihn auf, und fand eine Masse Briefe von Deutschland, 3 darunter an mich. Brief von Hermine an Mutter.

23.) Mutters Geburtstag. Julius und Otto machten in der Werkstatt ein Tischchen mit den einfachen Geschenken zurecht, dann führten wir Mutter herein, sie war sehr überrascht und gerührt. Von Otto und mir bekam sie 2 Flaschen Wein, 2 Apfelpais, 1

November 1851

Bläschen mit weißem Zucker und durch Helenchen eine grüne Waschleine. Von Julius eine große Porzellankanne, von Hermine 2 Morgenhäubchen und von John eine Theekanne. Nachmittags tranken wir an unserm Hause den Caffee, Herr Wieprecht war auch da. John wollte kommen, wurde aber durch das Fieber abgehalten.

Seit Mitte November arbeitet Otto bei der Firma Ferguson & Hester in New Braunfels. James Ferguson, einer der Inhaber, hat ihm vorgeschlagen, mit seiner Unterstützung einen Store in Friedrichsburg zu eröffnen. Am 21. November schreibt Otto an seinen Vater: „Erstlich reift mein Plan wegen Etablierung in F'burg mehr u. mehr; seit 8 Tagen arbeite ich hier in Ferguson's Geschäft tüchtig u. habe viel mehr Muth wie Anfang's, ja so gar viel Muth, daß ich binnen 2 Monaten genug Routine haben werde, um ein derartiges Geschäft oben anfangen zu können. Mick u. James Ferguson wurden plötzlich zu gleicher Zeit unwohl u. hüten das

James Ferguson

Zimmer, so daß ich mit einem andern jungen Mann das Geschäft allein besorgen muß; dadurch lernte ich binnen 2 Tagen mehr wie unter andern Umständen in 4 Wochen!" Die Farm Wupperhof wird verpachtet, das Inventar nach und nach verkauft oder vertauscht, man bleibt aber vorläufig dort wohnen.

December 1851

1.) Dieser Tage verkaufte Otto seinen Wagen, an die Brüder Hahn zu 80 Dollar cahs.

7) Willow Spring ist glücklich verkauft, Otto hatte deßhalb noch viele Unannehmlichkeiten mit dem schuftigen Henri Runge [später eingeschwärzt]. Schmidt kaufte es zu 1700 Dollar. Gestern sollte hier Auktion von Pflügen, Pferden etc. sein, sie kam jedoch wegen gänzlicher Abwesenheit von Käufern nicht zu Stand. Heute Abend hatte ich mit Otto einen kleinen Streit, ich gab Pröbsting ohne Ottos Wissen seinen Rock zurück, Otto fuhr mich deßhalb ein wenig stark an, ich fing an zu weinen und machte ihm Vorwürfe er behandle mich wie ein Kind, wir versöhnten uns jedoch bald wieder. Otto ist leider noch immer unwohl und leidet fortwährend an Hitze am Kopfe. Dadurch ist er leicht gereizt und ärgert sich oft über die geringsten Kleinigkeiten. Das arme, theuerste Männchen, dieses Übel hält zu lange an, gerne gäbe ich einen kleinen Finger her, könnte ich ihn damit kurieren. Einen großen Schreck hatten wir gestern Abend, unser süßes Engelchen fiel aus dem Bette, nahm aber Gott sei Dank keinen Schaden.

9) Minchen war 10 Tage bei mir, sie war noch sehr traurig über den Verlust Heusingers, Minchen ist eine herzensgute Frau, sie machte mir für Otto eine hübsche Weste, ich schenkte ihr meinen echten schwarzen Schleier, welches ihr viel Vergnügen machte. Heute nach Tische ritt sie mit Bianca, (welche gestern Abend mit Theodor kam) und Otto wieder nach Braunfels. Otto baute gestern trotz seinem Unwohlsein den Camin fertig, der gute Mann, gäbe ihm doch Gott bald seine Gesundheit wieder. 10) Gestern Abend hatte ich einen großen Schreck, ich ging nämlich in die Kuhpenne um die Kälber heraus zu treiben, als ich zurück kam,

fand ich unser geliebtes Kind auf dem Gesichtchen liegend und schon ganz hinter Athem, der liebe Gott hat sie uns abermals erhalten, denn wären die Kälber nicht schnell heraus gegangen und ich einige Minuten später gekommen, so hätte das geliebte Kind ersticken können.

1852

Januar 1852

4) So wäre denn mit Gottes Hülfe und seiner gütigen Vorsorge das alte Jahr ohne Unglücksfälle verflossen. Mit frischem Muthe, den besten Vorsätzen und auf Gott vertrauend, will ich das neue Jahr beginnen. Wenn Er uns nur die Gesundheit und den Glauben an ihn erhält.

Mein lieber Otto ist, dem lieben Vater im Himmel sei dafür Dank, jetzt endlich auf der Besserung. Er ist jetzt fast immer bei Ferguson's, und wir sehen uns oft in 10 - 14 Tagen nicht, schreiben uns aber fleißig.

Die Weihnachten verlebten wir recht vergnügt, John und Hermine waren hier, beide vergnügt, ebenso Julius, welcher in San Anton eine Elementarschule errichtet und bis jetzt 15 Schüler hat. Den heiligen Abend war erst bei der Mutter und dann bei uns Bescheerung. Otto bekam von der Mutter 2 paar gute wollene Socken und einen schönen seidenen Foullard, welchen er einige

Tage später beim Viehtreiben wieder verlor. Von mir wurde Otto mit einem feinen Castorhute und einer kleinen Pfeiffe überrascht. Ich dagegen von ihm durch eine Mausefalle!! Von Mutter bekam ich 2 paar weiße und 1 paar merinowollne Strümpfe und ein seidenes Band, beide ein tüchtiges Stück sehr schöne Traubentorte und Clärchen bekam 6 Hemdchen, 2 paar Strümpfchen und einige Schlabberchen. Wir sowohl wie Mutter hatten ein kleines Christbäumchen gemacht. Den ersten waren wir Abends auf Barroo's Hochzeit, da wir uns aber schlecht amüsirten, so gingen wir gleich nach dem Souper, welches in einem Zelt eingenommen wurde, nach Hause. Den 2ten Christtag wurde unsere liebe Clara getauft. Unter und bei einem unangenehmen Regen fuhren wir nach der Kirche, welche kurz vorher von Ziegen verlassen worden war. Bald darauf kam der Pastor und taufte: Clara, Anna, Laura, welche von Hermine, Stellvertreterinn von Laura Hösterei über die Taufe gehalten wurde. Darauf gingen wir in die Akademie und musicirten bis gegen 4 Uhr, nachdem wir uns zuvor an Rollkuchen und Wein traktirt hatten. Dann fuhren wir wieder nach Hause wo wir den Abend mit Herrn Wieprecht und Tillmann sehr vergnügt verbrachten. Wir hatten Potetossalat, Enten- u. Rinderbraten, Reispudding, Thee mit Bollbäuschen, Brod, Käse und einen schönen Kuchen von Herrn Tillmann. Später wurde ein Glas Punsch getrunken.

Februar 1852

Den 20. *Februar. 1852.*
Im Januar 1852 verkaufte Otto den alten Fuchs für 25 Dollar an H. Hahner. Den 26. wurde ich 22 Jahre alt, mein liebes Männchen überraschte mich mit schönen Geschenken, ich erwartete gar

nichts, Otto rief mich ins Nebenzimmer und siehe, da war die schwarze Kiste mit einem schmutzigen Handtuch, (welches als Tischtuch diente) bedeckt, und darauf prangten, 4 Flaschen Bordeaux, ein paar neue Schuhe, 1 Pfd. Sago dito Gerste, 1 Pfd. Rosinen eine große Tüte voll Cändi, 4 Dööschen mit Streichhölzern und rosa Kattun zu einem Hut. Außerdem gab mir der gute Mann noch eine Anweisung von 5 $ auf sich selbst. Der Gedanke, daß er dieses alles auspracticirt hatte um mir Vergnügen zu machen, machte mir große Freude und rührte mich bis zu Thränen. Auch die gute Mutter kam mit Helenchen herunter um mir zu gratuliren. Wir tranken ein Gläschen Wein zusammen.

Seit circa 3 Wochen wohnt Georg Schmitt mit seiner Schwester auf der Farm, wir müssen uns demnach mit der großen Stube behelfen, welches auch zur Noth recht gut geht, denn: Raum ist in der kleinsten Hütte, für ein glücklich liebend Paar!

Unsere liebe Mutter ist seit 4 Wochen bei Hermine mit Helene zum Besuch, ich erwartete sie heute mit meinem geliebten Männchen vergebens zurück, ich hoffe sie werden wol morgen kommen, ich habe dann vor, mit Clärchen einige Wochen zu Hermine und John zu gehn. Unser liebes Kind kann seit dem 10. Febr. allein sitzen und hat bereits ein Zähnchen.

Ich bin und fühle mich jetzt sehr glücklich, alle sind gesund, Otto und ich lieben uns von ganzem Herzen und wir haben ein gesundes freundliches Herzenskind. Auch in unserm Plan nach Friedrichsburg zu ziehen rücken wir vorwärts, Ottos Korn ist gut verkauft, circa 150 Busch. zu 70 C., die Farm an gute Leute verrentet, der Wagen zu 80 $ verkauft etc. Täglich danke ich unserm Schöpfer für alle seine Güte und Liebe, möge er auch ferner uns segnen, und vor Krankheit und Schaden behüten!

Der arme John hat noch fortwährend das Fieber, Herr Krochmann wird nun wohl nach Deutschland abgereist sein. Julius hat erst 12 Schüler, er fing um Weihnachten 51 in San Antonio eine Schule an.

Silvesterabend war Otto in Braunfels, ich war bei der Mutter, wo wir Eierwein tranken und alle einen Toast ausbrachten.

Im Januar bekam ich einen lieben Brief von unserm lieben Vater, welchen ich direct beantwortete, auch schrieb ich an Frau Betzhold, Tante Minchen in W. und Auguste Wupperm. Mutter bekam einen langen Brief von Tante Hanchen.

März 1852

26. Endlich bin ich von meiner langen Reise zurückgekehrt und froh, wieder daheim zu sein. Den 23. Febr. fuhr ich mit Otto, Clärchen und Nestor in Louis Gig nach Braunfels. Daselbst besuchte ich Frau Ferguson, welche freundlich wie immer war, einen Abend den 24. war ein Conzert, ich hatte vor, ein Duett mit Herrn Reuter zu singen, da es aber Otto unangenehm war, unterließ ichs, nach dem Conzert war ein Ball, worauf ich mich sehr gut amüsirte. Mein lieber Otto verwahrte unser Kind, um 11 Uhr zwang Louis Otto mit auf den Ball zu gehen, indem er das Kind so lange verwahren wolle.

Wilhelm J. Reuter

Den 25. fuhren wir nach Humboldt, nach 3 ½ wöchentlichem Aufenthalt holte mich Otto wieder ab, und wir waren beide froh, als wir es im Rücken hatten. Mein Aufenthalt dort kann in jeder Beziehung nur unangenehm genannt werden. Meistens furchtbar stürmisches und Regenwetter, so daß wir einen Sonntag, wo wir bei Stappert und Wallra? waren, ausgenommen, nicht vor die Thüre kamen. John führte gemeine Reden und war immer verdrießlich. Anstatt Otto zu danken, welcher 2 mal kam, um ihm beim Pflanzen und Korn ausschakken [?] zu helfen, vernachlässigte er ihn und war unfreundlich und herrisch. Hermine war gleichgültig und kochte miserabel schlecht. In Braunfels war ich mehrere Tage recht vergnügt. Julius kam auch auf 1 Tag hin. Familie Grothaus sah ich auch wieder gesund und vergnügt.

April. 1852.

5.) Rose war gestorben, deßhalb ließen wir durch Eduard den 3. auch deren Kalb schlachten. An Mutter schenkten wir ein Hintervirtel, Eduard für das Schlachten die Haut, dann verkaufte ich noch für 6 Bit [1 Bit = 25 Cents].

Den 6.) Herr Betge kaufte 9 Kühe und 3 Jährlinge von uns zu 121 Dollr. Eduard und Herr Kettner halfen sie heute Morgen wegtreiben. Herr Grothaus kaufte die Nonne zu 12 $. Herr Betge die: Flora, Blackhead, Scheck, Violetta, Alma, Horn, Hinkfuhs Mina und Hannes. Otto ritt mit ihnen bis Braunfels. Otto ist nun fest entschlossen in Seguin einen Store anzufangen, zu meiner größten Freude, denn wäre ich ihm auch gern nach Friedrichsburg gefolgt, so ist es mir doch tausendmal lieber in der Nähe unserer guten Mutter und Geschwister zu bleiben. Clärchen ist fortwährend sehr unruhig, denn sie bekommt jetzt die zweiten beiden Zähnchen, und hat die Pocken eingeimpft bekommen von Louis, von 4 Pocken haben 2 geschworen, dabei hat sie Ausschlag auf dem ganzen Körper welcher ihr vielen Juck verursacht. Den 26. März

April. 1852.

nahmen wir Alice [Nohl] mit uns, sie hatte jedoch oft das Heimweh, der wilde Moustang, so daß Louis den 4. April mitten in der
Nacht kam, um sie wiederzuholen. Als er so rücksichtslos war,
für sich und seine 4 Begleiter noch dicke Milch zu fordern,
schlug es ihm mein Männchen, zu meiner großen Freude, ab. Den
4) trieb Otto meine Märry mit einem allerliebsten Fohlen ein,
welchem ich den Namen Rosinchen gab.

Otto kaufte das Haus von Elliott & Taunten in Seguin, zu 625
$, an welches Georg Semitt noch eine hintere Gallerie bauen
wird. Otto vertauschte meine Märry mit dem Fohlen gegen ein
großes amerikanisches Pferd, dieses lief fort, und Otto suchte 14
Tage vergebens darnach, er hatte schon überall angeschlagen, daß
derjenige, welcher es wiederbrächte 5 $ Belohnung haben solle,
als er es selbst zufällig ¼ Stunde später fand und an Navarro zu
60 $ verkaufte. Unser liebenswürdiger Schwager hat Julius und
mehreren andern erzählt, Otto wäre blos um meinethalben gekommen und hätte nichts gethan, der Mann ist selbst zu schlecht,
als daß er begreifen könnte, daß ein anderer einer guten Handlung
fähig wäre.

Herr und Frau Ferguson waren einen Mittag auf ihrer Reise
nach Indianola bei uns zum Essen, wir luden auch Mutter ein und
hatten Hahnen & Salat, Plinzen und Schnitzeln, nachdem sie noch
Caffee recht vergnügt mit uns getrunken, reiseten sie weiter, Frau
Ferguson um in Indianola zu baden, Herr F. in Geschäften nach
Galveston, wo er auch die Waaren für Otto einkaufen wird.

May 1852

11) Wir waren auf Bianca's und Theodor's Hochzeit wo wir uns
recht gut amüsirten, Clärchen hatten wir zu Pferd mit uns, auf

dem Rückweg ritt Frau Grothaus mit uns welche uns viel zu lachen gab, indem ihr Pferd fast unter jedem Baume stehen blieb,
wir ritten an Louis Spring vorbei und aßen bei Navarro zu Mittag.
Einige Tage später erhielten wir die traurige Nachricht von dem
Tode unserer lieben Schwägerinn Auguste Wuppermann, sie starb
6 Wochen nach dem Kindbette an dem Nervenfieber. Auch sind
Otto's Tante Gretchen und Onkel Joung [Jung], in 2 Tagen beide
gestorben.

25) Otto machte dieser Tage viele Händel, er vertauschte ein
feines Tischtuch und 12 Servietten 20 $ und einen silbernen Suppenlöffel $ 12 an Taunter gegen Walnußholz für Theken, Regale
etc. für den Store. Die Betty mit Fohlen zu 90 $ an Milet gegen
Bastropholz, einen Ochs zu 13 ½ und 2 Schweine zu 5 $ gegen
Schindeln, ich gab ihm den Jud gegen die Juno und verkaufte die
alte mexikanische Sau mit 7 Jungen an Frau Runge zu 8 $, Otto
gab Mutter ein Joch Ochsen für den Boz (Pferd).

30.) Pfingsten. Julius, John und Hermine sind bei Mutter. Julius besuchte uns oft, die beiden andern gar nicht, auch gut! - Der
eingebildete Mensch sagte zu Mutter, er hätte alles vergessen
wollen und wäre Otto freundlich entgegen gekommen, dieser sei
aber kalt und unfreundlich gewesen etc.

Den ersten Pfingsten aßen wir bei Mutter, (während Mutter
und Geschwister den ersten Ostern Mittags und Abends bei uns
aßen.) Nachmittags waren wir in der Academie zum spielen.

31.) Ich trinke seit einigen Tagen Mineralwasser, welches mir
Dr. Nohl für meinen Magen verordnete und welches mir sehr gut
bekommt. Otto kaufte einen Apparat von Herrn Grothaus zu 5 $.
Jetzt leide ich viel an Müdigkeit und Schwindel. Otto ist Gott sei
Dank gesund, Clara hat ein sehr schlimmes Öhrchen, einen starken Schnupfen und leidet an den Zähnchen. Das 6te ist am durch-

brechen, sie steht allein an einem Stuhl auf, und kriecht tüchtig herum.

In Seguin starben einige Leute an der Cholera, unter anderen die beiden Schneider Keßler und Windstrot [?].

Juni 1852

4.) Otto reiste heute Morgen nach Indianola, um mit Fromme in Verbindung zu treten, wie freue ich mich, daß der liebe gute Mann so weit ist, er macht sich zu viel Sorgen, und hatte in der letzten Zeit fortwährend deßhalb schlaflose Nächte, und keine frohe Stunde. Es fehlen ihm noch 200 $ um die Fracht für die Waaren zu bezahlen, indessen hat Herr James Ferguson versprochen, sie ihm zu leihen.

den 6.) Mutter, Eduard u. Hermine sind nach Louis Spring und werden Minchen mit retour bringen, welche ¼ Jahr bei Mutter bleiben wird. Weil mein liebstes Männchen nicht mit gehen kann, bleibe ich lieber auch ruhig zu Haus mit meinem Herzenskind.

28.) Gestern sprach ich mit Malchen Schmitt ob sie Lust hätte zu uns zu ziehen, wenn wir nach Seguin zögen, gegen 5 $ monatlich, sie hat große Lust, will aber vorher mit ihren Brüdern sprechen. Otto half heute in Seguin an unserm neuen Haus plistern, damit die Leute voran kommen, Heute Abend brachte er mir die ersten Apfelschnitzeln aus seinem eigenen Store. Hermine geht morgen früh wieder nach dem Cibolo zurück, nachdem sie 4 Wochen bei Mutter zum Besuch war, in welcher Zeit sie nicht ein einziges mal an unserm Hause war; [2 Zeilen sind unleserlich gemacht, stattdessen eingefügt:] Natürlich hatte John sie aufgehetzt.

Juni 1852

26) Clara macht Versuche zum Gehen, sie steht schon seit 14 Tagen mitten im Zimmer allein, und läuft an den Stühlen vorbei. Das Engelskind macht uns viele Freude, sie hat schon 8 Zähnchen und sagt jetzt immer Atta, atta, atta.

28.) Gustav ist bei Dr. Henft [?] in San Antonio u. geht bei Julius zur Schule. Alice Nohl stürzte dieser Tage vom Pferde wobei sie eine tiefe Wunde an der Stirne bekam. Frau Ferguson hat leider in Indianola, wohin sie ging um Seebäder zu nehmen, das kalte Fieber bekommen. Herr James ist deßhalb eilig herunter gereist, die arme gute Frau, wäre sie doch einmal wieder gesund. Unsere liebe Mutter ist auch seit einigen Tagen unwohl, sie will Morgen früh mit Minchen und Hermine nach Braunfels, und von dort nach dem Zibolo um dort 8 Tage zu bleiben. Auch Eduard hatte heute das Fieber, ich werde die 3 in den 8 Tagen Mittags zum Essen hier haben.

August 1852

13.) Morgen werden es 4 Wochen, daß unsere liebe Mutter ein gastrisches Fieber bekam, sie hatte 7 Tage Fieber, sie schwitzte täglich ½ - 1 Stunde in ein feuchtes Betttuch und wollene Decken, wornach sich das Fieber verlor, aber sie hat noch immer keinen Appetit, und ist noch sehr schwach. Ich war 3 ½ Woche oben, habe sie gepflegt, und ihre Arbeit gethan, seit gestern ist Mariechen Haner oben einen halben Tag täglich, zur Hülfe, die Woche zu 6 Bit [1 Bit = 25 Cents]. Vorigen Sonntag war Julius oben, er war recht vergnügt, will nächstens Ranger werden, und schenkte Clärchen 1 $ wofür ich ihr 2 paar Schühchen kaufte. Den 5. hatte Clärchen ihren Geburtstag, sie war sehr krank an dem Tage, hatte Fieber und mußte oft erbrechen, ich gab ihr

64

nichts wie Zuckerwasser, welches ihr gut bekam. Auch mein lieber Mann war an dem Tage und noch einige Tage später sehr unwohl, ist jedoch jetzt wieder wohl. Gestern zog endlich der ekelige Kerl von Doct. aus unserer Wohnung. Heute schmieren die Maurer unser Wohnzimmer aus. Morgen geht Eduard nach Braunfels um dort als Stellmacher zu arbeiten, Mutter ist dann mit den kleinen Jungens und Helenchen ganz allein auf der Farm. Clara läuft schon tüchtig auf dem Hofe herum, und macht mir durch ihr freundliches liebes Wesen viele Freude.

Wohnhaus und Store in Seguin (Zeichnung von Elise Wuppermann)

Dadurch das mein lieber, guter Schwiegervater Otto 800 $ geliehen, ist dem armen Otto aus vieler Sorge geholfen. Mit dem Geschäft geht es bis jetzt noch langsam, es ist aber überhaupt eine stille Zeit jetzt, für alle Store's.

Watkins reisten diese Woche nach der Salao, ohne uns adjeu zu sagen. - Ich bin jetzt, Gott sei Dank immer wohl, und wünsche nur, dießmal einen Knaben zu bekommen, welcher dann Conrad Theodor heißen soll. Frau Runge hat noch immer das Fieber.

October 1852

8.) Seit dem 19. August bin ich nun in der Stadt bei meinem lieben Männchen, es gefällt mir hauptsächlich deßhalb viel besser hier, weil man mehr Menschen sieht, dan habe ich ein weit hübscheres Zimmer, wie auf der Farm, die Gallerie ist rundherum eingezäunt und ich habe nicht mehr so viele und grobe Arbeit. Seit circa 14 Tagen habe ich nun auch einen hübschen, bequemen Ofen, welches denn doch eine außerordentliche Annehmlichkeit ist. Letzte Woche schrieb ich einen langen Brief an Vater und ein kleines Briefchen an Laura. Mutter ist fortwährend auf der Besserung und kommt jede Woche einen Tag zu uns. Julius war im August 8 Tage bei uns, währenddem Otto eine Geschäftsreise nach Braunfels und San Antonio machte. Er ist jetzt bei Calehan in S. Ant. Buchhalter und verdient monatlich 40 und später sogar 50 $. Seit Julius fort ist, ist Herr Tillmann fast immer bei uns, vom 1 Oct. bezahlt er 8 $ Boarding monatlich und schläft im Lager. Malchen Schm. hat seit 5 Wochen einen schwärenden Daumen, und konnte in 4 Wochen nicht waschen. Sie ist so langsam und unordentlich, faul und phlegmatisch, daß ich sie, so bald ich nach dem Wochenbett wieder so weit bin, laufen lassen werde, und es dan wo möglich mit einem Mädchen von 10 - 12 Jahren allein thue.

Den 28. Sept. wurden es 2 Jahre, daß wir verheirathet sind, viel angenehmes aber auch viel unangenehmes haben wir miteinander erlebt, aber unsere Liebe ist sich gleich geblieben. Könnte ich die zwei Jahre zurückrufen, und hätte noch die Wahl, meinen lieben Otto zu nehmen oder nicht, ich würde noch ebenso wie damals mit Freuden einwilligen, seine Gattin zu werden, und ich glaube, mein gutes Männchen, würde auch mich wieder wählen!

Unser geliebtes Clärchen macht uns viele Freude und ist ein großer Trost in trüben Stunden, sie hat jetzt 8 Vorder- u. 3 Backenzähnchen, sie ist nur zu lebhaft, u. macht uns viel dadurch zu schaffen, jeden Tag fällt sie einige mal mit samt dem Stuhle um, auf welche sie trotz allem Verbieten klettert. Kürzlich kletterte sie die hohe Treppe im Store hinauf, und ich konnte sie nur mit großer Mühe wieder hinunter tragen. Ihrem Papa stiehlt sie Krecker, Pflaumen, Kandy, Päckchen Taback, Nägel, Zwiebel, Kerzen, kurz alles wo sie eben ankommen kann, und er kommt alle Augenblick hinter ihr hergelaufen, um ihr das Raubgut wieder zu nehmen.

Heute Morgen ritt Otto auf dem Ali ganz frühe aus um die Juno mit dem Fohlen, welches Würmer am Kopfe hatte, einzutreiben, und fand das Fohlen todt. Sonntag hörten wir davon, da es zu spät war, daß Otto selbst heraus ritt. Er bot Mutter ½ $ wenn sie es durch Gustav eintreiben ließ - wieder wie immer abgeschlagen. Otto gab sich alle Mühe, suchte es vorgestern zu Fuß ohne es zu finden, bot verschiedenen Leuten, unter andern dem schuftigen Mohlfeld 1 $ es einzutreiben etc. [Eingeschwärzt:] Mutter, Mutter, Deine abscheuliche Ungefälligkeit und Egoismus haben allein Schuld!

Doch es ist Pflicht der Kinder, den Eltern ihre Fehler nachzusehen, denn sie machen ihnen in der Jugend gar viele Sorge und Arbeit, wie ich ja selbst an meinem Kind erfahre, deßhalb soll auch dieses vergeben und vergessen sein!

Im Geschäft ist es seit einigen Wochen sehr still, Otto nimmt oft nur 3 und höchstens 10 $ den Tag ein.

Nachricht, Herr Bechem würde kommen, wenn sie wahr ist, würde es mich sehr freuen.

31. Es ist Sonntag Morgen 11 Uhr, es ist kühl, aber die Sonne scheint so hell und freundlich, im Kamin brennt ein hübsches

October 1852

Feuerchen, Clärchen, unser geliebtes Kind, liegt im Bett und schläft, sie sieht blaß und zart aus, die letzten Tage war sie sehr erkältet, hatte sehr starkes Fieber und noch immer einen heftigen Husten. Auch ich habe einen tüchtigen Schnupfen und Husten. Herr Theisen war die ganze Woche bei uns im Logis, er war wegen der Völkerschen Geschichte als Zeuge hier an der Court. Mutter, Gustav und Helene brachten Gestern Morgen Jettchen Nohl wieder nach Braunfels zurück, (im Wagen) kamen aber heute Abend wieder zurück. Auch Otto ritt heute Morgen ganz früh nach Braunfels, um heute Abend oder Morgen früh zurück zu kommen. Er schwappte von einem Irrländer vorige Woche eine weiße Mähre zu 21 $ lieh diese nebst Hagemanns Sattel, einem gewissen Clarenbach von Remscheid, und dieser, vorgebend, etwas spazieren zu reiten, ist seit 8 Tagen mit Pferd, Sattel und einem von Tillmann geliehenen Hemd verschwunden. Im Geschäft ziemlich, durchschnittlich 10-15 $ per Tag. Hipp am gelben Fieber gestorben.

November 1852

17. Gestern war Frau Runge hier, sie weinte schrecklich, denn sie hatte die Nachricht bekommen daß ihr Mann in Indianola gefährlich am gelben Fieber krank liege, und will wahrscheinlich bis nächsten Samstag herunter reisen. Herr Krochmann ist in Indianola angekommen. Gestern haben wir die erste New Braunfelser Zeitung gelesen. John will in einigen Wochen in Braunfels einen Store anfangen, und zwar mit Credit in San Antonio.

Schon seit 14 Tagen erwarte ich täglich meine Niederkunft, allein es scheint fast, als sollten noch einmal 14 Tage vergehen, gebe Gott, daß sie so glücklich vorüber geht, wie das erstemal.

November 1852

Gestern kamen die ersten Emigranten hier durch. Das Geschäft geht jetzt besser 18, 20 - 25 $ per Tag. Julius in San Ant. ist krank.

20. Brief von Julius, er ist besser, Otto machte gestern Abend einen Condulations Besuch bei der armen Frau Runge welche Gestern die schreckliche Nachricht von dem Tode ihres Mannes bekam, ich schrieb ihr einige Zeilen. Seit einigen Tagen hat Otto einen Jungen, David Allen, zur Hülfe im Store.

23. Nov. Mutters Geburtstag. Otto lud Mutter auf den heutigen Tag ein, Sauerkraut mit uns zu essen. Wir machten ihr einige kleine Geschenke auf dem Tische zurecht mit einem hübschen Kranz umgeben, einen kleinen Mandelkuchen, 1 übergoldetes Milchkännchen, mit Mandeln, Rosinen und Kandi gefüllt, eine Flasche Baumöhl und 2 ½ Pfd. Pflaumen.

Wir waren recht vergnügt zusammen, aßen Fleischsuppe, und Sauerkraut mit Rinderbraten. Nach Tische tranken wir ein Glas Wein auf Mutters Wohl und aßen Apfelpai dazu. Nachdem wir noch eine Tasse Thee zusammen getrunken, begleitete Otto die Mutter wieder nach Hause.

Heute wogen wir uns auf der Gallerie, Unsere liebe Mutter wog 110 Pfd. mein liebes Männchen 152 ½, Helene 54, Clärchen 19, und ich 116 ½ Pfd.

Julius schickte ein Kistchen mit Kartoffeln und Wein welches leider nicht zur rechten Zeit ankam.

December 1852

19. Den 5ten kam endlich der lange erwartete kleine Theodor an. Otto wollte Morgens gegen 8 Uhr auf dem Ali zu den Neuntödtern reiten, ich sagte ihm aber, statt dessen möge er zu Mrs. Dee

gehen, und sie rufen. Gegen 9 Uhr kam Letztere, ich unterhielt mich noch einige Zeit mit ihr, während die Wehen jeden Augenblick stärker wurden. Otto ritt unterdessen zur Mutter, um dieselbe zu rufen, gegen ¼ vor 11 kam die gute Mutter und gegen 11 Uhr wurde der kleine Th. geboren. Mutter blieb 10 Tage bei mir und pflegte mich treulich.

Hermann (Theodor) Wuppermann

Gestern kam Herr Bechem wieder hier an, er brachte uns eine Masse Briefe, und eine Kiste mit Sachen mit. Eduard kam auch endlich zurück, er war mit Fritz Goldbek nach Bastrop gewesen, dort hatten sie Bretter geholt und diese in San Antonio verkauft. Gustav kam Gestern von San Antonio (wohin er Julius, welcher leider noch immer krank ist, ein Pferd brachte) über Braunfels zurück und brachte Johns Wägelchen mit, in welchem Mutter nächsten Dienstag nach Braunfels fahren will um Hermine, welche auch bald in Wochen kommt, zu pflegen.

Herr Bechem brachte mir 4 Briefe von Louise Korte, Alwine Tillmann, Laura Hösterey und Tante Hanchen, für Otto von Vater, (welcher ein schönes Paquetchen Band mitschickte,) und seinem Freunde Hohrath.

Otto verklagte den Betrüger James, welcher ihm 75 $ schuldet wovon er wahrscheinlich nichts wieder bekommt, es ist dies ein bedeutender Verlust für ihn, und macht ihm viele Sorge. Ich habe ihn oft gewarnt, dem Menschen nicht soviel zu trauen, allein er ließ sich durch seine scheinheilige Maske täuschen.

Gustav nahm Clärchen gestern mit zur Mutter, sie war aber noch nicht lange fort, so bereuete ich schon, sie mitgehen gelassen zu haben, ich habe große Sehnsucht das liebe Kind wieder zu sehen, und Otto dringend aufgetragen, sie Heute Abend wieder mitzubringen, Otto ist nämlich gegen 10 Uhr mit Herrn Bechem an den Jeronimo gegangen. Herr Griesenbeck hatte in Indianola einen Anfall vom gelben Fieber. Rust verkaufte seinen Store an Oliver und Chieffield. Calvert verkaufte sein ganzes Eigenthum zu 8000 $.

1853

Februar 1853

13. Heute machten Otto und ich einen angenehmen Spaziergang an die Guadalupe, auf dem Rückweg machten wir Besuch bei Ankermüllers u. Klasings. Otto und ich schrieben an Vater und Laura. Den 24. Dec. kam Hermine mit einem kleinen Mädchen nieder, Mutter ging den 20. hin, und hatte mit Hermine zugleich Julius zu pflegen, welcher todtkrank war. Den 25. erster Weihnachtstag brachten wir sehr still und ruhig zu, ich konnte kein Bäumchen machen, da ich keine Wachskerzen in der Stadt bekommen konnte. Eduard und Gustav waren den Tag über bei uns. Otto schenkte E. eine Hose und Gustav ein paar Schuhe. Otto und ich beschenkten uns nicht, da wir die Kiste von Deutschland erwarteten, deren Inhalt unser Christkindchen sein sollte. Die Kiste kam den 29. Dec. an, ebenso H. Bechems Piano, welches wir von ihm renteten. Den 18. Januar kam Lischen und das dumme Küken genannt: Mamsell Schmitt schob ab. Den 26. Januar wurde ich 23 Jahre alt. Otto schenkte mir ein hübsches Nähkästchen, 4 Citro-

nen, 2 Flaschen Wein und einen schönen Kuchen von Herrn Tillmann. Herr Theisen war den 29. u. 30. bei uns zu Besuch.

Den 3. schrieb ich an Hermine, wir wünschten das unangenehme, gespannte Verhältnis zu ändern, und möchten wir uns wieder gegenseitig besuchen etc. worauf mir Hermine den 9. antwortete, und zwar freundlich und artig. Gott sei Dank, daß es endlich wieder so weit ist, und mein lieber Otto um meinet und der Mutter Willen den untersten Weg ging.

Herr Bechem half Otto Schattenbäume vor unser Haus pflanzen. Hermine war mit ihrem kleinen Töchterchen Emilie (ein kleines schwächliches Kind) bei uns und Mutter zu Besuch, Hermine war etwas mager geworden, aber sie war herzlicher wie früher.

Robert Bechem

März 1853

3. Gestern bekam ich einen Brief von Minchen worin sie uns anzeigte, daß sie sich zum drittenmal verheirathen wolle, und sich mit Wilhelm Reuter verlobt habe.- Wie ist es möglich?!

Gestern wog ich meine beiden Kinderchen, Clara wog 22 und Theodor 14 Pfd.

Gestern abend brannte Calvert Stable ab, ein furchtbares Feuer, erst vor kurzem war viel Korn und Heu eingefahren worden, es war so hell, daß man auf unserer Gallerie lesen konnte. H. Runge reiste vorgestern nach Indianola zurück.

July 1853

22. Lange schrieb ich nichts in mein Tagebuch, und viel Trauriges und Freudiges hat sich in der Zeit in unserer Familie zugetragen. Emilie Staehely starb den 29 Juni, ich fuhr mit Mutter, Julius, Helenchen und meinen beiden Kindern hin, als wir über der Ferry waren, begegnete uns Walther, um uns die Todesnachricht zu überbringen. Ich fuhr den andern Tag wieder mit Julius zurück, welcher Waaren für Otto mitnahm. Den 4ten July war ich mit meinen Kindern allein zu Haus, mein Mädchen, Minchen, hatte ich nach Braunfels gehen lassen. Julius und Gustav waren bei mir. Ersterer hatte das Fieber. Otto ritt nach Braunfels, wo er sich sehr gut amusirte, und sogar mehreremal tanzte.

Wir bekamen Briefe von Vater und Laura und beantworteten dieselben. Hermine war auf 14 Tage bei der Mutter zum Besuch und nahm Helenchen mit, welche dort in die Schule gehen soll, und Cäcilie Navarro, um sie 14 Tage dort zu behalten.

Frau Bremer gestorben, Herr Jung gestorben, Moreaus ein Mädchen geboren gn. Hulda.

Eduard ist krank, hat das Fieber, ich bin vom Schenken sehr herunter, oft so matt, daß ich nicht stehen kann, und habe in 3 Monaten 15 Pfd. verloren, wiege jetzt 85 Pfd.

Otto baut ein neues Wohnhaus von Steinen, er hat viel Ärger dabei, indem er das nöthige Bauholz nicht bekommen kann, und ihn die Leute belügen und hinhalten.

Clara fängt jetzt recht nett an zu plaudern, und wird schon etwas verständiger. Der kleine Dicke gen. Titi ist ein prächtiger Kerl, mit 6 Monate saß er allein, welches er zuerst bei Mutter konte, als ich mit den beiden Kindern auf 8 Tage bei ihr war. In derselben Zeit war auch Caroline Bastian bei Mutter und einige Tage bei uns. Mit 7 Monaten kroch er, und jetzt mit 7 ½ Monat

steht er allein an einem Stuhl. Er ist die Freundlichkeit und Le-
bendigkeit selbst. Clara nimmt wenig zu, Wieprecht glaubt, daß
sie Würmer hat, sie mußte deßhalb eine Zeit lang eine nasse Binde um den Leib tragen, auch bade ich sie so wie Theodor jeden
Morgen in kaltem Wasser.

Herr Griesenbek ist seit Montag in unserem Store als Clerk,
worüber ich mich sehr für meinen lieben Otto freue, der arme
Mann ist dann doch nicht so schrecklich gebunden. Den 15ten
Juli war Ottos Geburtstag, ich hatte ihm bei Tillmann eine Traubentorte backen lassen, womit ich ihn vor Tisch überraschte.
Morgens 8 Uhr fuhr ich in Mr. Wintz Wägelchen mit Mrs. Cooke
und einem Jungen von Paris Smith in die Plumrich, und war um
11 wieder zu Haus mit einem tüchtigen Korb voll Pflaumen.

*Am 6. Juli schreibt Elise an ihren Schwiegervater: „Mit dem Ge-
schäft macht es sich bis jetzt immer besser, der Store ist so furchtbar überfüllt mit Waaren, daß die Leute oft nicht stehen können
und wieder fort gehen. So ist Otto gezwungen, ein neues Wohnhaus zu bauen, und das jetzige ganz zum Store einzurichten, was
ihm nahe an 600 $ kosten wird. Das Wohnhaus kommt ungefähr
10 Schritte hinter dem Store mitten in den Garten zu stehen, das
heißt, in den beabsichtigten Garten. Hinter dem Garten liegt die
kleine Kuhpenne, in welcher wir immer 2 Kühe halten. (Das Vieh,
welches wir jetzt noch haben, circa 8 Kühe und 10 Ochsen, hat
Otto meinem Bruder Julius zur Beaufsichtigung übergeben, wofür dieser jährlich von allen jungen Kälbern das dritte bekommt.)
Das neue Haus, an welchem der Keller beinahe fertig ist, wird
bestehen aus einem Keller oder vielmehr Souterain, 4 Fuß in und
3 Fuß über der Erde, dieses geht unter dem ganzen Haus her. 23
Fuß lang und 16 Fuß breit, und wird halb zur Küche und halb
zum Keller eingerichtet, und aus Steinen gebaut. Darüber kom-*

men noch 1 ½ Stock von Holz, 2 gleich große Zimmer, eins zum Wohnen, das andere zum Schlafen, und darüber der Dachraum, noch 3 Fuß hoch, was man hier einen halben Stock nennt.

Außer der Farm, welche Otto zu verkaufen sucht, hat Otto kürzlich noch 2 Stadtlots gegen Waaren zu 80 $ eingetauscht, auf diese läßt er, wenn er so viel verdient hat, ein Haus bauen, nur um es zu vermiethen. Dieses ist hier die beste Speculation, denn für ein gewöhnliches Haus bekommt man 10, 12, 15 - 20 $ Rente monatlich. Seguin ist recht am Zunehmen, diesen Sommer werden wieder viele schöne große Häuser gebaut. Auch die Eisenbahm von Indianola bis San Antonio ist angefangen worden. In San Antonio und Braunfels wird eine deutsche Zeitung herausgegeben u. s. f. Herr Wieprecht legt jetzt hier bei Seguin eine Bade- und Wasserheil-Anstalt an, welche in diesem heißen Land ein wahres Bedürfnis sind. [...] Die Einwanderung ist in diesem Jahr wieder sehr stark, und kommen auch viele Leute von gebildeterem Stande her. Viel neues kann ich Ihnen nicht berichten, lieber Papa, zu dieser Jahreszeit ist gewöhnlich der 4te Theil der Einwohner von Texas krank am Fieber, und die Übrigen freuen sich, wenn sie sich so durch die Hitze hindurchschlagen. Es ist wahr, die Hitze ist jetzt oft groß, aber 10mal lieber diese, wie einen harten kalten Winter in Deutschland, an diesen kann ich nur mit Schaudern denken. "

25. Juli zog ich in der Hippen ihr Haus, eine schöne angenehme und geräumige Wohnung, den 27. wurde der Camin zwischen Wohnzimmer und Store umgerissen, den 28. - 29. entwöhnte ich meinen kleinen Theodor, da mich das Schenken so stark angriff, daß ich am Ende so schwach war, daß ich mich kaum auf den Fü-ßen halten konnte. Die Milch macht mir noch viele Schmerzen,

meine Brust ist furchtbar angeschwollen und steinhart. Eduard hat noch immer das Fieber.

August 1853

Den 19. ritt ich mit Walther, (welcher endlich nachdem er 9 Monate bei John war, einmal auf einige Tage zur Mutter kam) nach Braunfels, um Sonntag Abend einen Ball mitzumachen. Unsere gute, liebe Mutter kam so lange zu den Kindern. Wir ritten gegen 5 Uhr hier fort, als wir gegen 8 Uhr im Dunkeln an die Ferry kamen, riefen und schrieen wir wol 1 ½ Stunde, allein der Badenwerber [?] war zu faul zu kommen. Es blieb also nichts anderes übrig als bei Wyskemann die Nacht zu kampieren.

Wir tranken eine Flasche Bier und aßen ein Butterbrod, und legten uns auf ein Bett, welches aus einigen Brettern und Plankets bestand, und worauf man statt auszuruhen nur noch müder wurde. Nach dem Frühstück ritten wir gleich nach Braunfels, wo wir recht freundlich empfangen wurden. Morgens ging ich mit Hermine baden bei vom Steins, Abends gingen wir alle zusammen auf den Ball, das h. wir fuhren hin. Cäcilie Navarro war unliebenswürdig. Otto welcher uns Morgens unerwartet überraschte und ich amüsirten uns sehr gut. John war betrunken, und benahm sich eklig. Montags Morgens ging ich wieder mit Hermine baden, ritt dann zu Minchen und von da zu Stahelys, wo alte Navarros mit dem Wagen waren, um Cäcilie abzuholen. Gegen 4 Uhr zogen wir alle zusammen nach Hause auch Eduard welcher das Fieber jetzt los ist.

September 1853

September 1853

4. Gestern ritt ich mit H. Griesenbek zu seiner Mutter. Die Jung-
sche Farm liegt zwar hübsch, aber das Haus ist ein Hundeloch,
das Holz, die Bäume sind klein und verkrüppelt, um das Haus herum sah es wüst aus. Julius Griesenbeks Haus, ist eine erbärmli-
che kleine Hütte, welche auf einem rauhen Hügel voll krüpeliger
Bäume steht. Beide Farmen sind roh und armselig und haben
meine Antipathie gegen das Farmerleben nur vermehrt. Mein
lieber Otto ist gesund und munter, das Geschäft geht gut, unser
hübsches Wohnhäuschen naht sich seiner Vollendung, Klara ist
sehr wohl und spricht jeden Tag mehr. Heute steckte sie Titi ge-
kaute Nüsse in den Mund und frug ihn Nu nuss Titi? keins mehr,
sonst krank! Unser kleiner lieber Titi ist Gott sei Dank auf der
Besserung, er wird wieder munterer, hat nur noch starke Diarhoe,
wofür ich ihm *täglich zwei Klistire geben muß*.

Mein liebes Männchen hat mir auch jetzt einen neuen Kleiderschrank versprochen!

1854

Januar 1854

16. Heute Abend fand ich den Namen Erens [Evens?] auf der falschen 20 $ Note.

Mein geliebtes Männchen reiste heute Morgen in Fahrs Wagen mit 2 Moulen bespannt nach San Antonio, und ich muß nun einige Tage mit Gustav allein den Store versehen.

Seit ich zuletzt in dieses Buch schrieb, hat wieder vieles, und Gott Dank meistens Angenehmes in unserer Familie ereignet. Unser süßes Söhnchen ist ganz wieder gesund und zwar durch eine Wasserkour des Herrn Wieprecht, Otto schenkte ihm zu Weihnachten einen mexikanischen Pläneit zum Andenken. Unser lieber Titi war mehreremal so krank, daß ich schon für sein Leben fürchtete, doch der gütige Gott hat ihn uns erhalten.

Julius verlobte sich kürzlich mit Anna Tischmeier und begleitet sie jetzt auf der Reise nach Houston, von wo er sie nach beendigten Erbschaftsangelegenheiten wol wieder mit heraufbringen wird. Die neue Schwiegerin in Spee gefällt mir recht gut, sie ist natürlich und freundlich - 16 Jahre alt Julius 25, passen also dem Alter nach gut zusammen, wie mein lieber Otto und ich. Herr Carl Griesenbeck stellte uns heute in Fräulein Röser seine Braut vor.

Wir wohnen schon mehrere Monate in unserm neuen Hause, im Anfang habe ich viel darin gefroren, seitdem aber Otto auf meine vielen Bitten eine Decke in das Zimmer machen ließ, ist es warm und angenehm darin.

Seit Weihnachten habe ich ein neues Mädchen, Sophie Schubert, sie ist dumm, aber viel besser wie Minchen.

Herr Krochmann kam vor einigen Tagen bei Mutter an, und reiste Heute weiter, nach Braunfels und San Antonio, er ist noch immer der gute biedere Mann.

Herrn Bechems Übel hat sich seit kurzem wieder verschlimmert, er braucht jetzt seit einem halben Jahre die Wasserkour, wohnt mit Wieprecht auf unserer Farm, und gehen bei Mutter in Boarding.

Bianca Goldbek hat ein Söhnchen bekommen, und Louis ist nun ein lustiger Großvater.

Ohm Peter[7] hält sich sehr still in Braunfels, er ist seit seiner Ankunft noch nicht wieder hier gewesen.

Die Weihnachtstage feierten wir recht vergnügt, ich hatte ein hübsches Bäumchen gemacht, und

Dr. Louis Nohl

---

7 Peter Tips, Bruder von Johann Conrad Tips und Vater von Jettchen (Nohl) und Minchen (Lenhsen/Heusinger/Reuter)

schenkte meinem Otto einen hübschen neuen Schlafrock, Otto schenkte mir einen Schaukelstuhl, welcher aber wohl erst zu meinem Geburtstag anlangen wird. Den ersten Tag waren wir vergnügt bei der Mutter, aßen Mittags einen ausgezeichneten fetten Puter, Nachmittags kamen Tischmeiers, wir musicirten viel, Abends wurde der Christbaum angesteckt. Von Mutter bekamen wir zum Weihnachtsgeschenk: Otto einen fetten Puter, und ich ein Plümo und seidenes Band. Wir schenkten ihr eine große Porzellanschüssel.

Silvester Abend waren Otto und ich vergnügt zusammen, tranken ein Glas Wipp und gratulierten gegenseitig zum neuen Jahre.

Den 1. Januar waren Mutter, Julius, Eduard, Helene, Herr Bechem und Wieprecht bei uns zum Sauerkrautessen. Abends steckten wir unser Christbäumchen an und ließen es ausbrennen, aßen Puffertskuchen, und waren sehr vergnügt.

Den 8. begleitete Julius die Familie Tischmeier herunter nach Indianola.

17. Otto hat kaltes Reisewetter, da heute Morgen plötzlich ein Norder heran stürmte. Eduard will Morgen nach Bastrop um eine Fuhre Bretter zu holen und dan in San Antonio oder Braunfels zu verkaufen. Früher war er schon einmal in Indianola, ich lieh ihm meinen Brodtopf wovon er den Deckel verlor und nichts sagte, bis ich ihn darum fragte, gleich darauf forderte er 2 $ um für Otto die Juno zu holen, welche er tags zuvor gesehen hatte, und was jeder andere für 1 $ thut. Otto hat noch vorigen Sommer, als ihm aus Unvorsichtigkeit eine wilde Mähre todt ging, 5 $ beigesteuert, um seinen Verlust zu vermindern. [Der folgende Satz ist eingeschwärzt.]

May 1854

May 1854

16) Fast ein halbes Jahr verging, ohne daß ich etwas in dieses Buch eintrug, es hat sich viel in der Zeit zugetragen. Julius Brautschaft rückgängig geworden. Otto schenkte mir zum Geburtstage einen Schaukelstuhl, ferner haben wir von neuen Möbeln angeschafft: 1 hübschen Kleiderschrank, ein Milchschränkchen, und 8 schöne Rohrstühle. Im März bekam Hermine ein kleines Mädchen, Mutter war 4 Wochen bei ihr. Hermine war im April einige Wochen mit ihrer kleinen Eugenie bei Mutter zum Besuch, gerade in der Zeit wurde mein armer lieber Mann krank, und bekam eine heftige Gallenruhr, die 2te Nacht schickte ich zu Dr. Starke, es war die höchste Zeit. Otto wurde so schwach, daß er auch nicht das kleinste Geräusch vertragen konnte, dabei war er stets in einer sehr gereizten Stimmung. Eduard, Herr Krochmann, Dr. Starke und ich wachten abwechselnd Nachts bei ihm. Louis besuchte ihn auch einmal auf meine Bitte, ich schrieb ihm durch Herrn Seele, er bestätigte Dr. St. Verordnungen, und hätte Otto nicht einen Rückfall bekommen, hätte sich die Krankheit nicht 4 Wochen hingezogen. Den 9. u. 10. Mai hatte Otto wieder furchtbare Zahn u. Gesichtschmerzen, den 11. hatte es sich etwas gebessert, er fuhr deßhalb Morgens früh mit der Post nach San Antonio, um dort Sommerzeuge [?] einzukaufen, und dem Gesangfeste beizuwohnen. Samstag Morgen ritten auch Julius, (welcher in der zweiten Woche von Ottos Krankheit zu uns kam) Eduard und Herr Whm. Fromme, welcher 14 Tage bei Mutter zum Besuch war, nach San Antonio. Gestern und Heute habe ich den Store ganz allein besorgt, ein unangenehmes Geschäft, besonders wenn man wie ich erwartet, in 8 - 14 Tage in Wochen zu kommen. Der garstige Albert lief den 2ten Ostern trotzdem Otto sehr krank war, nach Braunfels, und Sophie heirathete einen Menschen, welchen

sie 8 Tage lang kannte. Morgen kommt hoffentlich mein geliebtes Männchen wohl von San Ant. zurück. Unsere Kinder sind beide voll Schwären und Ausschlag. Clärchen kommt leider nicht recht voran, sie wiegt nicht mehr wie vor einem halben Jahre 27 Pfd. und macht uns oft Verdruß, daß sie alle Unarten der garstigen Ernestine annimmt. Titi ist ein kleiner herziger Engel, er ist dick und gesund, und fängt an zu plaudern.

Juny 1854

24. Den 8. Juni wurde unsere kleine Anna geboren, gegen ½ 12 Uhr Mittags, ich hatte weit mehr zu leiden, wie bei den beiden ersten Kindern. Das Kind hatte die Nabelschnur zweimal um den Hals gewickelt, (Folge davon, daß ich die Ranken an unserer Laube vor der Thüre angebunden und zu sehr in die Höhe gereicht hatte) und konnte deßhalb nicht gut kommen. 6 Tage vorher bekam ich, nach vieler Mühe, von Brfls eine Wärterinn Frau Hildebrand, welche auch das Kind brachte, den Monat bekommt sie 10 $, welche sie auch verdient. Mutter kam zufällig den Abend, um auf Schmidtchens Hochzeit zu gehen, und freute sich sehr, daß es schon so weit überstanden war. Frau H. pflegte mich, wie ihre eigene Tochter, und sorgte auch für die übrige Haushaltung recht gut, ihr einziger Fehler ist, das sie zu viel spricht. Otto ist Gott Dank wieder ganz gesund. Er und Julius waren vor 4 Wochen in San Antonio auf dem Gesangfest. Clara ist seit 14 Tagen bei der Großmutter.

July 1854.

Den 3 Juli hatten Staehelys Kindtaufe, Herr James Ferguson, Herr Bechem und ich waren Pathen, in Braunfels habe ich mich sehr gut amüsirt, den 4ten July auf der Zinkenburg, auf dem Berge Musik und Ball. Auf der Hinreise 7 Mann [?] in dem kleinen Postwagen - furchtbare Hitze - Clara oft erbrochen - in Brfs. von Hermine und John freundschlich aufgenommen, einen Nachmittag bei Moreaus auf einer Kaffeevisite - bei Fergusons zur Chocolade - Einen Kinderwagen gekauft zu 4 ½ $. - Wilhelm Elbers den 5. Juli sich selbst erschossen, wahrscheinlich aus unglücklicher Liebe zu Alma Nohl. John fuhr uns, Herrn Bechem und mich in Fergusons Wagen nach Seguin zurück. 2 Meilen hinter Braunfels begegnete uns Kreutz mit seiner Frau und Kind. Letzteres ist, wie seine Frau gestanden hat, von Alex Ferguson, Kreutz wollte nach Braunf. und von Alex F. 400 $ fordern zur Erziehung des Kindes, und wenn F. nicht bezahlen wolle, diesen verklagen. John bat ihn um eine Unterredung, und bot ihm in James F. Namen 200 $ damit nur Frau Ferguson nichts davon gewahr würde, weil diese guter Hoffnung ist. Frau Kr. fuhr mit nach Seguin zurück und Herr Bechem als Unterhändler wieder mit nach Braunfels. Hier angekommen, erlaubte sich John die ungezogene Bemerkung, es sei von Otto ein dummer Streich gewesen, dem Kreuz zu sagen, daß er gehört habe, seine Frau hätte sich auch noch mit andern Männern eingelassen etc. etc. Die hochfahrende Art in welcher John dieses sagte, ärgerte Otto so sehr, daß er Herrn Bechem bat, John zu sagen, er verbäte sich in seinem Hause solche Ungezogenheiten etc. Herr B. that dieses und John fand seinen Eigendünkel dadurch so sehr gekränkt, daß er schwor, nie wieder unser Haus zu betreten, er reiste auch auf der

Stelle nach Br. zurück, mit ihm Frau Hildebrand, welche in den letzten Tagen unausstehlich war, weil sie geträumt hatte, ihr Mann sei gestorben, ich war froh, sie quitt zu sein. Frau Schick half mir einige Tage, bis ich den 18. Juni wieder, (wie es bis jetzt wenigstens scheint) ein ordentliches Mädchen bekam, Ernestine Gläser.

24. Heute war Louis Nohl hier und verordnete unserm armen kleinen Titi Leberthran. Theodor hat Drüsen und bekommt Augzähne, er ist sehr mager geworden, und hat einen sehr dicken Leib. Clärchen wächst jetzt tüchtig, und ist ziemlich gesund. Die kleine Anna ist ein liebes Kind, sie wächst zusehends und ist kerngesund. John reiste heute nach Deutschland, seine Mutter ist gestorben, und er wird wol 15000 $ erben.

Julius versorgt Staehelys Geschäft, während seiner Abwesenheit, es thut mir leid, daß Julius nicht mehr bei uns ist, er war recht spaßhaft und machte manchen Witz mit der Frau Hildebrand. An seine Stelle ist seit circa 8 Tagen Herr Looff getreten. Otto will jetzt ein Schlafzimmer anbauen, und Mutter zu unserer Freude einige Monate zu uns kommen, so bald sie ihre Farm verrentet hat. Von Tante Hanchen kam heute ein Brief an Mutter an. Stuve mit Frau und Kind kamen vorgestern in Braunf. an.

Den 15. Ottos Geburtstag, er war noch sehr schlecht gestimmt und angegriffen, von dem Ärger über John, ich bakte einen großen Kuchen mit Rosienen und schenkte ihm Kossuths[8] Bild, 6 leinene Schnupftücher und ein seidenes Tüchelchen.

Den 30 Juli 1854 wog Otto 145 Pfd. Elise 102 Pfd. Clärchen 27 Pfd. Theodor 21 Pfd. Anna 11 Pfd.

---

8 Lajos Kossuth war in den Jahren 1848/49 einer der Anführer der Ungarischen Unabhängigkeitserhebung gegen Österreich.

September 1854

20. Unsere liebe Mutter geht nächsten Montag von der Farm, übermorgen wird sie eine kleine Auction halten. 14 Tage bleibt sie dann bei uns, und geht dann zur Frau Ferguson. Unser Schlafzimmer ist jetzt im Bau begriffen, ich freue mich recht darauf wenn die Betten aus der Stube kommen und wir dadurch mehr Platz bekommen. Morgen schreibe ich an Ohm Herrmann, uns ein Clavier mitzubringen.

December 1854

Mittwoch, den 6. December nahm Gott unser innig geliebtes Annchen wieder zu sich. Das Kind war zu schön und liebenswürdig für diese böse Welt, in welcher so wenig Freude und so viel Leid ist. Das arme Kind hat schrecklich gelitten, an der Ruhr, Krämpfen, und Zahnen, der Anfall von Ruhr war so stark, daß Louis und Dr. Morgan sie nicht retten konnten. Tag und Nacht wachten die gute Louise und ich bei ihr, die beiden letzten Nächte von unserer lieben Mutter unterstützt, welche auf mein Bitten von Braunfels kam. Den 23. Nov. Mutters Geburtstag, sie war bei Frau Ferguson, welche an dem Tage in Wochen kam. Den 24. ritt ich auf Ottos Bitten zu Mrs. Wilkox an der Guadalupe welche krank war. Den 25. war Annchen unwohl und hatte heftiges Abführen. Otto ritt Abends nach Braunfels um einem Conzert und Ball des dortigen Gesangvereins beizuwohnen. Sonntag ging dem armen Kinde schon etwas Blut ab, dieses ängstigte mich so sehr, daß ich Herrn Zorn rufen ließ, und ihn frug, ob er meine, daß ich einen amerikanischen Arzt rufen lasse, er rieth mir durchaus ab.

Die Krankheit verschlimmerte sich immer mehr, trotz Bädern und Arzneien, und den 6ten starb unser innigst geliebtes Kind. Den 7ten fuhren wir hinaus und begruben sie an der Seite unseres guten Vaters und der lieben Clara. Den 8ten wäre sie gerade 6 Monate alt geworden.

Den 9. Dec. wurde Mutter krank, Kopfschmerzen, Fieber, und mußte noch bei uns bleiben, sie hatte sonst vor, den 10. zu Fergusons zurückzukehren. Brief von Tante Hannchen, und von Eduard von Austin aus. Clärchen und Theodor sind beide stark erkältet und haben einen bösen Ausschlag am Mund.

Den 12 Dec. begleitete ich meine Mutter nach Braunfels, und erkältete mich dabei so stark, daß ich eine Entzündung in den Hals bekam, und viel litt. Den 24. Dec. reiste ich mit Clärchen und Theodor nach Braunf. und blieb 14 Tage bei Nohls, amüsirte mich Weihnachten bei Nohl und Moreaus sehr gut, wo die Kinder auch beschenkt wurden. Neujahr war ein hübscher Ball im Casino, Otto war auch gekommen, es war eine Verlosung von allerlei Kleinigkeiten, ich bekam eine Nadel mit Glasknopf, ein Spiel Karten, und ein Döschen mit Haarnadeln.

1855

MIDDLETOWN.

MIDDLETOWN is situated in Comal County on the South or Cypress Fork of the Rio Blanco and on Cherry Creek in the centre of the best settlements in all its surrounding country, and on the main road leading from New Braunfels to Fredericksburg, on the road from San Marcos to Fredericksburg, and on the road from Austin by way of Middletown to San Antonio. Said town is distant from Austin about 43 miles from San Antonio 43 miles, from New Braunfels 35 miles, from Fredericksburg 35 miles, from San Marcos 35 miles and 2 miles north of the Twin Sisters mountains.

Itis confidently expected that in case a new County be made to be taken of the Counties of Travis, Hays, Gillespie and Comal the locality of this town will warrant its election as the proper place for the County seat.

As respects the situation of this town for the possession of good health, pleasant scenery, good and cold water, water power for milling purposes, timber, good lands, good roads and convenience to markets, no place in all the surrounding country holds forth so inviting prospects to persons desirous settling in a new place.

A public dinner will be given at the mill site of Col. Goar in said town on Saturday October the 20th. A. D.-1855.

All persons desirous of selecting a home in a new country are invited to be present at said dinner and to examine the situation of said town.

On the day of said dinner town and out lots will be offered for sale on the premises by Col. Goar agent and attorney in fact of the undersigned proprietors of said town. Titles indisputable.

Conrad Seabaugh.
Otto Wuppermann.

Januar 1855

Den 15. Januar. Otto schenkte mir ein Baerl deutsche Kartoffeln, eine schöne Tischdecke und 2 schöne blaue Schüsseln zu Weihnachten, ich schenkte ihm ein Cigarrenetui, einen weißen Shwal, und eine Freundinn. Die Kinder bekamen ein kleines Tischchen. Ach wenn doch mein süßes geliebtes Annchen noch lebte, wie gerne wollte ich Bälle, Vergnügungen und alles dergleichen dafür geben! Der Kinder Ausschlag am Mund ist wieder geheilt.

26. mein Geburtstag, ich wurde 25 Jahre alt, mein lieber guter Otto schenkte mir ein hübsche lakirte Waschschüssel, eine Gemälde-Brosche und 2 Kuchen. Der gute Mann war sogar so lange herumgelaufen bis er ein grünes Bouquetchen für mich gefunden hatte.

Februar 1855

20. Clärchen war 8 Tage recht krank, sie hatte ein heftiges Catarhal-Fieber brach mehrmals Galle und hatte dabei einen starken

Februar 1855

Husten, Fritz mußte 3 mal nach Braunfels reiten, Louis kurirte sie recht gut, ohne sie zu sehen, und sie ist nun Gott sei Dank wieder wohl. Otto ist seit 8 Tagen verreist mit Herrn Carl Wieprecht um sich in den Guadeloupe Gebirgen oder dem Rio Blanco ein gutes Stück Land auszusuchen, darauf zu farmen und Vieh zu ziehen.

Otto kam den 19. zurück und sagte mir, er werde wahrscheinlich Wilkes Farm kaufen 20 Meilen von Braunfels an dem Weg nach Friedrichsburg gelegen.

Ende Februar war ich mit Otto und den Kindern in Fahrs Wägelchen in Braunfels. Wir logierten bei Moreaus, waren Abends auf dem Ball im Clubb, es war zu voll, zu viel ordinäres Volk da, und Otto war ärgerlich, daß ich oft neben Hermine saß. Montags fuhren wir wieder nach Hause, und nahmen unsere liebe Mutter mit, welche 4 Wochen bei uns blieb. Wir bekamen gerade in der Zeit 2 Boxen Orangen und 1 Barrel frische Äpfel. Mutter und ich gingen oft mit den Kindern an die Guadalupe spatzieren, in den letzten Wochen war es leider immer sehr kalt, so daß wir nicht ausgehen konnten.

Lehmann und Edmund reisten im Februar ab, an Lehmanns Stelle trat Herr Pelzer.

April 1855

Den 1. reiste Otto mit Mr. Andro Erskine herauf um Dr. Potters Mühle zu besehen.

August 1855

Ich war mit den beiden Kindern beinahe 14 Tage bei unserer lieben Mutter, sie wohnt in dem kleinen Roh???-Häuschen mit Helenchen. Ihr Clavier kam in der Zeit an. Ottos und Johns Zwist gab zu einigen sehr unangenehmen Auftritten Anlaß. Wir gingen fast alle Tage auf Caffeevisiten, kauften uns oft Pfirsiche und waren recht vergnügt. Ich zeichnete den Struwelpeter ab, war oft sehr marode.

Julius verlobte sich mit Anna Pelzer. Otto machte mit Herrn Bechem eine Reise ins Gebirge und legte mit Herrn Groth einem Landvermesser die Stadt Middletown aus. Er hatte sehr viel Regen, und blieb mehrere Tage länger aus, wie er vorhatte, weßhalb ich in großer Sorge um ihn war.

Es wurde hier in Seguin ein großes Babicue von den Democraten gehalten. Wir hatten die Nacht 4 Braunfelser und Agnes Dittmar im Logis.

Die Gründe für Ottos Entschluss, eine neue Stadt im Gebirge, am Blanco zu gründen, liegen in politischen Konflikten, die sich damals zuspitzen. Am 14. Januar schreibt er seinem Vater: „Ueber den Gang meines Geschäftes in den letzten Monaten kann ich nicht klagen, wohl aber über die Stellung, welche die Deutschen den Amerikanern gegenüber jetzt hier einnehmen u. die seit cr. 6 Monaten so unangenehm geworden ist, daß ich jetzt wirklich ernstlich an eine Veränderung denke." Mitte der fünfziger Jahre entwickelt sich in den Vereinigten Staaten eine politische Bewegung bzw. Partei (American Party) mit manchen Zügen eines Geheimbundes, die „Know Nothings", so genannt, weil sie auf Fragen nach den Aktivitäten ihrer Organisation behaupten, von nichts zu wissen. Mitglieder und Anhänger sind geborene Ameri-kaner protestantischer Bekenntnisse, die sich gegen den Einfluss der Einwanderer und der katholischen Kirche wenden. In Wahl-kämpfen nimmt der Konflikt zwischen eingesessenen Amerika-nern und eingewanderten Neubürgern mehrfach gewaltsame For-men an, z. B. bei den Gouverneurswahlen in Kentucky im August 1855, bei denen 22 Menschen getötet und viele verletzt werden.

Im überwiegend amerikanischen Seguin macht sich die frem-denfeindliche Stimmung deutlich bemerkbar. Am 28. Oktober 1855 schreibt Otto seinem Vater, dass er ein zweites kleines Ge-schäft zu gründen vor hat, „und meine Absicht ist, ein solches zu versuchen in der neu anzulegenden Stadt Middletown am Rio Blanco, obgleich meine Frau nicht sonderlich für eine Verände-rung ist. Zugleich gibt sie mir aber zu, daß gegen diese Canaillen die Know-Nothings, die einen ehrlichen Deutschen, der sich plagt, gerne um Leben und Eigenthum bringen möchten, etwas gethan werden muß, u. sie ist nicht dagegen, daß wir Seguin, denjenigen Ort, wo die K. N. einflußreicher sind als in irgend ei-nem anderen in West-Texas, verlassen. Ich kenne viele Amerika-ner hier, die ich nicht nur achte u. schätze, sondern auch liebe, u. von denen mir die Trennung wirklich schwer werden wird, aber leider besteht der bei weitem größere Theil der Bevölkerung von unserem County jetzt aus verächtlichen Menschen, zwischen denen ich nicht leben mag."

Anfang 1857 schreibt Otto seinem Vater: „Sie bedauern, lieber Vater, daß ich mein Geschäft in Seguin verlassen habe, u. Sie haben in mancher Beziehung Recht; denn während ich unten $ 1000.- u. mehr p. Jahr in den letzten Jahren übrig behielt, ver diente ich hier oben kaum so viel, als wie ich mit meiner Familie verzehrte, u. außerdem wurde es nöthig hier bedeutende Anlagen zu machen für Wohnung, Stallungen u. Geschäft. Indessen, lieber

Vater, es gibt bei mir auch andere Gründe wie pecuniaire. In Se-
guin bin ich gefährlich krank gewesen u. oft unwohl, in Seguin
verlohr meine Frau ihre Gesundheit; in Seguin lagen vergange-
nes Frühjahr meine 3 Kinder sehr gefährlich darnieder u. das
jüngste starb! Zur Zeit als ich Seguin verließ, war das KnowNo-
thing'tum in der Blüthe u. sein Sieg war zweifelhaft, hatte sogar
manche Chance für sich. Ich interessirte mich damals ungemein
für Politick; mein ehrlicher deutscher Stolz war so empört, daß
ich in Seguin zu den Häuptern der Gegenparthie gehörte; mein
Geldbeutel, meine Zeit, meine Bemühungen standen ihr jederzeit
in reichem Maaße zu Dienst; mein Haus war der Sammelplatz
der Democratie u. ct. u. ct. Je größer meine Opfer auf der einen
Seite, je mehr wurde ich compromitrt bei der andern Parthie, de-
ren heftiger Haß sich auf mich warf. Obgleich in jeder Weise aufs
lebhafteste unterstützt u. beschützt durch meine politischen u.
persönlichen Freunde [...], fand ich doch aus, daß meine u. mei-
ner Familie Lage in Seguin anfing, eine ziemlich gefährliche zu
werden, da die Parthei der K.'N.'s, wie Louisville, New Orleans,
Boston u. Baltimore bewiesen, auch die gemeinsten Mittel nicht
scheute, ihre teuflischen Pläne auszuführen, u. es zeigten sich
selbst damals in Seguin Ereignisse, die jeden Foreigner ängstlich
für seine Familie machen mußten." Eine der frühesten Kindheits-
erinnerungen von Elises und Ottos ältester Tochter Clara ist ver-
mutlich ein solches Ereignis, dass nämlich „*in Seguin einmal*
nachts Steine von der Straße aufs Dach geworfen wurden".

Den 15. July. Ottos Geburtstag, ich backte ihm 2 Pflaumentört-
chen, welche ich mit hübschen Kränzen umgab, schenkte ihm ein
paar Hosenträger, und machte ihm ein kleines Gedicht[9]. An dem

---

9 Das Gedicht endet auf die Zeilen „Behüt unsern Gatten und Vater, unsern
   Schutz und Schirm auf der Welt, vor dem Now-Nothings Geschnater und

Tage war ein Babicue hier, ich hatte mich am Tag vorher mit Backen so angestrengt, daß ich Morgens ohnmächtig wurde. Nachdem die Louise fortgelaufen, war ich 4 Wochen ohne Magd, nachdem trat Frau Heinze bei mir in Dienst.

Herrn Radeleff unsern Clerk haben wir aus in Boarding gethan, weil jetzt eine sehr rare Zeit in Betreff der Lebensmittel, und er ein furchtbarer Esser ist.

September 1855

17. Julius war einige Tage hier, sein Compagnie-Geschäft mit Staehely hat sich vor seinem Anfang zerschlagen, und will er jetzt ein eigenes Geschäft hier etabliren. Herr Otto Fischer war mit 2 Mexikanern hier, er brachte Schindeln und nahm Waaren mit hinauf, auch 2 junge Kätzchen. Simon nahm unsere Hündinn Schulze mit. Otto fuhr Mad. Fromme Gestern mit ihrem Söhnchen zu Dr. Nohls, weil letzteres nicht recht wohl ist. Von da fährt Otto heute in die Martinus, um vielleicht von Real noch einige Mähren zu kaufen, von dort nach San Antonio, um Einkäufe zu machen. Von Eduard erhielt ich gestern einen Brief, er hat keine Lust, Ottos Vorschlag, nach der neuen Stadt am Blanco zu ziehen, nachzukommen. Die Indianer haben in letzter Zeit viel geraubt und gemordet, und kommen bis ganz in die Nähe der Städte. Mr. Andro Erskine will mit einer Compagnie Freiwilliger gegen die Indianer ziehen, welcher C. sich auch Herr Bechem anschließen wird. Otto ist recht gesund und vergnügt, Clara und Theodor sind auch recht wohl, und machen uns viel Vergnügen. Was mich selbst betrifft, so bin ich jetzt im Ganzen wohler, als im Anfang

---

vor dem Mangel an Geld!"

der Schwangerschaft, besonders die Magenschmerzen haben sich
fast ganz verloren.

Aus Erskines Expedition gegen die Indianer ist nichts geworden, weil General Smith Hülfe in Waffen, Provisionen etc. ver-
weigerte.

November 1855

Den 12. wurde der kleine William Otto geboren Nachts 3 ½ Uhr.
Die Hebamme Frau Hildebrandt war schon seit dem 1. Nov. hier,
Anna Pelzer war 14 Tage zum Besuch bei uns, den 30. Oct. ließen
wir sie durch Suchard wieder nach Braunfels fahren, und Mutter
und Frau Hildebrandt mitbringen. Otto reiste in angenehmer Gesellschaft von Amerikanern den 1. November nach Austin, und
wohnte dem dortigen Babecue bei, wo er sich sehr gut amüsirte.

Heute den 19. Sonntag. Otto und Julius ritten heute Morgen 6
Uhr trotz ziemlich starkem Norder nach Braunfels um heute
Abend ins Theater zu gehen, Otto wird von dort Morgen nach San
Antonio reiten, um einige Einkäufe zu machen. Seit 3 Wochen ist
Julius in Otto's Geschäft als Partner eingetreten, er sah ein, daß es

NOTICE.

Mr. Julius Tips becomes a partner in my busi-
ness, this day; which will be continued under the
firm of *Wupperman & Co.*

OTTO WUPPERMAN.

Seguin. Oct. 25. 1855.

mit seinem eigenen Geschäft nichts gab, und es ist für beide Theile gut, daß es so gekommen ist.

Recht dankbar können wir dem lieben Gott sein, daß die Geburt des kleinen Otto so schnell und glücklich abgelaufen ist, wenn er ihn uns nur gesund erhält. Meine Magd, die scheinheilige Frau Heinze hat mir zum 24. dieses aufgekündigt, weil ich nicht machen will, daß Otto ihrem Schwiegersohn dem Gläser die Schindeln auf Credit giebt, es ist abscheulich hier mit der Frechheit der Dienstboten. Die Frau Hildebrandt macht eine rühmliche Ausnahme, sie ist ein wahres Muster von einer Hebamme.

Welch ein Glück, und welche Annehmlichkeit, meine liebe, gute Mutter bei mir zu haben, mit welcher Liebe pflegt sie mich, und nimmt sich der Haushaltung an, wie ihrer eigenen.

Circa 14 Tage vor Weihnachten kam unsere liebe gute Tante Hanchen von Deutschland glücklich und gesund bei uns an. Weihnachten machten wir einen schönen großen Christbaum. Ich hatte leider keine Magd, und mußte mit Mutter und Tante alle Arbeiten allein thun, welches mir sehr schwer wurde, da ich von dem Wochenbette her noch sehr schwach war. Besonders für Mutter und Tante war es mir sehr unangenehm, die Frau Schick kam herunter zum spülen und melken. Wir hatten schöne Kuchen und kleines Gebäck gemacht, und wären ganz vergnügt gewesen, wenn es nicht so fürchterlich kalt gewesen wäre. Wir beschenkten Julius mit einem feinen Tischtuch und 6 Servietten und einem Ledereimer mit kupfernen Reifen. Unsere liebe Mutter bekam eine schöne Uhr und ein paar seidene Handschuhe, und Tante Hanchen ein paar dito Handschuhe und einen feinen Kamm. Mein lieber guter Otto schenkte mir ein halbes Stück feines Leinen, Tüll zu einem Schleier, ein paar Handschuhe, und eine Blechbüchse mit grünen Erbsen. Otto bekam von mir Hut, Weste, Handschuhe, und den Anfang von einem Hosenträger. Den ersten Weihnachtstag war eine fürchterliche Kälte, so daß wir alle möglichst nahe zum Ofen krochen. Den 2ten kam Eduard, wir hatten einen schönen Puterbraten, unsere liebe, arme Mutter hatte leider starke Kopfschmerzen. Den Tag darauf fuhren Tante und Mutter mit dem Suchard wieder nach Braunfels. Sylvester hatten Julius und Anna Hochzeit, sie wurden bei Staehely's durch Herrn Seele getraut, und gingen nachher auf den Ball in dem Union Clubb.

1856

Januar 1856

Den 3. Januar trat unsere jetzige Magd Tine ein, ich hatte sie durch Nagel am Yorks Kreek holen lassen.

Den 26. Januar wurde ich schon 26 Jahre alt, es rauchte an dem Tage fürchterlich in unserer Stube, Otto schenkte mir ein Barrel deutsche Kartoffel.

März 1856

Seguin, den 2. März 56. Unser liebes Clärchen ist schon seit 3 Wochen in Braunfels bei der Mutter, und hat dort leider das Fieber, ein gastrisches, Louis sagte mir zwar es sei gar keine Gefahr dabei, aber dennoch bin ich sehr unruhig. Louis war hier wegen Theodor, welcher das Scharlachfieber hat, er ist jetzt Gott sei Dank, wieder ganz auf der Besserung. Zugleich holte er Alma wieder, welche 14 Tage hier war, in welcher Zeit wir leider immer

März 1856

Regen und Kälte hatten. Der kleine Otto hat einen Flechtenausschlag auf beiden Bäckchen (Bleistifteintragung: jedenfalls Fraissam [?]), Louis sagte, er könne ihn leicht vertreiben, es sei jedoch besser, es nicht zu thun, weil er sonst leicht Drüsen in den Unterleib bekommen könne.

Otto ist schon seit 14 Tagen wieder in Middletown, durch Louis höre ich, daß sich schon wieder Indianer gezeigt haben. Ich bin seit meinem letzten Wochenbett noch nicht wieder ganz wohl, trotz dem ich den kleinen Otto tüchtig mit Hafergrütze füttere, und Louis räth mir, eine Mineralwasserkur durchzumachen.

May 1856

Pfingstsontag, den 11. Mai. Ein trauriger, wenigstens sehr langweiliger Pfingsttag, 3 Tage vorher Regen, daher sehr schmutzig, Otto in Middletown, Julius nach Brfs. um seine Frau zu besuchen, welche schon 14 Tage bei der Mutter zum Besuch ist. Ich war also ganz allein mit den Kindern, doch habe ich Ursache, Gott dankbar zu sein, da unser liebes Ottöchen wieder besser ist. Er war die letzte Woche krank, erst 3 Tage heftiges Zahnfieber, dann nachdem das erste Zähnchen durch war, heftige Diarrhoe, so daß er recht mager geworden ist. Heute vor 8 Tagen fuhr Otto mit Schreiner Bartholomä nach Mitn. und nahm Tante Hanchen auf dem Wege dahin mit nach Braunfels. Die Nacht darauf starb meine schöne „Juno" wahrscheinlich in Folge von zu früher Anstrengung nach dem fohlen, das schöne Fohlchen wird nun auch wohl nicht aufkommen. Tante Hannchen war circa 8 Wochen hier, die ersten 4 Wochen ihres Hierseins war ich mit Öttchen in Braunfels bei der lieben Mutter zu Besuch, wo ich eine Mineralwasserkur gebrauchte, doch ohne sichtbaren Erfolg. Ostern war dort ein

Conzert zum Besten der Schule. Otto kam auch hin, ich sang die Adelaide und mit H. Schütze ein Duett aus Faust. Frau Torry und Frau v. Roth sangen ein Duett, und nachher mit in einem Quartett. Von allen Freunden und Verwandten wurde ich sehr freundschaft-

Wohnhaus der Familie Wuppermann in Seguin (Zeichnung von Otto W.)

lich aufgenommen, besonders von der lieben Alwine und Franz, Hartmanns lernte ich dagegen von einer sehr unvortheilhaften Seite kennen. Nachdem die liebe Tante Hannchen wieder nach Brfls. zurück ist, kommt es mir hier sehr einsam vor, sie war so gütig meine Haushaltung zu führen, und unsere beiden lieben ältesten Kinder zu beaufsichtigen, dadurch wurde es mir möglich ganz ohne Sorgen in Brfs. zu sein.

May 1856

Seit 4 Wochen ist die Amalia von Fischers hier bei junge Wöhlers, sie kam während meiner Abwesenheit hier an, Tante, welche sie nicht kannte, nahm sie nicht auf, und nun scheint sie von den Wöhlers aufgehetzt zu sein, denn sie kommt nicht, trotz mehrmaligem Einladen. Während ich in Brfs. war, wurde der graue Hengst „Gree Pascha" von der Martinos gestohlen, wieder ein großer Verlust!

Den 4ten fuhr Otto mit Bartholomä herauf in's Gebirge, und nahm die liebe Tante Hanchen mit nach Braunfels. Er fuhr zum erstenmale mit unserm neuen Wagen, und spannte Juno, welche ein kleines Fohlchen hat, und die Mula ein. Die Juno wollte durchaus nicht ziehen, so daß Otto die größte Last damit hatte, andern Morgens war sie todt. - Das arme Fohlen ist bei Cramer in Hortontown, welche es aufziehn.

Mai 20. Ottöchen, der kleine Engel hat schon 2 Zähnchen, er war 8 Tage recht krank, hatte 3 Tage Fieber, und dann die heftigste Diarhoe. Ich gab ihm früher Morgens und Abends ein Gläschen frische Kuhmilch, da er diese gar nicht verdauete, sondern sie in steinharten Klumpen wieder von sich gab, so gebe ich ihm gar keine Milch mehr. Er hatte auch einige Tage Nesselfieber. Seit 2 Tagen habe ich ihn nun entwöhnt, der gute kleine Engel hat nur den ersten Abend tüchtig geschrien, und sich von da an geduldig in sein Schicksal ergeben. Das Kind ist nicht hübsch, aber so gut und freundlich, daß er aller Liebling ist, besonders von Julius.

Den 16. kam Herr Baier hier durch mit seiner hübschen Frau, welche er uns vorstellte, den 20. Gestern, brachte Gustav Peltzer seine Schwester wieder her, Anna war 3 Wochen verreist, Julius boardete so lange bei uns, ich verdiente dadurch 9 $, wofür ich mir 6 Betttücher von Mutter kaufen werde. Edmund und Mathilde hatten den 19. Hochzeit, Anna Dittmar ist verlobt mit Herrn Konrads, Herr Real mit einer Fräulein Kähe, welche mit der Tante

May 1856

Hanchen auf einem Schiffe reiste. Tante Hanchen schickte mir durch Julius zum Vielliebchen eine Lorgnette, ein schönes Vielliebchen!

Klärchen ist tüchtig gewachsen, sie muß jeden Morgen die Kerzenleuchter putzen, und schon allerlei kleine Handreichungen thun, wozu sie sich recht gut schickt. Das Kind ist nur zu aufgeregt, und für ihr Alter sehr klug, sie hat ein gutes liebesbedürftiges Herz, aber viele Fehler, von denen der schlimmste Hang zur Unwahrheit ist. Seit einiger Zeit hat sie oft wieder so sehr heftiges Nasenbluten. Theodor ist ein kleiner Trotzkopf, aber ein Herzens guter Junge.

21. Heute war Herr Krochmann hier, aber nur auf 5 Minuten, da er gleich mit der Post nach San Antonio fuhr, hat aber versprochen auf seiner Rückreise einen Tag zu bleiben.

August 1856

17. Sehr, sehr trauriges habe ich wieder in mein Tagebuch einzutragen. Den 23. July starb unser geliebter kleiner Otto, nach 5 wöchentlichen schmerzlichen Leiden an Zahnfieber, Ruhr und Schleimfieber. Der gute kleine Engel behielt seine Besinnung bis wenige Minuten vor seinem Tode, er war furchtbar abgezehrt, nichts wie Haut und Knochen. Tante Hanchen kam 14 Tage vor seinem Tode, und half ihn mir getreulich pflegen. Den 24. schrieb ich an Franz Moureaus, und dieser schickte einen Boten mit einem Brief von mir an den armen Otto nach Middletown, ihm die Trauerbotschaft zu überbringen. Wir fuhren in Suchards Wagen, Tante Hanchen, Frau Zorn, die Kinder und ich, zu der Grabstätte unserer vorangegangenen Lieben, an deren Seite wir unter heißen

108

Thränen den geliebten Knaben begruben. Er war 8 Monate und 11 Tage alt geworden.

Die nächsten Tage packten wir unsere Sachen ein, fuhren den 4 Aug. nach Braunfels zu unserer guten Mutter und den 6. holte uns Otto endlich nach Middletown. Wir hatten eine schlechte Reise, furchtbare Hitze, Wassermangel, und verloren vor der Guadalupe eine Mule, so daß wir mit 2 statt 3 Pferden bis M. fahren mußten, von denen das eine krank war. Tante sowohl, wie mir, gefällt es recht gut hier, nur ist es noch lange nicht alles fertig. Die größte Unannehmlichkeit ist, daß wir das Wasser so sehr weit zu holen haben, für Otto 300, für mich 450 Schritte.

Aus Middletown schreibt Elise am 29. August 1856 an Ihren Schwiegervater: „*Hier oben in Middletown gefällt es mir viel besser wie in Seguin, die Hitze ist nicht so furchtbar wie unten, und würde es noch viel schöner hier sein, wenn dieser Sommer nicht so fürchterlich trocken wäre. Es hat seit Pfingsten nicht geregnet, daher eine große Dürre, bei 30 - 32 Grad Hitze jeden Tag. Das Gras ist so verdorrt, daß die Kühe gar keine Milch haben. Im Frühjahr haben die Heuschrecken alles vertilgt, und nun die Dürre, seit Monaten haben wir keine Kartoffel und kein Gemüse gesehen, das Obst ist, ehe es reif war, auf den Bäumen vertrocknet, süße Kartoffel mißraten, hier oben im Gebirge gar keine Kornerndte, unten im Lande nur ein Drittel der früheren. Dieses Jahr thut Texas großen Schaden. Die Stadt Middletown nimmt auch noch nicht zu an Häusern und Einwohnern, der Mann, welcher versprochen, die Mühle zu bauen, hat sein Wort nicht gehalten, weil er sagt, es sei ja doch kein Korn gewachsen zum Mahlen. Das Geschäft von Otto ist noch so unbedeutend, daß er seine Ausgaben nicht damit bestreiten kann, kurz, Otto's Hoffnungen haben sich, wenigstens bis jetzt, noch nicht realisirt, aber wir ge-*

ben die Hoffnung nicht auf, daß es sich in einigen Jahren bessert. Wegen den Indianern machen wir uns indessen keine Sorgen, es wohnen schon so viele Leute in unserer Nähe, daß sie sich nicht mehr bis hierher wagen können."

Otto's Geburtstag konnten wir natürlich nicht feiern, denn er war in Middletown, ich mit dem todtkranken Kind in Seguin. Ich häckelte ihm ein Täschchen für Stahl und Schwamm, ließ ihm ein paar rothe Pantoffeln machen, und gab ihm dazu eine Box Brausepulver.

14. Tante und ich gingen mit Georgs Frau und Töchtern und den Kinder Pflaumen suchen, fanden recht viele, und machten für Mutter und uns ein, für den Winter. Wir baden Morgens vor Sonnenaufgang und Abends im Mondschein, weil wir bis jetzt noch keine Badehäuschen haben. Vorgestern Abend fuhr Tante mit Otto 4 Meilen von hier, wo sie 15 große schöne Hühner holten.

Wir haben circa 50 Pferde, 6 Kühe mit Kälbern und einige Schweine. Otto kaufte in Seguin einen starken Wagen worin 6 Personen bequem sitzen können. Theodor und Clara sind jetzt, Gott sei Dank wohl, der liebe Gott möge sie uns erhalten, und gute brave Menschen aus ihnen machen. Ich bin in folge der langen Nachtwachen, Sorgen und Kummer so abgezehrt, daß ich nur 92 Pfd. wiege und sehr hinfällig bin. Dazu ist mein Magen nicht in Ordnung, und leide ich schon seit circa 4 Monaten an gänzlicher Appetitlosigkeit. In Zeit von 3 Monaten verlor ich 14 Pfd.

November 1856

29. Heute Nachmittag waren Herr und Frau Meierhofer zum Besuch bei uns, wir erwarteten sie zum Mittagessen, sie konnten je-

doch nicht vor Tische kommen, weil sie ihre Mulen verloren hatten. Seit 12 Tagen bin ich nun wieder zu Hause, nachdem ich beinahe 5 Wochen bei Dr. Kapp die Wasserkur gebrauchte, und zwar mit recht gutem Erfolge. Hier zu Hause muß ich die Kur noch fortsetzen, fühle mich aber schon jetzt viel kräftiger, und habe einen ganz guten Appetit, auch 4 Pfd. gewonnen. Die Familie Degener und Rhodius lernten Otto und ich als sehr liebe und artige Leute kennen. Doch ich will von vorn anfangen. Ich ritt mit Otto zuerst bis zu Judge Johns Farm, wo wir bei dem Renter Mr. Hees übernachteten. Es ist eine große schöne Farm, wir sahen da 500 schöne Äpfel und Birnbäume,

Prof. Kapp

und im Oktober noch prachtvolle blühende Rosen. Den nächsten Morgen ritt ich mit meinem lieben Otto zu Dr. Kapp, wo wir gegen 11 Uhr ankamen, um ihn wegen meines Unwohlseins zu befragen. Er rieth mir nun gleich zu bleiben, und die Cur zu gebrauchen, weil es schlimm sei mit einem Übel wie das meinige in den Winter zu gehen. Mein Hauptübel ist ein schwacher Magen, und Verstopfung. Da nun auch Otto wünschte, das ich die Wasserkur gebrauchen mögte, und ich selbst großes Vertrauen dazu hatte, so entschloß ich mich dort zu bleiben, besonders da ich die Kinder unter der liebevollen Pflege und Aufsicht der Tante Hanchen gut versorgt wußte. Clärchen war während meiner Abwesenheit einmal etwas unwohl, sie hatte Fieber, welches sich jedoch bald wieder besserte. Mein lieber Mann besuchte mich jeden Sonntag, welches dann allemal ein Festtag für mich war. Wäh-

rend meines Aufenthaltes in Sisterdale fiel dort eine schauder-
hafte Szene vor. Der 22jährige Sohn von Dr. Runge wurde von
Indianern eine halbe Meile von seinem Hause ermordet und scal-
piert. Er hatte 5 Pfeilwunden, und einen Messerstich in der Brust,
und er wurde nackt und entstellt gefunden. Entsetzlich für die armen Eltern und Geschwister. 9 junge Leute, alle Freunde von
dem jungen Runge verfolgten die Indianer mehrere Wochen, und
wie sie ihnen dicht auf den Fersen waren steckten die Indianer die
Prärie in Brand, so daß sie die Spur nicht mehr verfolgen konnten. Otto kam mit H. Stockmanns in der Nacht an, um nicht von
Indianern gesehen zu werden, er brachte kein Pferd für mich mit,
weil er nicht wußte, daß ich schon mitreiten konnte. Dr. Kapp
schlug es ab uns ein Pferd zu leihen, Otto wandte sich an Herrn
Degener, dieser lieh uns nicht nur ein Pferd bis Curres-Kreek,
sondern begleitete uns auch mit seinem Sohn bis dahin. Der Sohn
schoß unterwegs einen Hirsch, welchen er uns schenkte. Von Cur-
ry's-Kreek mußten Otto und Herr Starkmanns abwechselnd zu
Fuß gehen. Meine Freude, meine geliebten Kinder und die gute
Tante Hanchen wiederzusehen, war groß und ich mußte Freuden-
thränen weinen. Einige Tage darauf verabschiedete ich den lästi-
gen Stockmanns, welcher immer zum Eßen kam, ohne dafür
irgend etwas zu arbeiten. Otto behandelte ihn bei Tisch sehr ab-
stoßend, wollte ihm aber nicht den Laufpaß geben, weshalb ich
dies übernahm. Dann hatten wir 14 Tage lang Herbst und Bindseil
in Kost und Logis. Herbst machte eine Dannstie [?] Decke ins
Wohnzimmer, gerbte einige Bärenfälle, und machte Bridle's und
andere Sachen. Bindseil zimmerte das Gerüst zu unserer neuen
Küche. An einem Tage, bei heftigem Sturm flog das Dach von
unserm Rauchhause, es war jedoch noch nicht mit Schindeln ge-
deckt. 12 Tage vor Weihnachten fuhr Otto nach Seguin, und kam
erst 3 Tage vor den Feiertagen zurück. In diesen 9 Tagen habe ich

dem Store allein vorgestanden, und mußte dadurch leider meine Wasserkur die ganze Zeit aussetzen. Otto brachte unsere liebe Mutter und Helene mit von Seguin. Mutter war 4 Wochen bei Julius und Anna gewesen, welche Letztere den 5. Dec. auf Titi's Geburtstag mit einem kleinen Söhnchen nieder gekommen war.

December 1856

Die Weihnachtstage waren wir recht vergnügt zusammen. Da Mutter vergaß, uns die Speculatiusformen mitzubringen, so machten wir allerlei Phantasiefiguren wobei wir viel Spaß hatten. Christabend ging ich auf Tante Hanchen's Zimmer, wo Mutter und ich das Bäumchen geschmückt hatten, und legte die Geschenke zurecht. Otto kam diesesmal am schlechtesten weg, denn da ich keine Zeit hatte, ihm etwas zu machen, und keine Gelegenheit etwas zu kaufen, so backte ich ihm 3 Äpfelkuchen, welche er so gerne ißt. Otto überraschte mich mit sehr schönen Geschenken, ein hübsches carrirtes wollenes Kleid, ein paar weiße seidene Handschuhe, sehr elegant eingepackte wohlriechende Seife, ein Fläschchen mit Parfüm, ein hübsches Schächtelchen mit Haarnadeln, ein seidenes Tüchelchen und eine schöne Scheere. Der gute Mann hat alles aufgeboten, um alle meine Wünsche zu erfüllen, und es that mir sehr leid, daß ich ihm so gar nichts schenken konnte. Tante Hanchen bekam einen schönen Damensattel, ein Kattunkleid, Arbeitskörbchen, Reithandschuhe, und noch einige Kleinigkeiten. Mutter, ein Eimerchen mit kupfernen Reifen, ein Töpfchen Apfelmus, eine Flasche mit Honig und Kleinigkeiten. Helene ein paar Sontagsschuhe, Gürtel, Harnadeln etc. Wilhelm einen guten Hut. Clärchen und Theodor waren außer sich vor Freude, sie hatten beide Bilderbücher, Puppen, Kochgeschirre etc.

etc. und von Mutter jeder 1 $ in die Sparbüchse. Tante Hanchen schenkte mir noch eine Flasche mit O do Cologne und ein Päckchen Schnürriemen. Das Bäumchen war allerliebst und wir waren alle recht vergnügt. Den ersten Weihnachtstag ritten Otto Tante und ich zu Hodges Mühle, wo ein großes Diner gegeben wurde. Das Essen war recht gut, die Leute alle sehr anständig, und das Wetter herrlich. Abends 6 Uhr waren wir wieder zu Hause und aßen frischen Kopfsalat aus Mutters Garten, mit Kartoffelkuchen. Den zweiten Weihnachten machten wir Nachmittags einen angenehmen Spatzirgang auf der andern Seite des Cherry-Kreeks.

28.) Sontags. Heute Nachmittag machten wir, Mutter, Otto und ich einen tüchtigen Spatziergang, wo wir bei dem herrlichsten Wetter auf einem hohen Berge standen, und eine sehr schöne, ja entzückende Aussicht hatten. Tante Hanchen war zu müde mitzugehen, da sie erst Gestern mit Otto zu Specht geritten war. Die Kinder sind Gott sei Dank sehr gesund und munter, der liebe Gott erhalte sie uns dabei.

1857

Ab dem Jahr 1857 kommen Briefe nach Deutschland nicht mehr aus Middletown sondern aus Twinsisters. Otto schreibt seinem Vater: „Seit 14 Tagen bin ich U. S. Postmaster in Twinsisters, Comal Cty, dies ist der neue Name unserer Stadt, nachdem wir den alten (Middletown) ändern mußten. Das General Post Amt in Washington nämlich gestattet keine Postämter in 2 Orten gleichen Namens in demselben Staate u. da kurz vor unserer residence ein anderes Middletown in der Nähe der Küste entstanden war u. um eine Post Office nachgesucht hatte, so zogen wir vor, schnell den Namen zu ändern um die Vergünstigung eines P. O. zu genießen. "

Januar 1857

Den 26. mein Geburtstag, Mutter schenkte mir ein paar schöne weiß merinowollene Strümpfe, Tante Hanchen ein paar Glacehandschuhe und ein Samtband, unters Krägelchen. Wir hatten Tags zuvor 3 Schweine geschlachtet, welche Mr. Presle vom Pindernales für uns mitbrachte. Eins brach aus der Penne, und wurde nach langem Suchen unten im Blanco wiedergefunden, da geschossen und heraufgetragen. An meinem Geburtstage waren wir alle sehr beschäftigt das Fleisch einzusalzen und Wurst zu machen. Otto war sehr verdrießlich und oft unartig gegen mich, sogar in Wilhelm's Gegenwart. Er schwärmt und träumt jetzt nichts, wie Deutschland.

Tante Hanchen erklärte mir zu meinem großen Bedauern, daß sie von uns fort zu gehen wünsche, sie habe Otto und mich sehr gerne, sei aber bange, daß ihr den Sommer in der Hitze die Arbeit zu schwer werde, und denke, daß sie eine angenehmere Stelle haben könne. Besonders unangenehm ist ihr, daß so viele ungebildete Menschen hierhin kommen, und häufig mit essen, wodurch der Tisch sehr unangenehm wird.

Im Januar ritt ich mit Otto zu Baetge, fanden aber nur seine Frau zu Hause. Sie war sehr freundlich und artig, setzte uns aber ein ganz miserabeles Essen vor. Bei dem Rückritt, wo es stockfinster wurde, scheute mein Pferd Castor furchtbar, als wir gerade durch ein frischgepflügtes Feld ritten, ich stürzte gerade auf den Kopf, kam aber mit einem tüchtigen Schreck und Kopfschmerzen davon. Otto fing das Pferd wieder ein, und ich setzte mich, noch am ganzen Leibe zitternd wieder auf.

Februar 1857

11. überraschte uns Louis Nohl, Abends spät, er kam von Friedrichsburg. Er sagte, ich sähe viel besser aus, wie er sich's gedacht

hätte, ich solle nur in der Wasserkur fortfahren etc. Auch hier bei uns und die Gegend, gefiel ihm sehr gut.

13. Otto reiste in Gesellschaft von Mr. Robison nach Braunfels, und von da nach Seguin, wo er einige Wochen bleiben muß, um alte Schulden einzukassieren. Wir, Herr Szoonsky und ich, sind fleißig im Garten am arbeiten.

19. Einer unserer Nachbarn Brümmer hat sein 4jähriges Kind verloren, Szoonsky ist mit fort, um es zu suchen.

22. Das arme Kind ist noch immer nicht wiedergefunden worden obgleich alle Nachbarn zu Fuß und zu Pferd fort waren, es zu suchen, keine Spur von ihm zu entdecken, es ist schrecklich für die Eltern.

Ich pflanzte gestern mit Erfurt ein großes Stück deutsche Kartoffeln. Clärchen und Theodor sind, Gott sei Dank, beide sehr gesund und Theodor besonders macht uns durch seine Munterkeit, drolligen Einfälle und durch sein gutes Herz sehr vieles Vergnügen. Clara ist nicht so aufrichtig und liebenswürdig wie Titi. Sie scheint Talent zum Zeichnen zu bekommen, auch schreibt sie die Worte, welche ich ihr vorschreibe, schon ganz hübsch nach.

Otto hat einen neuen Hengst eingetauscht von H. Hefter, für die Mule Jül, ein 2jähriges Pferd, Sixschooter etc im Ganzen im Werth zu 140 $. Er hat ihn Hector getauft, ein schöner starker Grauschimmel.

Über das Leben in Middletown/Twinsisters schreibt Clara in ihren Erinnerungen: „Mein Vater hatte dort eine hübsche Farm gebaut, nebst Rauchhaus (wenn man in dieses frei stehende kleine Blockhaus ging, das keinen Bretterboden hatte, konnte man oben viele Schinken und Speckseiten hängen sehen), Hühnerhaus und freistehender Küche. Die Farm lag sehr schön auf einem Hügel mit prachtvollem Blick in die Ferne, auf zwei sehr schöne, gleich hohe Berge, „Twin Sisters" genannt, und so hiess auch die Farm. Ganz in der Nähe floss ein sehr schöner klarer Fluss, der Blanco River, und heute noch kann ich mich an das Rauschen des prachtvollen Wasserfalls erinnern, das man besonders nachts sehr deutlich hörte. Mein Vater trieb dort Pferdezucht im grossen und auch Viehzucht, und ich kann mich noch gut erinnern an den rothaarigen, gutmütigen, treuen Oberaufseher Wilhelm Jonas, welcher mit berittenen Knechten die Pferdeherde, die Viehherde und die grosse Schweineherde beaufsichtigte.

Mein Bruder Hermann und ich hatten dort ein herrliches Leben, wir durften den ganzen Tag uns in dem sehr großen umzäunten Hof unter den Bäumen und zwischen dem Gebüsch mit unseren Spielsachen herumtreiben. Morgens durften wir die Enten an den Fluss

Wilhelm Jonas

treiben (abends kamen sie von selber wieder), wobei wir uns, dem Gang der Enten entsprechend, auch in einer Reihe mit ihnen hielten. [...] Außer dem großen Hunde Nestor hatten wir einen kleinen Spielkameraden in dem schwarzweißen Hündchen Flora, welches vor unseren Bettchen lag, wenn wir schliefen, mit uns an unserem Kindertischchen zum Spielen saß und mit Kuchen und Zuckerstückchen gefüttert wurde. Als einmal Tante Hermine und

Februar 1857

Tante Helene bei uns in Twin Sisters zu Besuch waren, gingen die Damen zum Baden und Fischen an den Blanco-Fluss, wobei Flora ein Stück an der Angel befestigten Speck fraß und sich die Angel fest in die Lippe brachte. Sie kam zu meinem Schrecken im Galopp nach Hause gesaust, die Angelstange hinter sich herziehend, und meine Mutter musste ihr ein Stück aus der Lippe schneiden, um sie davon zu befreien, wodurch sie Zeit ihres Lebens einen lächelnden Ausdruck behielt.

Im Herbst wurde die große Pferdeherde eingetrieben, junge Pferde gebrannt und „gebrochen" d. h. mit dem Lasso gefangen und durch die Knechte eingeritten, was natürlich sehr gefährlich für den Reiter war und wobei Wilhelm Jonas einmal durch ein sich bäumendes und rückwärts überschlagendes Pferd schwer verletzt wurde. Auch die Schweineherde wurde im Herbst eingetrieben und die zum Schlachten bestimmten geschossen, da sie zu wild waren, um sie anders zu töten. Dabei brach dann gelegentlich ein großer, schwerer Eber aus, wurde von den Reitern und Hunden verfolgt und im Fluss von diesen gestellt, wobei ein solches Gebrüll ertönte, dass ich mich heute noch daran erinnere. "

April 1857

30.) Schon wieder habe ich lange versäumt, die Begebenheiten des Tages in dieses Buch einzutragen. Im April war Julius einige Tage bei uns zum Besuch, während Otto 3 Wochen in Seguin war. Auch Eduard war einige Tage bei uns, beiden gefiel es ganz gut hier. Herr Seele, Bechstädt, und Baier waren auf ihrer Reise nach Friedrichsburg einen Nachmittag und eine Nacht hier. Die Herrn waren sehr unterhaltend, und wir lachten oft recht herzlich über

April 1857

Seele's Witze. Otto verschwappte unsern Wagen gegen einen Eselhengst.

Mai 1857

Den 4. ritt ich mit Otto zu Dr. Kapp, um ihn nochmals um seine Meinung über meinen Gesundheitszustand zu fragen. Die letzten 4 Meilen ritten wir fast immer Galopp, weil wir etwas ängstlich vor Indianern waren, beide einen Sixschooter an der Seite, wir kamen glücklich bei Kapp an. Die Sonne schien den Mittag furchtbar heiß, so daß mein Gesicht von der heißen Luft vollständig verbrannte. Morgens früh hatten wir nur 3 und Mittags 28 Grad Wärme. Dr. Kapp und seine Frau nahmen uns sehr freundschaftlich auf, und der Dr. empfahl mir, wieder nasse Binden um den Magen zu tragen, Klistire und Sitzbäder zu brauchen. Gegen meinen nun schon 5 Monate anhaltenden Stockschnupfen könne er direkt nichts thun, das hinge mit dem Magen und Unterleib zusammen. Andern Morgens standen wir vor 5 Uhr auf, ich ging in Kapp's Kuhpenne und molk von einer alten Kuh 2 Gläser Milch, eins trank ich direkt aus, das andere brachte ich Otto. Dann ritten wir ohne weiteres Frühstück, nachdem wir uns vom Dr. und seiner Frau verabschiedet, wieder nach Hause, wo wir schon um 10 Uhr ankamen. Den 6ten hatte ich den ganzen Tag furchtbare Kopf- und Zahnschmerzen, und den 7ten trat mein lieber Otto seine große Reise nach New Orleans, New York und Deutschland an. Er kaufte von John Robison einen ausgezeichneten Ponny für mich, (Paßgänger) dieser kleine Bill kostet 75 $ in Vieh, und auf ihm begleitete ich Otto bis Seguin. Der Abschied von den Kindern wurde ihm recht schwer. Wir ritten zuerst bis zu Fischers, wo wir um ½ 11 Uhr ankamen, zu Mittag aßen und nachdem wir etwas geruht, gegen 5 Uhr wieder aufsaßen um den Abend noch 6 Meilen zu reiten. Das kleine Fischerchen gleicht ganz seinem Vater, und ist sehr weit davon entfernt, ein hübsches Kind zu sein. Von Fischer bis zur Guadelupe ritten wir Cours, Otto verfehlte die rechte Crossing, er ließ sein Pferd einen steilen Abhang hinauf springen, und da ich zu ängstlich, mein Bill auch nicht wollte, stieg ich ab, um ihn hinauf zu führen. Otto, welcher bange war, wir möchten vor Abend nicht zu G. Schmitt gelangen, wo wir zu übernachten gedachten, wurde über die kleine Verzögerung wüthend, lief herbei und riß mein Pferd am Zügel, dieses scheuete zurück, und hätte mich beinahe zu Boden geworfen und zertreten. Wie ich ihm sein zorniges, unartiges Wesen vorwarf, sagte er, es wäre nichts wie Eigensinn von mir, u. nannte mich hartköpfig u. ich sollte schweigen. Als ich ihm nun auseinandersetzen wollte, daß es nicht Eigensinn, sondern Ängstlichkeit gewesen, sagte er, wenn ich Dir sage, Du sollst schweigen, so schweig, dann ritt er fluchend ein Stück vor, ich sah wol, daß kein vernünftiges Wort mit ihm zu sprechen sei, und ritt tiefgekränkt hinter ihm her. Kurz vor Abend kamen wir bei Schmitt an, und schliefen mit dem Mann und der Frau, beide 50 Jahre alt, in einem Zimmer, Otto auf einem Bock, ich in einem schmierigen, mit Wanzen bevölkerten Bette, wo ich natürlich die ganze Nacht nicht 10 Minuten schlief. Andern Morgens brachen wir recht früh wieder auf. Das erste was Otto zu mir sagte, war, das ihm sein Benehmen von Gestern sehr leid thäte, worauf ich ihm natürlich gleich von Herzen verzieh.

Wir ritten über den wilden romantischen Bärcreek, und kamen gegen 11 Uhr glücklich in Braunfels an. Wir ritten zuerst zur Mutter, sagten ihr guten Morgen, und dann zu Moureau's. Als wir dort ankamen standen in dem vorderen Zimmer mehrere Damen, unter ihnen auch Jettchen, als sie uns sah, ließ sie vor Überraschung einen Topf mit flüssiger Pomade halb auslaufen, über ihr neues schönes Gingankleid, und auf den Boden von Alwinen's schönem Zimmer. Nachmittags ließ ich mich von H. Iwonsky, im Reiteranzug zeichnen, um Otto ein Bild mit auf die Reise zu geben. Gegen Abend holte ich Mutter zu Moreau's, wo ich mit Alwine musicirte. Otto begleitete Mutter wieder nach Hause. Samstags ritten wir nach Seguin, wo wir Abends 9 Uhr ankamen, Julius und Anna nahmen uns herzlich auf. Sontag gingen wir zu Zorn's, Montag gegen Abend ritten wir zusammen nach Erskin, wo wir zum souper blieben. Dienstag Morgen den 12. Mai, trat Otto seine große Reise in der Stage, mit welcher er bis Indianola fuhr, an. Obgleich wir uns das Versprechen gegeben, mit lachendem Munde von einander Abschied zu nehmen, so übermannte uns doch die Wehmuth bei dem Gedanken an die so lange Trennung.

Dienstag Nachmittags ritten Julius und Anna zusammen spatzieren auf unsern Pferden, während ich ihren liebenswürdigen kleinen Jungen verwahrte. Mittwoch Morgen begleitete mich R. Voigt bis New Braunfels, ich ging zur lieben guten Mutter. Nachmittags gingen wir zusammen zu Hermine, welche sich sehr freute, mich zu sehen, und einen schönen Rodonkuchen gebacken hatte, John war wie gewöhnlich.

August 1857

31. 2 Briefe habe ich nun schon von Otto von Deutschland aus bekommen, den ersten, in welchem er von seinem Entzücken vaterländischen Boden wieder zu betreten, und der großen, mit Wehmuth gemischten Freude, seinen guten Vater wieder zu umarmen, spricht, konnte ich nur mit vielen Thränen der Freude und

der Wehmuth lesen. Auch Tante Hanchen und Mutter, denen ich den Brief vorlas, waren zu Thränen gerührt. In dem 2ten beschreibt mir mein geliebter Otto, wie seine lieben Verwandten seinen Geburtstag so schön gefeiert, und sogar meiner mit schönen Geschenken dabei gedacht haben. (** in demselben war ein sehr lieber Brief meiner lieben Alwine eingeschlossen, in dem ersten liebe Briefe von Laura Hösterey und Tante Minchen Tips.) O, wie freue ich mich für meinen guten Mann, daß er die Freude, alle lieben Verwandten wiedersehen zu können, so recht genießen kann. Während Otto's Abwesenheit war ich 5 Wochen bei meiner guten Mutter, wo ich mich den 5ten July im Theater und Ball sehr gut amüsirte. Auch Julius und Anna waren da. Julius kleiner Sohn, welcher krank war, ist jetzt wieder wohl.

Otto Wuppermann in Barmen 1857

Den 26. Juni wurde der kleine Alfred Staehely geboren. Helene und ich waren für 8 Tage, während denen Mutter zu Hermine ging, allein. Die kleine Elfriede war auch sehr krank. Hermine und John entschlossen sich am Ende Wieprecht zu nehmen und die Kaltwassercur bei dem Kinde anzuwenden. Die letzten 8 Tage, welche ich in Braunfels zubrachte, hatte ich fast beständig Zahnschmerzen. Sonst war ich sehr vergnügt bei meiner guten Mutter, und ging täglich mit ihr und Helene in dem herrlichen Comal baden. Mit Hulda Stuve, Hermine und Walter musicirte ich tüchtig, auch sangen wir abends bei Mutter Mendelsohn's

Quartette. Von den Kindern hörte ich alle Woche durch Tante Hanchen nur Gutes, auch von Otto und meinem lieben Schwiegervater erhielt ich Briefe. Als ich 3 Wochen dort war wünschte ich wieder zurück, es fand sich aber durchaus keine Gelegenheit, auch von Hause war es Iwonsky nicht möglich einen Wagen zu schicken. Am Ende war Dt. Köster so gütig uns durch seinen Knecht nach Hause fahren zu lassen. Zu meiner großen Freude begleiteten Mutter und Helene mich herauf, wir fuhren Morgens um 4 Uhr von Braunfels, und waren Nachmittags gegen 4 Uhr schon hier. Seit ich nun wieder hier bin, haben wir viele Unruhe gehabt. Herr Iwonsky tapezirte unsere Wohnstube welche recht hübsch geworden ist. Viel Besuch hatten wir in der letzten Zeit. Mr. Anderson, seine Frau, und Mrs. Stith waren einen ganzen Tag bei uns, wir hatten ein recht hübsches Diner, sehr gebildete, artige Leute, sie brachten eine Negerinn mit, welche bei dem Kochen half, und nachher die Geschirre spülte. Ich schenkte Mrs. Anderson ein Körbchen, einige Feigen und ein Döschen mit Geleé. Einige Tage darauf schickte sie ein Stück Fleisch und ein Dutzend Rosenähren, ich hatte den ganzen Tag Zahnschmerzen. Dann war Mrs. Robison auf einen ganzen Tag hier. Herr Fischer und Frau kamen auf einen Sonntag zu uns, und nahmen Tante Hanchen und Mutter abends mit, welche bis Mittwoch dablieben, wo sie Herr Fischer in seiner Cariage wiederbrachte. Mein lieber Bruder Eduard war 8 Tage bei uns, wir waren recht vergnügt zusammen. Herr Iwonsky war zur selben Zeit, als Mutter und Tante bei Fischers waren auf einige Tage nach Braunfels. Gestern waren die lieben Fergusons, mit ihrem kleinen Töchterchen Emma, und Frau Pauli, einer recht netten, gebildeten Frau den ganzen Tag bei uns. Der Tag verlief sehr angenehm und vergnügt, und wäre für mich noch viel angenehmer gewesen, hätte ich nicht den ganzen Tag wieder fortwährend an Zahnschmerzen gelitten.

Gegen 10 Uhr, kurz bevor Fergusons ankamen, hatten wir ein großes Malheur. Ich war eben beschäftigt, die letzte Hand an die Stube zu legen, welche ich gekehrt hatte, als ich Tante auf einmal furchtbar schreien hörte und ein großes Gezeter in der Küche, ganz erschrocken lief ich hinein, da lag der brennende Ofen auf einer Seite, 2 gebratene Hahnen, und ein Reisauflauf vermengten ihre Brühe auf dem Boden, durch Herrn Iwonsky's Hülfe wurde der Ofen bald wieder aufgerichten, und die beiden Hähne noch glücklich gerettet. Tags vorher kamen Goar und Herr Ferg. um uns den Besuch anzukündigen. Nachdem der Schaden wieder geheilt, der Schreck hatte jedoch Tante Hanchen Kopfschmerzen gemacht, kamen Fergusons an, Frau Ferguson gefiel es sehr gut bei uns, besonders die tapezierte Stube, ich präsentirte ihnen ein Glas Rheinwein und Macronen. Mittags hatten wir Nudeln, Hahnen, eingemachte Gurken und Schinken, Reisauflauf mit Weinsauce und eingemachte Pflaumen. Nachdem wir uns sodann bis ½ 4 Uhr ausgeruht, machte ich guten Caffee, zu welchem Tante Rosienenkuchen gebacken hatte. Gegen Abend zeigten wir der Gesellschaft das Badehäuschen, die Quelle und den Garten. Sie nahmen dann Abschied u. fuhren wieder zu Goar's, um den nächsten bei Anderson einen Besuch zu machen. Ich bat sie sehr die Nacht bei uns zu bleiben, welches sie jedoch mit Dank ablehnten.

Unser Badeplatz ist jetzt so niedrig, daß wir nicht mehr da baden können, welches besonders den Kindern leid thut, welche außerordentlich gerne baden. Die Guadelupe ist von Schurz bis Baetge, 6 Meilen weit, ganz trocken. Unsere lieben Kinder sind Gott sei Dank recht gesund, und machen Tante und mir viele Freude. Ich wünsche sehr, ich könnte dasselbe auch von mir sagen. Dr. Nohl rät mir, zu Wieprecht nach Braunf. zu gehen, und die Wassercur zu gebrauchen, (ich schrieb ihm wegen meinem

Nasenübel und bat ihn um seinen Rath) wozu ich aber keine Lust habe, auch an Dr. Kapp habe ich geschrieben, und will nun sehen, was dieser mir räth. Schon seit 8 Tagen habe ich mich jeden Morgen von Mutter einpacken lassen, und tüchtig geschwitzt, um meine Zahnschmerzen los zu werden, an welchen ich nun schon 4 Wochen sehr leide, bis jetzt aber ohne Erfolg. In unserm Garten, von welchem wir uns so viele Freude versprachen, habe ich trotz aller Mühe auch nicht das Geringste gezogen. Zuerst wurde alles durch die sehr späten Norder zerstört, und später ließ die große Dürre nichts mehr aufkommen. Das Geschäft geht äußerst still, auch Julius schreibt, daß er in Seguin gar nichts zu thun hat. Bei Seguin, am Zibolo, Martinos und Braunfels ist keine Spur mehr von Gras, so daß die Leute alle ihr Vieh und Pferde forttreiben mußten.

Mein guter Otto schickte mir von New Orleans eine Masse getrockneter Früchte, Pflaumen, Feigen, Datteln, Gelées, Cocosnüsse, Zitronen und Wein.

An den Pferden hat Otto großen Verlust gehabt, 1 Mähre und 9 Fohlen sind crepiert, und 4 Pferde seit dem Frühjahr fortgelaufen, können bis jetzt noch nicht wiedergefunden werden.

Tante Hanchen hat sich für 12 $ eine Kuh gekauft, welche wir Fette getauft haben.

September 1857

1. Herr Iwonsky ritt zu Hodges & von der Deeken um Geld einzucassiren, kam aber ohne Geld zurück. Schon seit 4 Wochen habe ich fortwährend Zahnschmerzen, 6 mal ließ ich mich von der Mutter Morgens einpacken, und schwitzte tüchtig, da es aber gegen die Zahnschmerzen nicht half, und meinen Unterleib

schwächte, so gab ich es wieder auf. Titi sagte eines Morgens zur Mutter, als sie mich einpackte: Großmutter, findst Du nicht auch, daß die Mutter sehr lieb ist? Der kleine Junge ist so lieb, und so munter, auch Clara ist sehr gefühlvoll und teilnehmend, und giebt gewiß einmal eine ausgezeichnete Krankenwärterinn.

2ten. Heute erhielt ich einen liebenswürdigen 12 Seiten langen

*Zeichnung von Elise in einem Brief an Otto in Deutschland vom
20. Oktober 1857*

Brief von meinem geliebten Otto, einige Zeilen von Schwager Auffermann, und Herrn Horath, und ein Briefchen von Sophie Mathäi. Otto's Brief ist sehr liebevoll und zärtlich. Auch von Eduard erhielt ich einen Brief, Wolle, und sein Daguerotip, welches mir, da es so ähnlich ist, großes Vergnügen macht. Gestern Abend machte ich gegen meine Zahnschmerzen auf Anrathen des alten Herrn Iwonsky eine Pferdecur durch, indem ich ein halbes Glas Brandy in kleinen Schlücken trank, es war gräßlich, als wenn mein ganzer Mund verbrennen würde, aber was thut man nicht in der Verzweiflung wenn man 4 Wochen fortwährend Zahnschmerzen hat? Es wurde mir dan so schwindlich, daß ich mich zu Bett legen und 3 mal übergeben mußte, aber die Zahnschmerzen verloren sich. Wenn sie nur nicht wiederkommen. Otto schrieb an Herrn Iwonsky, daß er den 15. Sept. wahrscheinlich abreisen würde, wenn doch der liebe Gott gäbe, daß ich bis er wiederkommt, gesund wäre, welche Freude für meinen geliebten Mann und für mich selbst.

3) Im vorigen Monat tapezirte ich mit Herrn Iwonsky das Wohnzimmer mit einer freundlichen blauen Tapete, und Tante Hanchen machte eine neue Gardine

Ich erhielt einen sehr lieben Brief von meiner lieben Alwine und beantwortete ihn. Auch von Tante Minchen, Laura, Sophie Mathäi und Schwager Auffermann.

4.) Heute erhielt ich Antwort von Dr. Kapp, er räth mir Auf-schnupfen von Wasser, Fußbäder und Sitzbäder zu nehmen. Wie-der heftige Zahnschmerzen.

5) Heute Nachmittag wieder heftige Zahnschmerzen, der junge Kähe brachte die verlorenen Pferde aus der Martinos, wofür ich ihm 5 $ bezahlte.

Die Free Masons wollen ein Fest feiern, und waren hier, um für 30 $ auf Credit zu kaufen, welches wir ihnen in Gnaden ab-schlugen.

6) August Jonas half Herrn Iwonsky eine der fortgelaufenen Mähren mit einer aus der Cavallarde zusammen necken. Noch immer Zahnschmerzen.

7.) Heute war Herr Rittberg hier, er besah die Pferde, und hat Lust sie zu kaufen. Da Herr Real nur 35 $ für Mähre und Fohlen fordert, so meint Herr Iwonsky 25 $ per Kopf sei zu viel, so for-derten wir 22 ½ $ per Kopf. Da die Zahnschmerzen noch immer mit kleinen Unterbrechungen fortwähren, so werde ich in einer Stunde mit Herrn Iwonsky nach Reszinsky reiten, und diesen fra-gen, ob er mir eine Zahnwurzel ausgraben kann.

8.) Herr Rescinsky gab mir Creosot um die Schmerzen fortzu-beizen, und furchtbar bittere Pillen, um sie in den Zahn zu ste-cken, nebst Gutta Percha, um die Zähne zu füllen. Es scheint, daß sich die Schmerzen verlieren, nachdem mir der Mund von dem

scharfen Zeug so zerbissen ist, daß mir immer Stücke Haut her-
ausfallen. In Frau R. fand ich eine recht artige, gebildete Frau, die
Jette Deutsch hatte mich bei ihr verleumdet, weßhalb sie noch
nicht zu uns gekommen war.

10ten) Vorige Woche sagte mir Frau Lang, daß Cibo den
Deed[10] von unserm Land fertig liegen hätte. Otto schrieb auch gerade deshalb an Herrn Iwonsky. Iwonsky schrieb nun gleich an
Cibo, er möge doch den Deed schicken, weil Langs hier fort zögen, und es später viel Umstände machen würde, ihn von Frau
Lang unterschreiben zu lassen. Cibo hat weder geantwortet, noch
den Deed geschickt, und Morgen reisen Langs ab.

Brief von Eduard, wobei er mir sein Daguerotip schenkt, er
schreibt mir, daß er sein Stellmacher-Geschäft aufgiebt, eine Zeitlang zu Julius geht, um das kaufmännische Geschäft zu erlernen,
und dann in Austin eine Grocerie anfangen will.

Heute Morgen ließ ich mich von Herrn Iwonsky wiegen, und
wog nur 91 Pfd., also seit Otto fort ist, habe ich wieder 6 Pfd. verloren. Mein Magen ist noch immer nicht in Ordnung, sondern immer voll Galle. Gemüse und Obst, meine besten Nahrungsmittel
fehlen ganz.

13. Mit dem bittern Geschmack Morgens im Munde hat es sich
seit einigen Tagen gebessert, auch die Zunge ist weniger gelb be-
legt. In vergangener Nacht hatten wir ein so starkes Gewitter, daß
Heute Morgen der Blanco überall stark fließt, und wir nun schönes Gras für das Vieh und Pferde diesen Winter haben werden.
Letzte Nacht träumte ich Otto sei zurückgekommen, er sei ein alter Mann geworden mit schneeweißem Bart.

15.) Gestern empfing ich einen köstlichen, zärtlichen Brief von
meinem geliebten Männchen, o, wie sehne ich mich, ihn wiederzusehen, wäre er doch schon glücklich hier. In unserm Garten

---

10 gesiegelter Vertrag

sind weiße Rüben, Salat, rothe Rüben, Squashes und Möhren grün. Helenchen hat sich, indem sie Gestern mit bloßen Füßen im Blanco lief, erkältet, und liegt zu Bette. Ich träumte wieder die ganze Nacht von Otto.

Mittwoch den 16.) Die arme Tante Hanchen hatte Gestern Abend ein großes Unglück. Sie stolperte in der Dunkelheit in der Küche über den Holzkessel, dieser fiel gegen den Ofen, der Ofen fiel um, und Tante mit der rechten Hand mit ihrem ganzen Gewicht auf den Ofen. Ihre Hand ist furchtbar verbrannt, die ganze Hand voll Blasen.

18) Vorgestern Abend hatten wir einen furchtbaren Sturm. In der Kälberpenne wurde ein großer Baum davon umgestürzt, das Apartement wurde ganz umgedreht, und auf den Kopf gestellt, und das Dach auf dem Store und Lager beinahe abgeworfen. Mehrere Logs waren ganz nach Norden verschoben, und es ist ein Wunder, daß nicht das ganze Dach abflog. Dan. & Ben Georg halfen Herrn Iwonsky, mit einer dicken eisernen Stange die Logs wieder zurückzuschieben. Seit 3 Nächten und 2 Tagen leide ich wieder furchtbar an Zahnschmerzen. Alles mögliche habe ich dagegen gebraucht, scharfe Tropfen, so daß mir die Haut vom Zahnfleisch stückweise aus dem Mund fällt, Sitzbäder, Fußbäder, kalte und heiße Umschläge auf den Kopf, kaltes und warmes Wasser in den Mund alles vergebens. Ich bin ganz muthlos, und denke manchmal, der Tod sei besser, wie ein solches Leben. Ein großes Glück, das die gute Mutter hier ist, sie thut jetzt die Arbeit für Tante, welche ihrer verbrannten Hand wegen, nicht viel thun kann, und für mich. Mein Kopf schmerzt mich so, daß ich auf keiner Seite liegen kann. Clara und Theodor sind sehr wohl auch Helene ist wieder besser.

Mr. Anderson, welcher Vorgestern hier aß, hat uns Hoffnung gemacht, unsere Häuser und Pferde zu kaufen.

19.) Heute war viel Spectakel unten im Store, Anderson war auch dabei, er ritt gegen Abend ganz betrunken fort. Sie wetteten im Scheibenschießen und Pferderennen. Mutter, welche sich bei dem Baden erkältete, hatte den ganzen Tag furchtbare Kopfschmerzen. Tante Hanchens Hand ist etwas besser. Meine Zahnschmerzen haben sich auch sehr gebessert, so daß ich wenigstens Nachts schlafen kann. Freitag waren sie mehreremale so schlimm, daß ich wie toll herumlaufen und laut schluchzen mußte.

Iwonsky gefällt mir nicht mehr, er ist gräßlich unordentlich, und ich werde Otto sehr abrathen ihn, wenn wir nach Seguin ziehen sollten, als Clerk zu engagieren. In seinem letzten Briefe schreibt Otto: „im Falle ich diesen Winter in Deutschland bliebe, so hätte ich hier Arbeit genug" etc. Im ersten Augenblick wurde mir vor Schrecken fast ohnmächtig, der Gedanke, noch so lange von meinem geliebten Gatten getrennt sein zu müssen ist zu schrecklich, doch ich tröste mich mit dem Gedanken, daß das nur eine augenblickliche Idee war, und zwar eine sehr unglückliche, welche mein geliebtes Männchen nicht zur Ausführung bringen wird. Merkwürdiger Weise hat Julius denselben Gedanken, er schreibt: „Wenn ich an Otto's Stelle wäre, bliebe ich den Winter in Deutschland"! - Ja, wenn wir hier oben alles verkaufen und diesen Winter in Braunfels zubringen könnten, und Otto mir im Frühjahr schrieb: Folge mir! - ja dann, dann wäre es etwas anderes! Otto spricht immer davon, wieder nach Seguin zu ziehen, wovor ich einen geheimen Schauder habe. 1) weil wir in dem unglücklichen Hause, wo es von Ameisen wimmelt, unsere zwei so geliebten Kinder verloren haben, und dann wegen der schlechten Race Deutsche und Amerikaner, welche da wohnen.

Sonntag den 20. Heute Mittag, als wir eben bei Tische saßen, kam der junge Dittmar, auf einer Reise nach Friedrichsburg begriffen, bei uns an, wir waren eben im Begriff ein sehr kleines

Portiönchen Kohl aus unserm Garten und Hirschbraten nebst getrockneten Pflaumen und Äpfeln zu verzehren. Obgleich ich ihn mehrmals zum Essen einlud, dankte er, indem er schon von mitgenommenem Vorrath sein Mittagsmahl gehalten. Er erzählte mir unter anderm, Andro Erskine, welcher in letzter Zeit viel getrunken hätte, habe mit einem andern Amerikaner Streit bekommen, in Folge dessen er einen Knöchel am Bein gebrochen, so daß er wahrscheinlich Zeitlebens auf Krücken gehen müsse.

Iwonsky ist heute ausgeritten, um Mr. Anderson 12 Schafe wieder zuzutreiben, welche diesem fortgelaufen, und welche Iwonsky gesehen hat.

21. Wieder eine ganze Nacht schlaflos und furchtbar von Zahnschmerzen zugebracht. O Gott,was habe ich doch gethan, daß ich so leiden muß.

22. Gestern Nachmittag sammelten wir ein Eimerchen voll Cactusbirnen, machten einen hübschen Spaziergang und die Kinder pflückten ein hübsches Bouqetchen, mit meinen Zahnschmerzen geht es etwas besser. Heute Abend ein heftiges Gewitter.

22. Heute haben wir schon den ersten Norder, es ist zwar nicht so kalt, daß wir Feuer im Camin machen müssen, wenn es aber so fort geht, wird wohl das bischen Gemüse im Garten erfrieren, ehe es so groß ist, daß wir es essen können.

Von John erhielt ich einen Brief, Rathschläge in Betreff der Wasserkur enthaltend.

Den 28ten an unserm 7ten Hochzeitstage, kam Abends 6 Uhr John in seinem Wagen und brachte Hermine mit dem kleinen Alfred und Eugenie. Hermine weinte vor Freude als sie uns sah, (wir waren ihnen bis Georg entgegen gegangen,) woran ich doch sahe, daß sie ein gefühlvolles Herz hat. Sie will 4 Wochen bei mir bleiben, zu meiner großen Freude. Mutter und Helene, welche 2

Monate bei uns waren, fuhren andern Morgens wieder mit John nach Braunfels. Ich schenkte Mutter zum Andenken an ihren Aufenthalt hier, ein paar schöne starke Schuhe.

Anderson hat Gestern die Nachricht bekommen, daß Mc.-Kulloch nun nicht mehr mouven will, also wird er leider auch unsere Häuser nicht kaufen.

Ben Georg wird Morgen Miss Marie Duces heirathen.

Tante Hanchens Hand ist nur durch Wasseraufschläge in 14 Tagen vollständig geheilt.

October 1857

1) Heute Abend war ich im Garten beschäftigt, ein Beet für Rüben abzustecken und Salat zu säen, als ich am Store „Halloh" rufen hörte, ich sagte Clara, sie möchte mir die Storeschlüssel holen, wie wurde ich aber überrascht, als Julius und Anna mit Gustävchen in einem Einspänner am Thor standen. Es ist nur unangenehm, daß sie mit Hermine gespannt sind. Gustävchen ist sehr mager und kränklich

4) Gestern Morgen fuhren Anna und Julius zu Fischers, ich begleitete sie auf meinem Bill.

Den 5ten Sonntag Morgen traten wir, nachdem wir von Fischers sehr freundlich aufgenommen worden waren, den Rückweg an. Ich ritt etwas vor, und sah Julius eine Strecke hinter mir fahren, als ich eine Meile geritten war, sah ich nichts mehr von dem Wagen, und ritt nun bis jenseits der Crossing ungefähr 7 Meilen ganz allein. Als sie mich endlich einholten sagte mir Julius, daß sie sich verfahren hätten, und an Fischers Feld wieder heraus gekommen seien. Ich sah 3 Hirsche, welche mich neugierig ansahen, und ruhig vorbei reiten ließen. 3 Meilen vom Hause tauschte ich mit Anna, weil sie zu reiten wünschte. Kaum saß ich im Buggy, als ein schwerer Platzregen auf uns hernieder rauschte, ich wünschte mir Glück zu dem Tausch, denn ich war durch einen Schirm etwas geschützt, wogegen Anna recht naß wurde.

Den 8. fuhren Julius und Anna über Fischers nach Braunfels und Seguin zurück.

Den 15.) Heute Nachmittag ritt ich mit Hermine zu Frau Goar, um eine Condolenz-Visite zu machen. Mr. Goar starb vor 8 Tagen, und konnte ich seiner Beerdigung nicht beiwohnen, da Herr Iwonsky mein Pferd nicht finden konnte. Frau Goar war Anfangs sehr piciert deßhalb, wurde aber nachdem ich mich entschuldigt, freundlicher. Wir hatten einen wunderhübschen Ritt, ein klarer schöner Herbsttag; Theodor hatte sich eine tüchtige Beule gefallen, als wir wieder nach Hause kamen. Eine Tochter von Dr. Mc.Kinney ist vom Pferde gestürzt, und geschleift worden, so daß sie daran gestorben ist.

Den 17. war ich mit Herr Iwonsky auf einem großen Meeting am großen Blanco. Pfarr und Milford Day luden mich zum Diner ein. Abends vorher war groß Exitement da gewesen. Boose, der Sheriff, wollte Pfarr verhaften, mit Hülfe der Brüder Blasingham, worauf sich Pfarr wehrte, und eine Schießerei stattfand, wobei der eine Blasingham verwundet wurde.

Heute holte John Hermine und ihre Kinder wieder. Er war so freundlich mir 100 Pfd. Flour, und Gemüse von der Jettchen mitzubringen. Hermine und auch ich waren sehr gerührt bei dem Abschied, und die 4 Wochen, welche sie bei mir war, sind sehr angenehm und schnell vergangen.

Zwischen hier und Curreyscreek sind 5 mit Pfeilen getödtete, und zum Theil verzehrte Pferde gefunden worden, welche Sparks gehörten, wahrscheinlich von Indianern. Hier aus der Umgegend sind 15-20 Mann zur Verfolgung aufgebrochen.

October 1857

Aus unserm Garten machten wir vorige Woche einen Topf voll Stielmus ein.

Am 1. Dezember schreibt Elise in einem Brief an Otto nach Deutschland: „Daß Du eine herrliche Reise in's Rheingau mit Dietz und Schwager Matthaey machtest, freut mich sehr für Dich, daß ist ein würdiger Gegensatz zu Deinem Leben hier in den Mountains, besonders im ersten Winter. Auch daß Du Dich in dem Conzert so gut amüsirtest freut mich recht sehr. Daß Du aber die fixe Idee hast, nur mit viel Geld glücklich in Deutschland le-ben zu können, begreife ich von einem sonst so klugen Manne nicht. Das Geld kann uns nach meiner Ansicht wohl comfortable machen, aber nicht glücklich. Wie viele reiche Leute giebt es nicht in der Welt, die deßhalb doch nicht glücklich sind, entweder leiden sie an einer Krankheit, oder haben Uneinigkeit in der Fa-milie, oder was weiß ich! Und dann, den Fall gesetzt, Du bräch-test ein großes Vermögen mit nach Deutschland, wärst Du dann so gewiß, es nicht wieder zu verlieren? Ich will Dir unter Tausend nur ein Beispiel sagen: Deine Vettern Cramer! Du sagst, ich soll Dir alles Unangenehme wiederhohlen, was uns hier wiederfahren ist, das scheint mir, gelinde gesagt, etwas kindisch zu sein, mein lieber Mann, hast Du denn ein so kurzes Gedächtnis? Nur eines will ich Dir sagen, mein guter Otto, was Du wohl überlegen magst: Wenn wir hier noch Kinder bekommen, welche Angst hät-ten wir auszustehen um dieselben, ich weiß wohl, daß kleine Kin-der in jedem Lande sterben, aber Du weißt ja selbst, wie schwer es besonders hier wird, sie bei der sorgfältigsten Pflege aufzuzie-hen, und Seguin ist mir in dieser Beziehung ein schrecklicher Ort, weil wir 2 geliebte Kinder dort verloren haben. Nennst Du dies etwa Glück? Wie kannst Du von Deinen Verwandten und Freun-den glauben, daß sie Dich, weil Du weniger Vermögen wie sie

*hast, weniger achten? Da giebst Du ihnen ein schlechtes Zeug-
niß, mein Freund! Tante Hanchen ist bei so vielen vornehmen
und reichen Leuten gewesen und sagt, sie hätten viel mehr Kummer wie Leute in unserem Stande. Auch Tante findet es sehr unrecht von Dir, daß Du durchaus gerade so viel Vermögen haben
mußt wie Deine Freunde, um glücklich zu sein. Ich meine, es
müsse auch viel zu Deinem Unbehagen dort beitragen, daß Du
mich und die Kinder nicht bei Dir hast! Ist's nicht so? Doch ich
will über diesen Gegenstand nichts mehr sagen, Du bist ein ge-
scheidter und selbstständiger Mann und weißt selbst, was zu Deinem und Deiner Familie Besten dient, und wirst nach Deinem
besten Wissen handeln. Sage doch Deine Scrupel wegen dem Vermögen Deinem Vater, und befrage ihn um seinen Rath, der wird
gewiß der beste sein. Noch habe ich Dir den Vorwurf zu machen,
daß Du gar nicht auf meine Briefe eingehst in Deinen Antworten,
dies könnte mich zu der Vermuthung führen, als wenn Du sie nur
flüchtig oder mit Gleichgültigkeit läsest, überhaupt könntest Du
ein wenig ausführlicher sein und mir armen Einsiedlerin ein wenig mehr erzählen. "*

December 1857

Den heiligen Weihnachtsabend hatten wir ein recht nettes Christbäumchen. Die Kinder waren außer sich vor Freude, denn sie hatten gar nichts gemerkt. Sie bekamen beide von der Großmutter
1 $ von der Tante einige Kleinigkeiten, ich bekam eine gewebte
Unterjacke und ein hübsches Spitzchen in ein Kleid zu reihen.
Von Iwonsky bekamen die Kinder eine Pistole, Fische, und Steu-
berchen. Von mir einen Baukasten und Blechgeschirr, Messer-
chen und Pfeifchen etc. Iw. bekam ein Kistchen Cigarren und ein

seidenes Halstuch von mir, Tante ein Cattunkleid, 2 Schürzen, 2 Dutzend Envelopps und ein seidenes Tüchelchen.

Obgleich ich mich über der Kinder Freude herzlich freute, so fehlte mir doch mein guter Mann sehr, wie freute er sich das vorige Jahr an der algemeinen Freude! Wann werde ich ihn wieder besitzen?

Von Mr. Robison haben wir die Lieferungen an die ranger übernommen, gegen 200 $ Vergütung. Dies giebt wieder sehr viel Troubel und Unruhe. Die ranger stehen am head vom Blanco.

1858

Januar 1858

Elise und Otto Wuppermann Seguin 1858

Brief von Elise an Sophie Matthäi mit Bildern von San Antonio

Den 26ten. Mein Geburtstag, Tante Hanchen überraschte mich mit einem Königskuchen, schönem Krägelchen und Unterärmeln. Auch die lieben Kinder gratulirten mir, und freuten sich, daß ich meinen Geburtstag hatte. Heute Nachmittag machten wir einen schönen Spatziergang bei herrlichem Wetter, 15 Grad Wärme, und die Kinder fanden sogar in der Fenz einige hübsche Blümchen. Bis jetzt hatten wir einen sehr gelinden Winter, aber sehr viel Regen. Wenn nur mein guter Otto hier wäre, so wäre meine Freude vollständig gewesen. Clärchen hat bei H. Iwonsky buchstabieren gelernt, und fährt jetzt unter meiner Anleitung fort, auch im Schreiben und stricken unterrichte ich sie. Sie lernt außerordentlich schnell und leicht. Titi Hermann ist ein lieber Junge, er wächst jetzt tüchtich und ist aller Liebling.

Februar 1858

Am Mittwoch, den 24. erhielt ich von Julius die frohe Nachricht von Otto's glücklicher Landung in New York. Das war eine frohe Überraschung, denn Otto hatte mir geschrieben, er würde im März abreisen, der gute Mann, er wollte mir die Sorge um seine zu einer so gefährlichen Jahreszeit unternommenen Reise ersparen. Vor 2 Wochen noch kam ein Brief an, in welchem mir Otto sein Portrait (Photographie) schickte, und vorige Woche kam auch endlich das längst ersehnte Köfferchen mit Geschenken von Deutschland an. Das *mir Liebste* von Allem Otto's und Sophiens Bild, war leider in viele Stücke zerbrochen. Herr Rescinsky wird es mir jedoch in etwa wieder herstellen. Das Auspacken der schönen Sachen machte mir, Tante und den Kindern vieles Vergnügen. Clara bekam eine sehr schöne Puppe, und beide bekamen eine Menge schöner Bilder und Geschichtenbücher und ein Blumenspiel. Ich bekam ein schönes Stück Leinen zu Hemden für mich, getrocknete Salatbohnen, Pflanzbohnen, Waldbeeren, Haarschleife, Krägelchen, Broche und ein gutes Andachtsbuch von dem lieben Papa. Auch hatte mein gutes Männchen, wohlwissend, wie gerne ich sie esse, einige Birnenschnitzeln mit eingepackt. Der Sammt zu Jacken für Mutter und mich ist sehr zerdrückt. Nun werden wir uns ja, so Gott will, in wenig Tagen, endlich nach so langer Trennung wiederhaben. Wie freue ich mich auf's Wiedersehn, und werde ich mir täglich von nun an alle Mühe geben, meinem guten geliebten Otto das Leben zu versüßen, er verdient es ja so ganz und liebt mich ja so von ganzem Herzen, wie ich ihn. Es ist sehr gut, daß er schon jetzt, anstatt erst April oder May zurückkommt, da es vielleicht durch seine Vermittlung gelingt, den Countyseat hierherzubringen.

Den 28sten. Heute haben wir wieder einen ziemlich kalten Norder, nachdem wir mehrere Tage sehr heiß hatten, 20 - 22 - 24 Grad Reaumur [25 - 30° C.]. Der liebe Gott gebe nur, daß wir in diesem Jahr mehr Regen haben, daß die Leute eine Erndte machen können, sonst giebts eine Hungersnoth. Eduard könnte gute Geschäfte machen, aber es mangelt ihm an Waaren, die Fracht ist von 4 $ auf 3 ½ $ per 100 Pfd. herunter gegangen. Walter hat eine Stelle bei Dewine in San Antonio, wo er jedoch nichts verdient. Gustav, der arme Schelm, hatte einen Fieberanfall und ist wieder ohne Stelle. Ich habe ihm angeboten, so lange zu uns zu kommen, bis sich etwas anderes für ihn fände, er will sich aber erst noch in Austin bemühen. Moureaus haben in diesem Monat das 4te Mädchen bekommen, Franz hätte lieber einen Knaben gehabt, ich habe ihn damit vertröstet, daß ja aufgeschoben nicht aufgehoben sei. Unsere liebe Mutter hat zuweilen Schwindel und heftige Kopfschmerzen, welches gewiß von ihrem alten Übel, der Verstopfung herrührt. Ich gebrauche jetzt Herrn Reszinsky, und scheint es mir fast, daß mir seine Medicinen und Vorschriften sehr gut bekommen. Die Kinder sind recht gesund, Gott erhalte sie dabei! Clara lernt sehr leicht, sie hat vorige Woche ihren ersten Brief an die Großmutter geschrieben.

März 1858

Sonntag, den 6. Noch keine weitere Nachricht von meinem geliebten Otto, wenn ihm nur auf seiner Reise von New York bis hierhin kein Unglück aufstößt. Diese Woche hoffe ich Nachricht zu bekommen, daß er in Seguin ist. Ich werde dann, wenn Herr Fischer selbst nicht Lust hat, mich herunter zu fahren, mich von H. Jonas herunter begleiten lassen und selbst fahren.

Seit einem Jahr habe ich einen rothen Ausschlag im Gesicht, welcher sehr häßlich ist, aber keine Schmerzen macht. Mein Bill ist seit 3 Monaten verloren, und bin ich bange, dieses gute, schöne Pferd nicht wieder zu bekommen.

März 1858

1859

März 1859

März 1859. Ein ganzes Jahr ist vergangen, und wieder viele Veränderungen vorgekommen. Anfang April 1858 kam mein lieber Otto von seiner langen Reise gesund und wohl zurück. Ich reiste ihm bis Seguin entgegen, wo wir noch einige Tage blieben, und dann über Braunfels und Fischers nach Twinsisters fuhren. Wir brachen unterwegs etwas am Wagen und Otto war sehr unglücklich über die hiesigen schlechten Verhältnisse.

Im Juny brachte mich Otto nach Braunfels zur Mutter wo ich drei Wochen blieb und mit gutem Erfolge die Wassercur brauchte. Anfang August ging Tante Hanchen fort, sie hatte Streitigkeiten mit Otto, betrug sich sehr unartig etc. so daß wir im Grunde froh waren, als sie fort war. Hermine war so gütig die Kinder 4 Wochen zu sich zu nehmen, damit ich die Cur vollenden konnte.

Von ihrer Wasserkur in New Braunfels schreibt Elise an Otto in Twinsisters: "Ich fühle mich Heute zu matt, um umständlich auf

146

Deinen Brief zu antworten. Es thut mir sehr leid, daß ich Morgen nicht nach Seguin kommen kann, denn Du kannst wohl denken, daß es mir großes Vergnügen machen würde, nicht nur Dich, sondern auch den Store, das Clavier, die Waaren etc. zu sehen. [...]

Dr. Wieprecht brauche ich gar nicht um seine Meinung zu fragen, ob ich die tour nach Seguin machen könne, ich fühle mich viel zu matt und angegriffen, und die größte körperliche und Gemüthsruhe ist mir unentbehrlich. Obgleich ich bis jetzt noch keine günstige Wirkung von der Cur spüre, so habe ich doch noch die beste Hoffnung. Ich bitte Dich nur, lieber Otto, Wiprecht nicht wieder so anzufahren, wie das vorige mal, ich befürchte sonst sehr, daß Du ihn beleidigst und er dann gar nicht mehr kommt. Wenn Dir manche Ausdrücke in meinem Briefe zu stark vorkamen, lieber Otto, so nehme ich sie zurück, und wenn Du sagst, daß das Clima schuld sei an Deiner Heftigkeit und Zorn, so mußt Du dagegen auch berücksichtigen, daß ich durch das Clima, mein langes Unwohlsein, und Deinen heftigen und melancholischen Character, wodurch Du immer alles so schwer und schwarz ansiehst, sehr ernst und empfindlich geworden bin, und daß mich jedes böse und ärgerliche Wort von Dir tief schmerzt und aufregt. (In Deutschland war ich durch meine Heiterkeit bekannt und beliebt, während Du damals schon für einen Querkopf in Deiner Familie angesehen wurdest.) Daraus kannst Du schon meine große Liebe zu Dir erkennen, denn wenn mir Jemand gleichgültig ist, so ist mir auch das, was er sagt, gleichgültig. Hätte Anna Julius so lieb, und hätte sie mehr Gefühl, so würde sie Julius nicht zu solchen sarcastischen und bittern Bemerkungen reizen, welche sie nur zu oft verdient. Daß Du Dich aber damit rühmst, lieber Otto, mich nicht so zu behandeln, darüber muß ich beinahe lachen, gebe ich Dir denn die geringste Veranlassung dazu? Wenn Du mich vor Fremden so behandeln würdest, so bin

ich überzeugt, daß die Schande auf Dich zurückfallen würde,
denn Du kannst überzeugt sein, daß ich mein Benehmen, da ich
mich unschuldig fühlen würde, schon darauf einrichten würde. Es
thut mir unendlich leid, daß Du das Vorurtheil hast, Mutter hätte
Dich nicht gerne, hat sie Dir nicht die liebevollsten Briefe nach
Deutschland geschrieben? Auch weiß ich, daß Dir Mutter mit
Freundlichkeit und Herzlichkeit entgegen kam, Du warst aber in
einer ärgerlichen Stimmung und Mutter beschwerte sich, daß Du
ihr wieder auf eine auffallend kalte Weise die Hand gegeben. Es
macht nun einmal einen schlechten Eindruck, auch auf mich;
wenn mir Jemand herzlich die Hand drückt, so ist mir das schon
ein Gefühl, daß er mich gerne hat. Glaube Du mir, wenn Du Dich
hier in dem friedlichen, ruhigen, angenehmen Haus bei der guten
Mutter nicht heimisch fühlst, so liegt die Schuld an Dir. Wie
glücklich würde es mich machen, wenn Du und Mutter, die beiden
Menschen, welche ich auf der Welt, neben den Kindern, am lieb-
ten habe, Euch so recht gerne hättet. Hättest Du, lieber Otto, nur
den guten Willen dazu, denn wenn Du willst, kannst Du sehr
liebenswürdig und liebevoll sein, und die gute Mutter ist so an-
spruchslos. "

Im August fuhr ich mit Otto nach San Antonio, wo wir 3 Tage bei
Riottes logierten, und uns recht an den köstlichen Pfirsichen
tractirten.

Otto war 4 Wochen ganz allein in Twinsisters, wo er eine recht
betrübte Zeit hatte, da ihm nur die alte schmierige Frau Magers
dann und wann etwas kochte. Als ich wieder herauf kam, war ich
4 Wochen ohne Magd, dann miethete Otto die „Georgia" von Robison, wovon ich aber mehr Ärger wie Hülfe hatte. Anfangs No-
vembr. zogen wir wieder nach Seguin, nachdem sich Otto sehr
viele Mühe gegeben hatte die Häuser zu verkaufen, gelang es ihm

endlich mit Stuart einen Handel zu machen: nämlich die Hälfte des Landes und der Häuser gegen die Hälfte eines Hauses in Lavacca. Den 5. Nov. 58. dem Todestage meines guten Schwiegervaters, zogen wir von oben fort, wir fuhren in unserm schwerbepacten Buggy, die Möbel waren Tags vorher auf 3 Ochsenwagen abgegangen, die Georgia ritt auf meinem Bill hinterher. Bei Scherz an der Guadelupe ging John mit dem Buggy durch und brach es ganz entzwei, wodurch wir genöthigt waren die Nacht bei Scherz zu bleiben. Außer uns waren noch zwei Familien da, so daß wir im Ganzen zu 19 Personen da waren, alle in einem Zimmer. Das Buggy wurde nothdürftig so weit gefixt, daß wir andern Morgens weiter fahren konnten. In Braunfels blieben wir noch einige Tage bei Hermine und mußten dann in Seguin

Reinhard Th. Wuppermann

noch 2 Tage auf unsere Möbel warten. Weihnachten feierten wir recht vergnügt zusammen, Sonntags den 2ten waren Tips und Dittmars bei uns zum Essen. Den 9ten Januar wurde unser kleiner Eugen geboren, Morgens um ½ 12 Uhr, 14 Tage früher, wie ich ihn erwartete.

Im November 1858 stirbt in Deutschland Reinhard Theodor Wuppermann. Otto, der sehr an seinem Vater gehangen und eine mögliche Rückkehr nach Barmen nie aus dem Auge verloren hat, muss sich mit schmerzlichen Veränderungen der familiären Verhältnisse in der Heimat abfinden. Seine Tochter Clara schreibt: „Nach dem Tode meines Großvaters Reinhard Theodor Wuppermann wurde durch Onkel Mattäi, Witwer der ältesten

März 1859

Schwester Ännchen meines Vaters, der ganze Nachlass aufgelöst, Haus und Garten verkauft; das schöne alte Familienhaus zur Schüren kam in andere Hände. Mit Schuld daran war, dass sowohl Vaters Bruder Theodor als auch Gustav, wenn auch nicht zu

Familienhaus und Garten zur Schüren in Barmen

gleicher Zeit, falliert hatten (Theodor hatte überdies ein eigenes Haus). Diese Dinge haben Vater im höchsten Grade alteriert, und er konnte es nie verwinden, dass das Familienhaus und der herrliche Garten nicht in der Familie bleiben konnten. Die große Sehnsucht, nach Deutschland zurückzukommen und in Barmen im Kreise der Familie zu wohnen, wurde herabgemindert, wenn auch der Gedanke an eine baldmögliche Rückkehr nicht aufgegeben wurde, wenn auch nicht mehr nach Barmen. Die Nichte Sofie hatte von dem großen „Familienhorreur" geschrieben (Verkauf *von Haus und Garten), auch von den vielen Krankheiten in der Familie. Die treue Nichte Johanna Auffermann hielt den in der Ferne weilenden, mit jeder Faser an der Familie hängenden Onkel Otto noch besonders auf dem Laufenden über alles, und es ist mir erst nach dem Lesen ihrer Briefe ganz klar geworden, wie vertrauensvoll das Verhältnis auch mit dieser klugen, guten, edlen und feinen Nichte gewesen ist. In einem von seinen Briefen schreibt mein Vater im Gedanken an seine Heimkehr: „Wer wird mir aber in diesen Zeiten nach einem schlechten Erntejahr meine hundert Pferde, meine 540 Acker Land am Elmcreek, mein Vieh, mein Land und meine Häuser am Blanco-River abkaufen?" Sonst ging es aber meinem Vater geschäftlich gut, denn durch den Ankauf von Baumwolle, die seit 58 nach Mexico verkauft wird, hatte er einen guten Gewinnst."*

1860

July 1860

July. 6. Otto ritt Gestern Morgen in der Dämmerung nach Braunfels und von dort nach Twinsisters, um die Pferde zu brennen, welche sich jetzt mit den Fohlen schon auf 100 Stück belaufen. Nachts um 1 Uhr wurde ich wach und weckte Otto, es war ihm aber noch zu früh, als ich später gegen 5 Uhr wach wurde war sein Bett leer, und er war abgereist ohne daß ich es gemerkt hatte. John ist nach New York abgereist, Herr und Frau Zorn kamen kürzlich von New Orleans zurück, sie hatten eine lange Vergnügungstour gemacht bis New York. Auch Julius war in New Orleans. Mutter ist nach Austin, um Olga in ihrem 1sten Wochenbette beizustehen. Mit Anna Pelzer habe ich schon seit Weihnachten definitiv gebrochen, wobei ich mich sehr wohl befinde, und von ihren Ungezogenheiten nicht mehr zu leiden habe. Mitte May ging ich 3 Wochen zu Hermine, wo ich auch Ende May das Sängerfest mitmachte. Schon seit dem Frühjahr bin ich fortwährend unwohl, und trinke Mineralwaßer, von Louis verordnet. Otto litt im vorigen Winter sehr an Rheumatismus, welcher sich Gott sei Dank fast ganz verloren hat. Ganz wohl ist er auch nicht, woran zum Theil auch wohl die furchtbare Hitze in diesem Sommer Schuld ist. Heute den 6 July haben wir Nachmittags um 5 Uhr 34 Grad Reomeur im Schatten. Clara und Herman welche bei Miss Malwina Sanders in die Schule gehn, jetzt aber 2 Monate Ferien haben, können schon nett englisch lesen und Schreiben, besonders Clara. Eugen bekommt die Augenzähne, aus dem elenden, schwächlichen Kindchen ist ein gesunder hübscher Junge geworden, welcher uns viele Freude macht. Er spricht noch sehr wenig, Mama, Papa, Hama und Claka, Attette und Wasa ist fast alles, was er sagt. Seine liebste Beschäftigung ist hinter den Hühnern zu jagen und mit dem kleinen Jungen von Flora, „Little" herum zu schlappen. Anstatt der Mulattin Betsy, welche ich im vorigen

Eugen Wuppermann

Jahre hatte, welche im Juni ein Kind bekam, in welcher Zeit ich die Frl. Böhme's leider 2 Monate hier hatte, habe ich mich die ersten 6 Monate mit der unordentlichen Annette Moos geärgert und geplagt, und habe jetzt ein Negermädchen „Lisa" sp. Leise, von Dr. Fennel. Im vorigen Sommer Pfingsten, wurden Herman und Eugen getauft, wozu Herr Krochmann Hermine und Mutter eingeladen waren, John blieb aus, Frau Zorn war auch dabei gegenwärtig. Vorgestern waren wir mit allen Kindern und Lisa im Guadelup bottom zum Babecue.

Ende.

July 1860

2tes Tagebuch.[11]

Angefangen den 1. July, 1860.

1860

July 1860

Gestern Abend um 11 Uhr kam Otto endlich von seiner tour nach Twinsisters zurück. Er war 10 Tage fort. Bis 10 Uhr saß ich mit den Kindern und wartete, wir hatten ein Tischchen mit Geschenken zu Papa's Geburtstag zurechtgemacht, 1 schönen Kuchen mit einem Kranz herum, 2 bronzirte Gipsfiguren, 1 paar sehr schöne gestickte Pantoffeln, welche ich, während ich zum Sängerfest

---

11 Ein schmales schwarzes Notizbuch „Improved Patent Memorandum Books"

Pfingsten 3 Wochen bei Hermine in Braunfels war, fertigstickte. Ferner 4 seidene Schnupftücher, 1 Kamm, 1 Fläschchen wohlriechende Essenz und 1 Stahldöschen mit Streichhölzern. In die Pantoffeln hatte ich 2 deutsche Briefe gesteckt, welche während Otto's Abwesenheit angekommen waren. Laura schrieb von ihrer köstlichen silbernen Hochzeitsreise, die andern Briefe waren von den Herrn Fischer und Fritz Auffermann das Ernenputsche Geschäft in New York betreffend. Herr Fischer räth eher zu wie ab, während Herr Frickenhaus entschieden abräth. In diesem Frühjahr ist die Cavallardo schon um 31 Fohlen vermehrt worden, außerdem sind noch 4 Fohlen zu erwarten, und 3-4 von Mulen todtgeschlagen worden. Gestern Nachmittag waren Frau Nolte und Frau Zorn zum Caffee bei mir. Herman war nicht wohl, ich habe ihn 6-7 mal eingepackt und schwitzen laßen, was ihm sehr gut gethan hat. Otto brachte von Herrn Fischer die silbernen Gabeln, welche uns dieser aus dem Nachlaß von unserm deutschen Papa mitbrachte, von seiner tour nach Twinsisters mit. Außerdem sandten Lauras Töchter einige sehr hübsche kleine Präsente und Laura selbst 1 silbernen Fingerhut für Clara.

Otto hat endlich von Cherry 4 Kühe zur Settlung seiner alten Schuld bekommen. Ende Juni habe ich Annette Moos nach Hause gehen laßen und anstatt ihrer ein Negermädchen von Dr. Fannel 13 Jahre alt zu 8 $ den Monat, gemiethet. Sie heißt Lisa, und versteht sehr wenig oder nichts von der Hausarbeit. Unser süßes, kleines Br???lchen Eugen, auch genannt Bui, läuft den ganzen Tag hinter den Hühnern, wirft mit Steinen und schlappt mit dem kleinen Little herum. Er ist jetzt 1 ½ Jahr alt, bis 8 ½ Monate habe ich ihn gestillt, dann hat er noch einige Wochen an der Mulattinn Betsy getrunken, er war Monate lang kränklich, und hat mir unendlich viel Sorge und Last gemacht, wol mehr, wie 60 mal habe ich ihn eingepackt und Schwitzen laßen. Clara nennt er

July 1860

Caca, Herman Anna, Waßer Attee und Melone Holo. Clara und Herman haben jetzt 2 Monate Ferien, nachdem Erstere 2 und Letzterer 5 Monate zu Miss Malwina Sanders gegangen waren und beide schon ganz nett english lesen können.

July 17. Abends wollten wir Zorns einen Besuch machen, da wir aber schon von Weitem Frau Annas Stimme hörten, so drehten wir um, und gingen wieder nach Haus.

Eugen hat 2 Augenzähne durch, ist aber nicht im Geringsten unwohl dabei.

18. Clara schrieb einen englischen Brief an Auguste Wupperman. Abends nach Tisch ging ich mit Otto ein wenig nach Zorns.

29. Sonntag Nachmittag, 35 Grad Hitze, bei Moos war Kirche und Abendmahl, der Prediger hieß Bohnenberger. Er sprach ziemlich gut, nach der Predigt ging ich mit zum Abendmahl, und diese heilige Handlung erweckte manchen guten Vorsatz in mir. Clärchen und Herman waren bei mir, Lisa war auch zur Kirche, und Otto mit Eugen allein zu Hause. Julius war Heute Morgen hier, er sagte mir, er würde diese Woche in Hollomans Haus ziehen. Von Eduard die traurige Nachricht, daß sein Kindchen gleich nach der Geburt gestorben sei. Otto ließ eine Brause bei Watkins machen, da sie aber nicht taugte, gab er sie zurück, und ich schrieb wegen einer an Herrn Wipprecht, welcher uns eine schickte.

September 1860

Otto war in Twinsisters und engagierte Bindseil unsere Küche abzubrechen und hier unten wieder aufzubauen. Von Herr Schimmelpfennig, welcher bei Gehren wohnt, kaufte er das schöne Pferd „Seppo" für 90 $.

September 1860

Die arme Frau Theisen ertrank mit ihrem kleinen Pitt in der Guadalupe, als sie ihren Bruder in Sisterdale besuchen wollte. Marie Riotte wurde von dem Mexikaner Simon, welcher sie fuhr, gerettet. Der arme, bedauernswerthe Herr Theisen.

Louis verlor 2300 $ an Schmitz, welcher fallirte, ein harter Schlag für ihn, wir konnten immer nicht begreifen, daß er so viel Vertrauen zu dem Manne hatte.

Von meiner lieben Alwine einen traurigen Brief, sie schreibt mir, daß ihr Verhältniß mit Ewald Braun aufgelöst sei.

Den 28. September 1860.

10 Jahre verheirathet, 10 lange, lange Jahre, und wie schnell sind sie verflogen! Wünsche ich, dieselben noch einmal durchleben zu können? Gewiß nicht! Bin ich deßhalb unzufrieden mit meinem Loose? Auch nicht; denn obgleich ich schon manches Unangenehme und mehr Trauriges, wie Freudiges in den 10 Jahren meiner Ehe verlebte, so habe ich doch im Ganzen Grund genug, Gott dankbar zu sein. Kommt doch den Menschen in allen Lebenslagen Unangenehmes und Trauriges vor, und wie viele sind, die es weit schlimmer haben wie ich. Die Hauptsache ist und bleibt doch immer, daß Otto und ich uns von Herzen gut sind, und alles Glück und Leid gemeinsam tragen. Gäbe nur der liebe Gott, daß ich endlich einmal wieder ganz frisch, gesund und in Folge deßen, heiter und lebenslustig würde. Ich wünsche dies mehr um Otto's, denn um meinetwillen. Denn wäre ich gesunder und kräftiger, so würde ich meinem guten Mann durch Heiterkeit und guten Humor das Leben angenehmer machen können, anstatt daß ich mich jetzt immer müde und abgespannt fühle.

Der gute Otto überraschte mich Heute Morgen mit zwei schönen großen Oleandern, welche ich mir schon so lange gewünscht hatte. Beide sind prachtvoll in der Blüthe, und machen mir große Freude. Auch ein Glas mit französischen Pflaumen und 2 Stücke wohlriechende Seife schenkte mir Otto. Ich buk zur Feier des Tages einen Hotschelnkuchen, welcher uns Allen, besonders meinem guten Männchen prächtig schmeckte. Clara sieht seit einiger Zeit recht blaß aus, sie klagt viel über Leibschmerzen und Müdigkeit und macht uns Sorge, jedoch weiß ich nicht, was ich dazu thun soll. Ich glaube und hoffe, daß sich die Natur selber bei ihr helfen wird. Sie und Herman lernen beide sehr leicht, und haben an Miss Malvina Sanders eine vortreffliche Lehrerin. Eugen ist dick, kräftig und gesund, er hat jetzt alle Augenzähne und fängt auch an zu sprechen: Für Clara sagt er: Kaka, für Herman: Häma, für Lisa: Leila. Der kleine Engel macht uns viele Freude, durch seine Liebenswürdigkeit.

Eduard geht es endlich beßer, er hatte seit letzten Winter immer Husten, Engbrüstigkeit und Schmerzen in Brust und Leib. Auch Olga war während ihrer Schwangerschaft viel krank, sie hatte Ruhr etc. Ende Juli bekam sie einen todten Knaben, deßen Kopf ganz offen war. Es ist recht traurig, das erste Kind gleich wieder zu verlieren!, aber gewiß nicht so traurig, als wenn sie erst so alt sind, wie unser geliebtes Annchen und Ottöchen!

Die arme Mutter leidet seit sie Ende Juli von Austin zurück ist, sehr an Rheumatismus; Otto ist, Gott sei Dank, ganz davon befreit. Frau Nolte bekam einen kleinen Sohn den 16. Sept.

Den 9ten Sonntags, waren Buss zum Eßen bei uns, auf unsere Bitten blieben sie Abends, wir hatten Kränzchen. Zorns und Nolte's. Grünen Salat, Kartoffelsalat, warmen Schinken, und Hühnerragout.

Herman reitet schon ganz nett, er hat einmal 20 Meilen an einem Tage geritten, er war mit Otto nach der Santa Clara. Auch ich bin 2 mal mit Herman und 2 mal mit Frau Zorn spazieren geritten. Einmal nach Tiemans, Frau Zorn ritt den steinalten Schmerber von Suchard, welcher nicht aus dem Schritt zu bringen war.

September 1860

30. Ich hatte mich schon recht darauf gefreut mit Hermann nach Braunfels zu reiten, auch es schon an Helene geschrieben, kam aber nicht dazu, weil Seppo in Wilcox Pastor von einem andern Pferde gerade auf den Rücken gebißen worden war. Wir fuhren Nachmittags nach Dittmars mit Eugen, und amüsirten uns über Seppo, welchen Otto zum erstenmale einspannte, und welcher ausgezeichnet gut ging.

October 1860

3.) Nachricht, daß Buss in Braunfels ihr hübsches kleines Emmachen an der Ruhr gestorben sei. Kläbe's kleinstes Kind ebenfalls an Krämpfen. Mrs. Ellis ist krank, hat heißes Fieber.

Brief von Sophiechen Matthaei, daß sie glückliche Braut von Herrn T. W. Ostermann ist, und schon Ende dieses Monats heirathen wird. Sie zieht mit fort, nach Potsdam.

den 14. Sontag waren wir bei Zorns, es war Kränzchen; wir hatten ein gutes Eßen und eine muntere Gesellschaft.

Hermine bekam in der Nacht um 1 Uhr die fünfte Tochter, von welchen nun 4 leben.

Den 18. bekam Julius eine kleine Tochter, das 4te Kind, und das älteste ist noch nicht ganz 4 Jahre alt.

Den 21. Wieder ein stiller Sonntag verlebt, Otto machte mit Herr Heier einen Spaziergang; Julius kam mit seinen 3 Kindern herunter, sprach aber wie gewöhnlich fast gar nicht. Frau Angermüller kam auch auf ein Stündchen zu mir. Frau Noltes hübschen kleinen Jungen habe ich Arthur genannt, welcher Name ihr so gut gefiel, daß er ihn behalten soll.

23. Heute fuhr ich mit Frau Nolte ihren Kindern und Frau Zorn zu Frau Tiemann. Sie machte sich viele Mühe, machte Caffee,

holte Pecans und kochte Eier. Wir hatten prachtvolles Wetter, und mit dem ausgezeichneten Pferde, eine angenehme Fahrt. Ich war driver.

1861

Juni 1861

Zu meinem Erstaunen sehe ich, daß ich seit Monaten nichts von meinen kleinen häuslichen und den großen Weltereignißen, welche sich in diesen Monaten zugetragen, verzeichnet habe. Ich will es in der Kürze nachholen. In Deutschland: Tod des Königs von Preussen, der Prinz-Regent König von Preussen als Wilhelm der Erste. Der große Krieg in Italien, der König von Neapel vertrieben.

In Amerika die Erwählung Lincolns zum Präsidenten und in Folge deßen die Trennung des Südens vom Norden, Wegnahme des Forts Sumter durch die conföderirten Truppen, Erwählung des Präsidenten Jefferson Davis. Der Zug nach San Antonio, Wegnahme des Arsenals ohne Gefecht, Räumung aller Forts an der Grenze von Texas von den Soldaten der U.S. Gustav ist von Staehely fort und unter die Texas Ranger gegangen, der arme

Schelm hat viel von dem unaufhörlichen Regen auf seinem Wege nach Indianola leiden müßen. Seit 8 Jahren haben wir in diesem Frühjahre einmal wieder genug Regen, um eine gute Maiserndte zu machen, es hat aber in den letzten 2 Wochen wieder so viel geregnet, daß für die Weizenerndte sehr gefürchtet wird. In unserm kleinen Gärtchen steht alles prächtig, meine beiden Oleander stehen prachtvoll in der Blüthe.

Seitdem wir wieder in unserm Hause hinter dem Store wohnen, haben wir viele kleine Verschönerungen an demselben gemacht, einen Fußboden auf die Gallerie und vor der ganzen Front ein weiß angestrichenes Stakett woran ich Schlingpflanzen in die Höhe ziehe. Seit Weihnachten 1860 hatten wir viel Besuch, Agnes Dittmar auf 8 Tage, Silvester kam unsere liebe Mutter, sie bleibt erst 8 Tage bei Julius und kam dann 2 Wochen zu uns, es gefiel ihr sehr gut bei uns, sie kam aus dem Kinderspectakel bei Julius zu uns, und wir haben es jetzt recht still und gemüthlich in unserer großen hellen Stube, welche auch bei der größten Kälte immer durch und durch warm war, der große neue Ofen von John heizt außerordentlich stark. Walter war 4 Wochen bei uns, er ging von John fort, wo er eine sehr gute Stelle hatte, 20 $ den Monat, weil er sich nicht daran binden wollte, regelmäßig spätestens 10 Uhr Abends nach Hause zu kommen, seit dieser Zeit ist er nun bei Eduard, wo er jedoch nichts verdient. Dann war Helene 6 Wochen bei uns, ich brachte Mutter ganz allein im Buggy mit unserm guten Pferd Seppo nach Braunfels und fuhr auch ganz allein durch die Guadelupe. Clärchen war 8 Wochen in Braunfels, erst 2 Wochen bei Helene und dann noch 6 Wochen bei der Mutter, während Helene bei uns war. Sie bekam ihren ersten Clavierunterricht von Frau Stuve und zeigt viel Talent, auch stickte sie für sich eine Unterhose recht hübsch. Während Helene hier war, kam auch Olga auf 1 Woche zu uns, Julius brachte sie in seinem

Buggy von Austin. Anna verläumdete Frau Nolte gegen Olga und Helene auf eine schändliche Weise, und da Frau Zorn noch ihre Parthie nahm, so habe ich seit der Zeit auch allen Umgang mit Frau Zorn abgebrochen, sie hat sich benommen, wie eine rechte Jesuitin. Der alte Zorn beleidigte auch Herrn Nolte, es kamen ihm 50 $ fort auf der Post und er beschuldigte indirect die hiesige Postoffice. Als ich Helene wieder nach Braunfels brachte, nahm ich Clara wieder mit, auch Helene ging mit ihrer kleinen Clärchen und Alfred mit und blieb 2 ½ Woche bei uns, sie ritt häufig mit Otto spatzieren, welches ihr Vergnügen machte. Alwine und Anna kamen, aber nur auf einen Tag. Erstere versprach bald auf längere Zeit wieder zu kommen. Otto litt letzten Winter viel an rheumatischen Gesichtsschmerzen und übler Laune, ich bin, seitdem ich wieder guter Hoffnung bin, recht gesund und das Eßen schmeckt mir vortrefflich. Clara und Herman gehen zur Mrs. Middlin in die Schule, lernen aber nicht so gut, wie bei Miss Malwina Sanders. Eugen ist ein prächtiger starker Knabe geworden, er spricht jetzt alles recht deutlich. Frau Lesser bringt ihm jeden Morgen ein Gläschen frische Milch ins Schlafzimmer. Ich habe glücklicherweise eine sehr gute Negerinn dieses Jahr von Parson Wilson, genannt „Lu", sie kostet aber auch ein Heidengeld 12 ½ $ den Monat und außerdem noch Kleider und Schuhe. Seit Gestern den 1 Juni haben wir endlich eine Kuh, Otto kaufte sie von Mrs. Joh. Johnson, sie heißt „Black". Mit meiner Nachbarin, Frau Heier, habe ich wenig Umgang, sie gehört zu einer gewissen Sorte halbgebildeter Leute, die man sich am gescheidtesten 3 Schritt vom Leib hält. Mit Frau Lesser, die personifizirte Neugierde, aber immer lustig und guten Humors, komme ich dagegen ganz gut aus. Frau Nolte ist die einzige von den hiesigen deutschen Frauen, mit welcher ich intimen Umgang habe und haben kann. Es verlangt mich recht, einmal wieder von meiner lieben Alwine Tillmann zu hören, ich schrieb ihr im Februar einen langen Brief. Frau Amalie Buss hat ihre kleine hübsche Emma verloren, aber im Mai wieder einen kleinen Franz bekommen.

In ihren Erinnerungen schreibt Clara über den beginnenden Sezessionskrieg: „Einst überraschten mein Brüderchen und ich unsere liebe Lehrerin Miss M. Sanders [...], wie sie weinend von ihrem Bräutigam Abschied nahm, der neben seinem gesattelten Pferd stand und in den Krieg zog. Sie gab später ihre Schule auf, und wir kamen zu einer Mrs. Nelson zum Lernen.
Da alle jungen Leute, auch die Lehrer von der Female und Male Academy in den Krieg zogen, welcher anfangs 1861 zwischen den Nord- und Südstaaten begonnen hatte, bekam Mrs. Nelson großen Zulauf von Buben und Mädchen in ihre Schule. [...]Auch aus der Sonntagsschule gingen alle jungen Männer als volunteers (Freiwillige) in den Krieg. Später, als die Armeen der Südstaaten zusammenschmolzen, meldeten sich auch ältere Leute als Volunteers, so Mr. Erskin, Sherwood und andere. Auch mein Vater, damals wohl 44 Jahre alt, ließ sich in ein Kavallerie-Regiment einschreiben, wurde wegen Rheumatismus frei und ging nach St. Antonio in den Verwaltungsdienst der Armee. Meine jungen Onkels, zuerst Gustav, später Walther, waren von Anfang an bei den Texas-Rangers (Jäger); in den späteren Kriegsjahren wurden auch alle jungen Deutschen zum Kriegsdienst gepresst und wehe denen, welche sich, oft durch die Eltern veranlasst, durch die Flucht nach Mexico dem Militärdienst entziehen wollten: an der Grenze wurden sie angehalten und erschossen.
Die Namen Fort Sumpter bei Charleston, Süd Karolina, im April 61 von den Conföderierten (Südlichen) genommen und der Schlacht bei Vicksburg, Gettysburg, Richmond (Virginia), Chatanooga, Bullrun sind mir noch gut erinnerlich, ebenso die der

167

nördlichen und südlichen Generäle, vor allem natürlich der süd-
lichen, Robert Lee (nach dem mein Bruder Richard Richard Lee
genannt wurde, „Stonewall"(der sich diesen Beinamen erwarb,
weil er wie eine stonewall stand und nicht wich) Jackson, Bucha-
nan, Johnston, sowie die der Nordstaaten Grant, Sherman und
Sheridan. Viele patriotische Lieder entstanden, die noch in mei-
nem Besitze sind; vor allem „The bonny blue flag" mit dem Re-
frain:

„Hurrah. ! Hurrah! for the bonny blue flag,
That bears a single star!"

(Der Staat Texas hatte eine blaue Flagge mit einem großen
silbernen Stern in der Mitte, daher „single star".) Sowohl in Te-
xas als später in Neubraunfels haben Hermann und ich Veran-
staltungen mit Konzerten, lebenden Bildern, Verlosungen und
Ähnlichem für die verwundeten Soldaten und die Hinterbliebenen
der Gefallenen mitgemacht, wobei auch unsere musikalische
Mutter mit Gesang und Klavierspiel mitwirkte.

Durch das Fortgehen fast aller Männer entstand in Seguin (in
Neubraunfels gab es sozusagen keine Neger) die Gefahr des
feindlichen Auftretens der Neger gegen die zurückbleibenden
Weißen. Die Neger wussten natürlich ganz genau, um was sich
der Krieg drehte. Die Proklamation des Präsidenten der Nord-
staaten, Abraham Lincoln, welche die Befreiung aller Sklaven
verhieß, hatte die Neger sehr rebellisch gemacht."

August 1861

24.) Gestern wieder freudiger Kanonendonner, schon 2 große Schlachten haben die Conföderirten gewonnen, die erste bei Manasses in Virginien, die 2te bei Springfield in Missouri. Wir waren 2 mal diesen Sommer in Braunfels zuerst 8 Tage nach Pfingsten zu Clärchens Taufe, wobei Otto und unsere Clara nebst Ida Grevel Pathe waren, und das 2te mal zum Conzert der Signora Galliotti. Wir trafen Eduard, seinen Schwager Carl Basse und Tante Hannchen in Braunfels. Montag Morgen fuhr Otto mit Herman früh wieder nach Seguin während ich Nachmittags mit Eduard zurückfuhr. Tante betrat unser Haus nicht, welches recht zeigt, welch unversöhnlichen Character sie hat, denn Otto und ich kamen ihr in Braunfels freundlich entgegen. Nun meinetwegen - wir können sie gut entbehren.

Otto und Julius geriethen vorige Woche in Streit, wobei sich Julius soweit vergaß, daß er Otto auf englisch laut ausschimpfte. Durch mein Dazwischentreten und nachdem Julius seine Schimpfworte zurückgenommen, versöhnten sie sich wenigstens äußerlich wieder. Doch wird Otto das Geschäft, nachdem die Bilanz gemacht ist, wieder allein übernehmen. Eduard hat sein Geschäft ganz aufgegeben, er wohnt einstweilen bei seinem Schwiegervater und wird, nachdem Olga ihr Wochenbett überstanden hat, mit seinem Schwager Carl zusammen den Viehstock seines Schwiegervaters übernehmen und auf deßen Farm 10 Meilen von Friedrichsburg wohnen. Ich fand Eduard durch sein langes Kranksein furchtbar ernst geworden und als wenn ihm die ganze Welt gleichgültig wäre. Julius hat Walter in Austin als Clerk angenommen. An Julius Streit mit Otto war wieder der Teufel von seinem Weib schuld, es ist einmal wieder recht der Beweis, welchen

August 1861

Einfluß sie über ihn ausübt, daß Julius gegen mich äußerte, seine Frau wäre lange genug von der ganzen Familie unter die Füße getreten worden! - Mutter und Helene, Eugenie und Elfriede waren alle 14 Tage bei uns, Hermine kam Samstags Abends und fuhr Montag Morgen wieder mit Mutter und Helene fort.

Clara, Herman und Eugen hatten alle starkes Fieber, ich kurirte sie jedoch mit Gottes Hülfe und der Wassercur recht schnell wieder.

Große Aufregung in Seguin - Schändlicher Negercomplott entdeckt.

Gustav ist Ranger in Pitts Compagnie. Mutter erhielt kürzlich einen Brief von ihm.

September 1861

Otto ist, seitdem er draußen in Joungs Pastier 3 Tage in der heißen Sonne exercirt hat, sehr unwohl, er leidet an Schlaflosigkeit, an Kopf und Magen und ist sehr nervös und krankhaft ärgerlich.

Den 14., Sontag, fuhren Otto und ich mit Eugen nach Braunfels, theils um Mutter zu besuchen, 2tens um uns selbst die Antwort auf unsere Einladung (an unserm Hochzeitstag zu uns zu kommen) zu holen, und dann wollte Otto auch Dr. Köster gerne wegen seinem Unwohlsein consultiren. Wir fuhren um ½ 7 Uhr früh fort, und hatten eine sehr angenehme Fahrt bis an die Guadalupe, dann fing es aber so stark an zu regnen, daß wir bis zur Mutter noch ganz naß wurden. Nachmittags waren wir vergnügt zusammen bei Staehelys, blieben Nachts dort und fuhren den andern Morgen gegen 8 Uhr bei sehr schlechtem Wege wieder zurück.

20. Sept. Alfred vom Stein, welcher seit dem 12. Sept. bei uns ist, ein sehr lieber Junge, hat einen sehr starken Husten, er nimmt Expectorant, Camillenthee etc. Der Husten bringt ihn sehr herunter. Auch Herman & Clara klagen viel über Kopf- und Leibschmerzen und ich packte beide mehreremals ein, und ließ sie schwitzen.

Jack Mergele weißte den hintern Store und strich die Thüren und Fenster an. Ich machte für Herman und Eugen Winterhosen und Kittel, für Clara ein wattiertes Unterröckchen. Auch meine Stühle sind fertig gestickt, 3 mit Kränzen und 3 mit Bouquets, alle recht schön.

Eduard und Olga bekamen im August ein kleines Söhnchen, nachdem sie kurz zuvor nach Friedrichsburg gemouvt waren. Sie wollen ihn Alic nennen.

Samstag, den 28. Unser 11jähriges Hochzeitsfest feierten wir recht schön. Auf unsere Einladung kamen Herr Krochmann, Mutter, Helene, John und Hermine und blieben bis Montag Morgen bei uns. Wir hatten Abends ein hübsches Souper. Gebratene Potatoes, dito Salat, Kresse, Rinder & Puterbraten, Caroten und Picles, eine Blechbox mit Gänseleber etc. Eingemachte Pflaumen, Tomatoes und Trauben, Zwieback-Pudding und Reisauflauf. Drei Tage vorher fing ich schon an zu backen, wobei mir Ernestine Lesser half, Pfeffernüße, Chocoladenplätzchen, Berliner Ballen und Poundcake. Als Gäste waren außerdem noch da: Agnes Dittmar, Ernestine Lesser, Mrs. Martin und ihre Mutter, Mrs. Lindsey, Herr und Frau Nolte, Alfred und die Kinder. Ausgeblieben waren: die alten Dittmars, Tiemanns und Herr Heier.

Mutter, Hermine, John, Otto, Helene, Herr Krochmann und ich fuhren den nächsten Sonntag Nachmittag nach Mutters alter Farm, Abends wurde Comödchen gespielt, und wir alle amüsirten uns gut. Montag Morgen fuhren alle wieder ab.

November 1861

Nov. 10. 61. Gestern vor 14 Tagen fuhr Clärchen mit Suchard nach Braunfels um 8 Tage bei Mutter und dann noch 14 Tage bei Hermine zu bleiben. Helene ist schon seit 8 Tagen bei mir, um mich im Wochenbett zu pflegen. Täglich erwarte ich mit Ungeduld meine Niederkunft, ich glaube, ich habe niemals vorher so unbequem und schwerfällig gefühlt und so unangenehme schlaflose Nächte gehabt. Meine Näh- und Strickarbeiten sind alle fertig, ein paar schöne Pantoffeln, welche ich mir in den letzten Wochen stickte, schickte ich Gestern nach Braunfels zum Schumacher.

Vom Kriegsschauplatz fortwährend gute Nachrichten.

Von Deutschland seit April keine Briefe.

Julius seit 1 Sept. (gezwungen) aus dem Geschäft getreten; unreelles Betragen von ihm, indem er den ganzen Stock alter verlegener und z. Theil verdorbener Waaren gegen alles Recht und Billigkeit zum vollen Kostpreis berechnet. Otto giebt nach, um fernere Streitigkeiten zu vermeiden.- Er speculirt in Cotton. - Den alten Squire Petty seit einem Monat als Clerk engagiert, er ist eine schlechte Hülfe, und macht viele Fehler.

Alfred ist ein kluger Junge und eine gute Hülfe für Otto.

Den 13. Nachts 2 Uhr wurde unser 6tes Kind, ein kleines Mädchen, geboren, welches wir Ottilie Elise nennen wollen. Gegen 11 Uhr schickte ich Lou zu Frau Kläbe, diese wollte Otto wecken laßen, da sie aber versicherte, daß alles in Ordnung und Otto den Tag über immer so sehr beschäftigt ist, so wollte ich ihm gerne die paar Stunden Ruhe gönnen, dann wollte ich ihn auch gerne überraschen. Als Frau Kläbe mir sagte, es wäre ein Töchterchen, freute ich mich sehr. Otto hatte wirklich nichts gemerkt, den Morgen gegen 7 Uhr als Otto in die Kuhpenn zu den Pferden ging, ließ ich ihm durch die Lou sagen, er möchte doch einmal schnell zur Frau Kläbe kommen. Er bekam, wie er selbst sagte, einen heiligen Schreck, und dachte, jetzt wird es darüber los gehen. Er steckte den Kopf hinten zur Thüre herein und sagte in fragendem Ton: Frau Klebe? worauf diese: Haben Sie denn nicht so viel Zeit, ihrer kleinen Tochter Guten Morgen zu sagen? Otto machte ein außerordentlich verwundertes Gesicht, und konnte erst gar nicht begreifen, wie das möglich war; seine Freude war groß, daß alles glücklich vorüber war. Die ersten 8 Tage fortwährend Zahnschmerzen.

Ottilie (Lily) Wuppermann
(verh. Thomae)

December 1861

Den 15. Dec. Ottilchen hat ein furchtbares Blutgeschwür gerade auf der Brust, woran das arme Würmchen gewiß viel Schmerzen leiden muß. Eugen hat schon mehrere Nächte Fieber gehabt, ist sehr verdrießlich und hat das ganze Gesicht voll Ausschlag.

9. Dec. Frau Dittmars Geburtstag. Ich schickte ihr 1 Pfd Chocolade, und wohlriechende Seife. Sehr freundlicher Brief von ihr.

21. Heute machte ich einmal seit langer Zeit wieder einen Ritt zu Mrs. Wilson, um mit ihr wegen Lou zu sprechen. Sie war recht

freundlich und sagte mir, wenn sich Lou nicht bessere, so möchte Otto sie wippen.

Agnes Dittmar hilft Weihnachtskuchen backen, sie boardet seit 3 Wochen bei uns, und schläft bei Frau Lesser, da bei uns kein Platz ist, bei den abscheulichen Hamiltons konnte sie es nicht mehr aushalten. Schon 2 kleine Schweine haben wir diesen Winter bekommen eines von 50, das andere von 90 Pfd. Helene nähte mir ein braunes Kattunkleid, wofür ich ihr 1 $ bezahlte.

24. Agnes half mir Heute Nachmittag den Christbaum putzen, er war recht schön. Dann kam ihr Vater, um sie zu holen. Abends Bescheerung: Großer Jubel der Kinder. Otto bekam von mir eine seidene Weste, nebst grünseidener, gehäckelter Kordel, für seine Storescheere. Ich wurde von meinem guten Männchen wie immer sehr reich beschenkt: Einen großen Spiegel, welcher aber noch nicht angekommen ist, 6 Gläser mit eingemachten Früchten, 6 Flaschen Eau de Cologne, 20 $ cash, 1 schönes Rahmkännchen, eine dito Sauciére und 1 Korkzieher. Clärchen schenkte mir einen Überzug über ein Sophakißen von Schwarzer Wolle gehäkelt, was sie ganz allein gehäkelt hatte. Helene bekam 1 Flasche Eau de Cologne, braune Seide zu 1 Taille und weißen mouselin zum Rock. Lou ein Mousselin de Laine-Kleid und 1 paar Sonntagsschuhe. Clara 2 Calico Kleider, 1 Seidengürtel, 1 goldenen Ring, 1 Flasche Eau de Cologne und 1 feines Körbchen. Herman bekam von Hermine 1 Kegelspiel, ferner 1 Federballspiel und 1 Säbel. Eugen 1 Steckenpferd, 1 anderes Pferdchen und auch 1 Säbel. Alfred 7 ½ $ cash.

Frau Lesser 1 Jacke, Ernestine 1 Schürze, 1 Flasche Eau de Cologne, 1 Bild und wohlriechende Seife.

1862

Januar 1862

Armstrong, ein neuer Clerk, war nur zur Aushülfe einige Wochen bei uns, bis Mr. J. Douglas kam. Otto verabschiedete auch den guten alten Squier Petty. Frau Iken und Gemahl machten uns kurzen Besuch, Helene verließ uns plötzlich um ihrer Hochzeit beizuwohnen.

(Die restlichen Blätter des Notizbuches sind herausgeschnitten. Auf der Rückseite des letzten beschriebenen Blattes ist ein anderes Blatt aufgeklebt und teilweise wieder abgerissen. Darauf lassen sich noch einige mit Bleistift geschriebene Worte entziffern: ...stadt prachtvoll ... u. geflaggt - Von Darmstadt bis Karlsruhe gut Wetter ..ären unreinlich ... Park besehen ...)

III

Mein Tagebuch.
angefangen
den 26. Januar 1862.
in
<u>Seguin Texas</u>

Januar 1862

Januar 1862

Heute feierte ich meinen 32sten Geburtstag. Clara rechnete schon seit Wochen, wie lang es noch dauern würde, sie war schon vor Tage auf, Lou weckte sie; ich hörte sie leise in der Stube herum kramen, als ich sie fragte, was sie mache, sagte sie, ich dürfe nicht eher aufstehen bis sie es mir erlaube. Nachdem ich aufgestanden, führte sie mich in die Stube, und zeigte mir meine Geschenke. Einen schönen Kuchen von Frau Lesser gebacken, nebst einem hübschen Kranz darum, welchen ich nachher um der Kinder Bild hängte, dann hatte sie mir ein wunderhübsches Lampendeckchen gehäckelt und einen Strohfächer gekauft. Das gute Kind hatte sich recht angestrengt, sie hat ein recht gutes Herz. Herman ist ganz anders, sehr flüchtig und lange nicht so gefühlvoll, mehr nach Knabenart. Jetzt fiel ihm ein, er wolle mir auch etwas schenken, er rannte in den Store und kam mit 1 Flasche Eau de Cologne zurück, hielt sie mir hin, und sagte: da! Ich sagte ihm er möchte sie nur wieder fort bringen, well, sagte er, dann behalt ich sie selbst, was er auch ohne Weiteres that. Agnes Dittmar hatte mir ein feines Deckchen filirt, dieses nebst einem kleinen Gedicht und 1 liebes Briefchen von ihrer Mutter an Clara geschickt. Unsere kleine süße Lili hat einen sehr schlimmen Ausschlag an Öhrchen und Hälschen, auch hatte sie 2 Tage starkes Fieber. Ich ließ sie schon 6 mal schwitzen und bade sie täglich. Das liebe Kind wird alle Tage freundlicher und hübscher. Alfred schoß 1 Eichhörnchen und 2 Lerchen, welche er mir auch zum Geburtstage schenkte. Den ersten Neujahrstag war in der Baptist church Conzert zum Besten der kranken texanischen Soldaten. Ich spielte mit Mrs. Martin ein Potpouri (vierhändig) aus der Regimentstochter, Miss Marie Fenner und Mrs. McDowel sangen sehr schön, auch die Tableaus waren recht schön. Miss Marie Rodes blieb bei ihrer Anrede ganz furchtbar stecken. Agnes Dittmar hatte einen schlechten Platz in der vorletzten Bank, sie fuhr noch mit ihrem Bruder Emil in der Nacht nach Haus.

Mr. Armstrong war einige Woche Clerk, bis Mr. Douglas kam. Squier Petty, entlaßen.

Herr und Frau Iken machten uns bei ihrer Durchreise nach Indianola ihren Besuch.

Der Alte Klasing collectirte für den Pastor Kupfer, ich unterschrieb in Ottos's Namen 5 $, bin aber jetzt bange, daß es Otto zu viel ist und er mit mir zankt, wenn er zurückkommt. Am Freitag Morgen fuhr er mit Charles Cameron nach San Antonio und wollte spätestens bis Gestern Abend wieder hier sein, jetzt ist es Dienstag Mittag, und er ist noch immer nicht zurück, es wird ihm doch nichts passirt sein? Die Indianer haben vorige Woche bei Birne wieder 5 Menschen ermordet, worunter auch Herr von Donop ist.

Januar 1862

Gestern kamen schlimme Nachrichten von dem Kriegsschauplatz, die Conföderirten sollen in einer 11stündigen Schlacht in Kentucky geschlagen, und ein sehr tüchtiger General Zollikoffer getödtet worden sein.

Wir erhielten einen Brief von C. Wipprecht und antworteten vorige Woche.

Otto nahm auch einen langen Brief von mir an Sophie Ostermann und von ihm an Schwester Laura mit nach San Antonio, um ihn durch Herr Blersch nach Deutschland befördern zu laßen. Calico kostet in San Antonio 2 bit [50 Cents] im wholesale, wir verkaufen ihn von jetzt an zu 30 c. per yrd. Caffee 6/ per Pfd. Ich machte mir diesen Winter 4 neue Calico Kleider und habe noch genug zu 2 für mich, 3 für Clara und 4 für Ottilchen zurück gelegt. Ottilchen hat schon seit Wochen einen recht schlimmen Ausschlag am Öhrchen & Hals, welcher gar nicht heilen will, er scheint mir flechtenartig zu sein, ich packe das kleine freundliche Engelchen täglich ein, laße es schwitzen und bade es, übrigens thue ich an dem Ausschlage nichts anders, als nach dem Rath von Frau Josey, Charpie auf die wunden Stellen legen. Eugen ist jetzt sehr gesund, er hat allerlei drollige Einfälle, heute sagte er, jetzt schreib ich aber wirklich einen Brief an die Hermine.

Februar 1862

4.) Unsere arme Mutter, welche bei Nohls in San Antonio zu Besuch ist, hat sich den Fuß so sehr bei einem Falle verletzt, daß sie noch Wochenlang daran leiden muß.

Mrs. Erskine hat den 18. Januar, den 7ten Sohn bekommen, Mr. E. ist fast täglich betrunken.

Meine Augen sind noch immer so schwach, daß ich abends bei Licht nichts thun kann, und wenn ich Nachts wach werde liegen die Lider gerade wie Blei auf den Augen, und es dauert einige Zeit, bis ich sie öffnen kann.

So eben gehen Herr & Frau Iken fort, sie machten mir nur einen sehr kurzen Besuch, und ziehen vorläufig nach Braunfels.

Abends: Mr. Douglas bekam heute einen Brief von Otto, er würde Heute die Mutter nach Braunfels fahren, und erst Morgen zurück kommen.

4.) Agnes Dittmar, welche so freundlich sein will, mir ein paar Tage nähen zu helfen, erwartete ich heute vergebens, hoffentlich ist ihre Mutter nicht wieder krank geworden. Otto schickte mir durch den Fuhrmann Leisner 1 Bh deutsche Kartoffel von San Antonio, welche 5 $ kosten. Clara strickte ein kleines Lampendeckchen von blauer Wolle, und brachte: 3 Bilder, 1 Lesezeichen und Lampendeckchen zur Frau Nolte, für die Verloosung zum besten der Soldaten. Meine Augen thun mir so weh, daß ich kaum genug sehen kann zum Schreiben. Ottilchen war Heute Nachmittag sehr unruhig, schwitzte jedoch Heute Morgen im Pack recht schön, das Baden will ihr nicht gefallen, denn dann schreit sie immer mörderlich.

Sonntag 16) Otto fuhr mit Agnes ein Stündchen spatziren, während ich an Louis Nohl schrieb und ihn bat, doch recht bald zu uns zu kommen, um Ottilie's Ausschlag zu sehen. Das arme Herzchen hat sehr viel zu leiden an seinem Hinterköpfchen, Ohren und Hälschen ist alles wund, und jede Nacht schwitzt sie eine Masse übelriechende Materie aus. Agnes kam vor 8 Tagen, sie ist sehr liebenswürdig und bescheiden, und ich gewinne sie immer lieber. Sie hat mir schon ein Kalico und ein Jaconet-Kleid gemacht, und will noch einige Wochen bei mir bleiben und mir nähen helfen, wenn ihre Mutter nicht krank wird. Von Mutter be-

kam ich gestern einen langen Brief, sie hat von Stahely's ein Sopha geschickt bekommen, um ihren kranken Fuß darauf zu legen,
und hat sehr viel Besuch. Helene wird recht dick, sagt Otto, Fräulein Börner ist zum Besuch bei ihr. Louis schrieb mir, daß er mit
seiner Familie bald nach Mexiko ziehen will. Vorigen Sonntag
Morgen brannte es bei Mrs. Lindsay und Montag Morgen brannte
die Jail lichterloh, das Feuer wurde jedoch bald gelöscht, es war
jedenfalls von Negern angesteckt. Ein seinem Herrn entlaufener
Neger, welcher in der Jail saß, ist entflohen, die eiserne Thüre
war gewaltsam erbrochen; der Neger ist bis Heute noch nicht
wieder gefunden worden. Schon vor 8 Tagen habe ich Radieschen, Möhren, Salat, Spinat und Erbsen gesäet, es geht aber bei
der Trockenheit nichts auf. In der Praerie ist keine Spur von Gras,
und eine Maße Vieh stirbt vor Hunger.

Den 20sten Februar war große Verloosung zum Besten des
Spitalfunds für kranke Texas Soldaten, Alfred, Agnes und Otto
bekamen ein Quart Pecans, Clara einen Strohfächer, Herman 1
gewebte Nachtmütze und ich ein Papier Rübsaamen. Mrs. Sherwood hatte mehr Glück, sie bekam 1 goldenes Armband und eine
Kuh. John, Hermine, Mr. Torry & Eugenie waren bei uns, Herr
Bechem aß auch souper mit uns. Wir hatten Puterbraten und Po-
tatoessalat, ich konnte jedoch nichts eßen, ich war zu aufgeregt.
Agnes schlief bei Frau Lesser, letztere verwahrte Lili. Ich ging
mit Mr. Torry, bei der Baptist church angekommen, nahm ich
Clara bei der Hand und quetschte mich durch den dichtgedräng-
ten Saal, Hermine mit Eugenie und Agnes hinterher. Wir hoben
die vorderste Bank, welche umgelegt war auf, und hatten so einen
sehr guten Platz. Wir amüsirten uns alle sehr gut, ich spielte mit
Babel eine Polka, die Brass Band trat einmal alle als Türken und
2 mal als Neger verkleidet auf, sie sahen Negern täuschend ähn-

lich. Zwei Lustspiele und 2 Tableaus waren sehr gut, besonders Mr. Sherwood spielte sehr gut.

Hermine blieb bis Montag Morgen bei uns und ließ Eugenie noch für einige Wochen hier. Sonntag waren Herr und Frau Dittmar bei uns. Gestern kam Clara athemlos und ganz blaß aus der Schule und erzählte, daß Mr. Erskine's kleiner zweijähriger Knabe „Powel" ertrunken wäre; hoffentlich kurirt ihn dieses Unglück vom Trinken.

26. Februar. Heute Nachmittag war ich mit Agnes und Lili bei Sherwoods. Lili war sehr lieb und ruhig, nach 4 Uhr kamen Clara, Eugen und Eugenie auch zu Sherwoods, Letztere nahmen die beiden Mädchen in ihr Buggy und wir nahmen Eugen zu uns, und fuhren bis an den Kirchhof, es war ein wunderschöner Abend, nachdem wir Heute Mittag 29 Grad Reaumur hatten. Agnes hat mir schon viel genäht, 1 Sophakissen, für mich 1 Kalico und Jaconetkleid, 1 weißen und einen schwarzen Tüllkragen, für Lili 2 Kleidchen und 2 Schürzchen, etc. etc.

März 1862

Sonntag Nachmittag den 2. März 62. Gestern Morgen sah ich meinen Speck nach, er roch alle verdorben, bis auf ein Stück; ich gab ihn Diez mit nach Kreuz in Braunfels, um ihn gegen Seife zu verschwappen, kaum damit fertig, ich war noch beschäftigt, Lili anzuziehn, kamen Louis und Jettchen, um uns noch einmal zu sehen, ehe sie nach Mexiko gehen. Die guten Menschen, wahrscheinlich sahen wir sie zum Letztenmal in unserm Leben, möchte es ihnen doch recht gut gehen in Mexiko, und wir uns in Deutschland noch einmal alle wiedersehen.

Otto fuhr Gestern Abend nach 9 Uhr ab nach Columbus (mit der Stage) um Cotton zu kaufen. Louis verordnete mir Augenwaßer, welches ich drei Wochen gebrauchen und dann die Augen mit weißem Wein und Waßer zu gleichen Theilen waschen soll. Lili's Ausschlag ist der sogenante Friesem, ich packe sie täglich ein und gebe ihr jeden Abend ein Klistier und mache ihr einen nassen Umschlag. Schlimme, traurige Nachrichten von dem Kriegsschauplatze, 10 000 der Unsrigen gefangen.

Sonntag, den 2ten März. Wir konnten Frau Dittmars Einladung, sie Heute zu besuchen, nicht folgen, Otto verreist nach Columbus und dazu kam Gestern Abend spät noch ein recht kalter Norder an.

Montag den 3. März. Heute kam Wilhelm Jonas an, um Otto wegen den Pferden zu sprechen, er will bis Donnerstag warten. Für meinen verdorbenen Speck bekam ich nur für 1 $ Kerzen und für 1 $ Seife.

Dienstag den 4. März. Ich fuhr Agnes Dittmar nach Hause und nahm Clara und Lili mit, der Norder blies auf der Hinfahrt sehr kalt, ich nahm Lilchen zu mir und ließ Agnes fahren, Herr und Frau Dittmar waren wie gewöhnlich sehr freundlich, Herr Emil begleitete mich bis über die Ferry. Unterwegs stellte ich Clara vor, wie unrecht es sei und unangenehm für mich, daß sie sich immer mit Herman zanke, sie versprach mir unter Thränen Besserung. Als ich zurück kam, sagte mir Alfred Herr Blersch von San Antonio sei angekommen. Abends nach Tisch kam er mit dem alten Zorn, es ist sehr unangenehm, daß er Otto nicht zu Hause getroffen.

Sonntag, den 9. März. Herr Blersch, in welchem ich einen recht lieben Mann kennen lernte, aß Mittwochs mit uns zu Mittag und reiste Donnerstag Morgen wieder nach San Antonio zurück. Auch Wilhelm Jonas ritt wieder nach Hause. Hoffentlich kommt

Otto die nächste Nacht zurück, so schrieb er wenigstens Gestern an Mr. Douglas. Mr. Douglas hat sich als Freiwilliger zum Krieg gemeldet, Otto wird ihn sehr vermissen, er ist ein ausgezeichneter Clerk. Auch Herr Heier, Herman Schmidt, Joseph Zorn, Sone Calvert, Armstrong & andere haben sich als Freiwillige gemeldet.

Gestern Mittag aß eine Mrs. Fleming mit ihrem verzogenen Söhnchen Diner mit, Gott weiß, was für eine Maße von fremden Menschen schon bei uns gegessen hat, seitdem wir wieder hier so nahe bei dem Store wohnen.

Mr Suchard brachte Gestern Abend für 5 $ Candles von Stuve in Braunfels mit.

Georg Wilcox bat mich Gestern, Herman mit ihm hinaus gehen zu laßen, worüber sich H. sehr freute. Herman nennt Mrs. Hannah Aunt Salle, wie alle andern im Haus.

Hermine schrieb mir, Tante Hanchen sei zu Ihnen gekommen und habe gesagt, sie wolle so lange bei ihnen bleiben, wie sie sie behalten wollten. Sie wird es leid geworden sein, immer nur Ausgaben zu machen, und keine Einnahmen zu haben.

10. Letzte Nacht ungefähr um 1 Uhr klopfte Jemand an das Fenster meines Schlafzimmers, es war Niemand anders, wie Otto, er kam Gott sein Dank wohlbehalten von seiner Reise nach Columbus zurück, und hat dort 400 Ballen Baumwolle gekauft.

Eben übergab ich Mr. Douglas meine Nähmaschine, um sie nach San A. zu schicken.

11) Seit 4 ½ Monat keinen Regen, noch nichts auf in den Gärten, das arme Vieh stirbt zu Hunderten und Tausenden vor Hunger. Der Kaffee kostet 6 bit [1 Bit = 25 Cents] per Pfd., alle Leute trinken halb oder ganz Gerste, Weizen, Dura Korn oder Potatoes, auch wir trinken halb Potatoes, welche noch den besten Geschmack haben. Brief von Hermine, daß es den armen Herzbergs so schlecht geht in Mexiko. John kam Sonntag Abend zurück, wo

er Baumwolle gekauft hatte, er trank mit seinem Fuhrmann Kaffee hier, und fuhr noch um 9 Uhr nach Braunfels.

15.) Otto kam Heute nach langem Hin- und Her-Berathen zu dem Entschluß, sich auch bei Capt. Banton's Cavallerie Compagnie einschreiben zu laßen. Was aus mir und den Kindern wird, mag Gott wissen. Hoffentlich wird er recht bald wegen Rheumatismus wieder entlaßen.

Emil Dittmar, welcher mir Heute erzählte, daß seine Mutter, seit Agnes wieder zu Hause ist, fortwährend krank ist, an der Gesichtsrose und Fieber, geht mit derselben Compagnie. Wenn nur die Neger jetzt keine Rebellion anfangen, da fast alle Männer fortgehen! – Herman sieht aus wie ein kleiner Cadett, ich habe ihm gelbe Streifen an seine Hose, Jacke und Kappe gesetzt, er und noch 1 Dutzend andere Knaben exercieren alle Tage. Otto kaufte von Mr. Huff circa 200 Ballen Cotton für Confetherat notes. Julius that Mutters Kuh, Red Head, in unsere Kuhpenne, sie lag 3 Tage krank darin, ich ließ sie füttern und ihr Waßer geben, Heute ließ Julius sie durch Cochrans Neger „Jerry" todtschlagen, da sie doch nicht beßer wurde. Ich ließ mir durch Jack Mergele 200 Pfd. flour in den Keller bringen, damit wir bis zur nächsten Erndte Vorrath haben, hier in der Gegend wird gar keine Weizenerndte gemacht werden, da der im Herbst gesäete längst vertrocknet ist. Letzte Nacht hatten wir bei einem furchtbaren Sturm einen tüchtigen Regenschauer, doch das ist gerade wie ein Tropfen auf einen heißen Ofen.

20.) Wir haben eine Schlacht gewonnen in den Boston mountains, aber drei unserer Generäle sind getödtet, unter ihnen Ben Mc. Culloch, welchen Otto persönlich kannte. Otto, Julius, Hackrider & Jefferson sind ernannt worden, für die Familien der armen Soldaten zu sorgen, nun wird ja Otto wol jedenfalls hierbleiben. Am Sonntag sagte er noch zu mir: Wie das noch werden wird, ich weiß es nicht, ich stehe noch davor, wie die Kuh vor dem Scheunenthor, worauf ich: Das wird sich noch alles von selbst machen, nun ist ja ein Ausweg da, und zugleich ein ehrenvoller.

Der alte Zorn hat Dr. Johnstons Store mit circa 3000 fanci-Waaren für 5000 $ gekauft, und Julius hat Mr. Fry's Store gekauft, jetzt wird seine Frau triumphiren. Frau Nolte war Gestern Nachmittag mit ihren Kindern bei mir.

Lou lag 2 Tage krank, ich hatte die Siney Euin zum Bügeln.

Den 20. März. Nach Mittag: Soeben fuhr Otto mit Mr Dove nach San Antonio, er nahm 1500 $ in Gold mit, um sie Herrn Blersch zu übergeben. Der arme Mann hat schlechtes Reisewetter, denn der Norder wirbelt den Staub nicht Häuser-, sondern Himmelhoch, so etwas habe ich nie zuvor gesehn, es ist gerade, als wenn die Luft dick voll Rauch wäre, so dick voll Staub ist sie. Es ist schade, daß ich nicht daran dachte, ihm meine blaue Brille mitzugeben.

21. März. Gott sei Dank, daß er es so fügte, daß Otto Gestern in San Antonio und nicht hier in Seguin war, er wäre vielleicht jetzt eine Leiche! --- Ich mag über dieses Schreckliche gar nicht weiter nachdenken. --- Gestern Abend etwas nach dem souper kam Alfred aus dem Store und sagte, er sei sehr froh, daß er die betrunkenen Kerle aus dem Store habe, da wäre einer Jacson, Andrew Erskine und einer Delany gewesen, alle drei betrunken, und der Jackson habe ein langes Meßer gehabt, und damit herum gefochten. Etwas später kam Frau Lesser und setzte sich zu uns, Ernestine sei bei Natilie Kläbe. Bald darauf kam Ernestine auch. Gegen 9 Uhr ging Frau Lesser, kam aber bald darauf wieder und sagte uns, Julius habe ihr erzählt, daß der Neger Salomon Jefferson Mr. Erskine an der Courthouse Fenz liegend gefunden habe, mit einer tiefen Wunde im Kopf. Salomon war kurz zuvor hier gewesen, um Cracers für Mr. Armstrong zu holen, ich verbot Al-

fred mit Licht noch in den Store zu gehen, wegen der Feuersgefahr. Wir, Alfred, Frau Lesser und ich gingen mit einer Laterne vor den Store und fanden gerade auf der Schwelle eine Blutlache und an der Fenz und dem Waarenhaus alles voll Blut. Als wir wieder hereingehen wollten, kamen Armstrong und Freeman. Armstrong wollte meinen fifeschooter leihen, da er und Andere noch in der Nacht aufbrechen und den Jackson gefangen nehmen wollten. Ich schlug es ihm ab, da ich ihn, ganz allein mit den Kindern, zu meiner eigenen Sicherheit behalten wollte. Sie haben den Jacson glücklich erwischt, da er eben im Begriff war, sein Pferd zu satteln und sich aus dem Staub zu machen. Der Kerl sagte Heute vor der Court, er habe eigentlich Erskine nichts thun wollen, sondern er habe Otto tödten wollen, worauf ihm der weise Richter Mr. Moore nichts erwiedert und ihn nicht einmal gefragt hat, warum er Otto habe tödten wollen. Er wird vorläufig nach Gonzales in die Jail gebracht, da hier unsere Jail noch immer nicht reparirt ist seit dem Brand. Der arme Erskine hat eine furchtbare Wunde bis durch den Hirnschädel ist das Meßer (3 Fuß lang) gedrungen, und es ist sehr zweifelhaft, ob er mit dem Leben davon kommt. Der Delany, auch ein Rowdy, hat auch einen Hieb auf den Kopf abgekriegt.

Sonntag Morgen: Otto besuchte Erskine bei Mrs. Jo. Johnson, es geht ihm etwas beßer. Lili's Ausschlag wird anstatt beßer immer schlimmer, auch unter den Ärmchen ist das arme Kind ganz wund, und schläft nachts sehr schlecht. Das Kopfkissen ist Morgens immer mit Materie getränkt.

April 1862

April 1862

Den 4ten April. Heute Nachmittag gegen 5 Uhr fuhr Mutter wieder mit Herr Heinrich Runge nach Braunfels und nahm Clara mit, welche von Elise Koester eine Einladung zu ihrem Geburtstage erhielt. Mutter war 8 Tage recht vergnügt bei uns, ihr Fuß ist noch steif und schmerzt sie noch zuweilen. Wir waren am Dienstag Nachmittag bei Frau Nolte, gingen aber schon gegen 5 Uhr nach Hause, da ein Gewitter im Anzug war, welches sich auch entlud, als wir kaum zu Hause ankamen, wo der alte Herr Dittmar auf uns wartete. Otto wachte Montag Nacht bei Mr. Erskine, er ist auf der Besserung. Otto holte vorige Woche Freitag Mutter hierher, schon Donnerstag fuhr er mit Eugen hin, um sich mit John wegen einer wichtigen Speculation zu besprechen. Sie haben nämlich vor dem Governor vorzuschlagen: Cotton für das Gouvernement nach Europa zu bringen und dort Waffen dafür zu kaufen. Es wäre sehr schön, wenn etwas daraus würde, wenn die Blocade nicht zu viel Schwierigkeiten in den Weg setzte.

Otto sieht blaß und mager aus, er macht sich zu viele Sorgen, eben sagt er mir, daß er für 3100 $ Cotton von seinem eigenen Geld gekauft habe, welche unten bei Columbus liegt. Es ist viel Risico dabei. Herr Blersch schrieb Otto, daß er keinen Paß von General Mc.Kulloch bekommen könne, recht schlimm für den armen Mann, da er sich schon ganz auf die Reise eingerichtet hat. Herman's kleiner Freund Johnny Gordon starb die vorige Woche, es that Herman sehr leid, er begleitete die Leiche zu Pferde zu Grabe.

Lou war die vorige Woche sehr krank, sie muß Gift genommen haben, um ihr Kind abzutreiben und sieht jetzt ganz gebrochen aus.

April 1862

Am Montag zog Irelands Compagnie in den Krieg, es ist sehr traurig, daß so viele Familienväter mit fort gehen, auch Mr. Heyer, Dove, Gläser, Hackrider, Herman Schmitt, Doc Douglas, Frau Zorn brachte ihren lieben Schoseff selbst nach San Antonio. Babel mouvte am Freitag seine Familie nach San Marcus. Ich glaube, über die Hälfte der Häuser in Seguin stehen unbewohnt, man kann Wohnungen genug bekommen, ohne Miethe zu bezahlen. Mrs. Lindsay giebt nur 5 $ im Monat für das große Milletsche Haus. Frau Martin bewohnt mit ihren zwei Kindern das große Magnolia Hotel, umsonst natürlich.

6.) Otto erhielt wieder einen Brief von Herrn Wipprecht, worinn er sich sehr für meinen Brief an ihn bedankt.

Mrs. Miller machte mir Gestern einen Besuch, eine recht hübsche und wie es scheint, liebenswürdige, junge Frau. Otto kaufte von Mr. Miller 2 große, graue, amerikanische Mähren um Hengste zu ziehen, zu 400 $. Die Größte, Martha, ist ein wahres Riesenpferd 18 Hand hoch, und läuft mit unserm Buggy wie mit einer Nußschale herum.

Heute war Herr Scherf hier, er kaufte Waaren von Otto und sagte mir, Gustav sei auf Urlaub in Braunfels gewesen. Er war mit bei der Eskorte der Quartermasters. Vom Kriegsschauplatze noch immer schlechte Nachrichten, überall ziehen sich die Conföderirten zurück und räumen den Föderalen Städte und Festungen ein. Das prachtvolle Nashville (Tennessee), New Madrid, Fort Donelson und Henry sind in Feindeshand! Wie wird das Ende sein?

11. April. Vom 7 auf den 8ten die Nacht hatten wir endlich einen tüchtigen Regen mit dickem Hagel, welcher in einigen Häusern die Scheiben zerschlug. Letzte Nacht hatten wir wieder ein sehr starkes Gewitter mit unaufhörlichem Blitz und Donner. Lou kam in die Stube wo Otto auf dem Sopha lag, (sie kriegte die

190

Angst in der Küche) und legte sich dort auf den Fußboden. Gestern Nachmittag pflanzte ich Bohnen, Salat, Radieschen und einige Kohlpflanzen von Frau Nolte. Jetzt können die Farmer doch noch Korn pflanzen, und doch noch, will's Gott, eine Erndte machen.

Montag den 14) Heute Morgen kam die Nachricht, daß die Conföderirten eine große Schlacht bei Corinth gewonnen hätten, wenn es nur nicht wieder, wie schon so oft vorher wieder alles Lügen sind. Der General en Chef soll aber getödtet sein (Johnston). Gestern Nachmittag fuhr ich mit Otto, Herman, Eugen und Lili in den Guadalupe Bottom bei Youngs Crossing, es war so wunderschön da, daß ich Hermine schrieb und ihr vorschlug, diese Woche dort ein Picnic zu veranstalten. Otto hat wieder etwas Rheumatismus im Rücken, und ist erkältet, und daher wieder, wie immer, wenn ihm etwas fehlt, sehr unangenehm und mürrisch.

19 April. Es ist so kalt, daß wir Feuer in der Stube haben, Norder mit Regen, nachdem wir schon 28 u. 29 Grad Wärme hatten, haben wir heute nur 9 Grad. Im Gärtchen kommt jetzt alles hübsch heraus, zu meinem großen Ärger lief unser Riesenpferd [verwischt] (Lili hat mit ihrem Händchen hier über gewischt) Martha, eben durch den Garten, und hat tiefe Löcher in jedes Beetchen getreten. Lou trug Herman, welcher sich Vorgestern mit einem scharfen Hatchet in den Fuß gehauen, und nun auf dem Sopha still liegen muß, zu seiner großen Qual auf das Appartement, und ließ das Thürchen an der Kuhpenne offen. Lili's Ausschlag scheint jetzt trocken zu werden. Wir wollten gern Morgen zu Ostern nach Braunfels Staehely's besuchen, werden aber nun wol wegen dem schlechten Wetter nicht dazu kommen, auch ist Otto sehr gespannt darauf John zu sprechen, um zu hören, was dieser in Austin mit dem Governeur von Texas, wegen Ankauf von Waffen in Deutschland, abgesprochen hat.

Vergangenen Mittwoch waren Herr Schmitz und Frau Schwantes von Braunfels hier. Frau Schwantes ist eine recht liebe Frau, sie bezahlte 30 $ auf ihre Schuld, welche sie noch von dem Clavier haben. Herr Schwantes kaufte unser Clavier für 350 $, es ist zwar eine große Entbehrung für mich, kein Clavier zu haben, aber es ist doch vernünftiger, es jetzt, da sich gerade eine gute Gelegenheit bietet, zu verkaufen, denn man kann immer eher ein Piano kaufen, wie verkaufen, und wenn wir, was hoffentlich über kurz oder lang geschieht, nach Deutschland gehen, und müßten es dann zurück lassen, so würde es doch verderben.

Otto erhielt einen sehr wichtigen Brief von Mr. Mc.Manus von Monterey in Mexiko, er wird am 4ten April und dann wieder am 4ten Mai 16 Karetas abschicken, um cotton zu holen. Gebe nun Gott seinen Segen, und kröne Otto's viele Sorgen und Arbeit mit Erfolg, und laße unsern cotton glücklich an dem Orte seiner Bestimmung anlangen.

Samstag den 19.) April 1862. Alfred ist fort, um Sappo zu suchen, damit wir Morgen nach Braunfels fahren können. Martha hat sich das rope durch beide Hinterfüße gezogen, so daß diese wund sind, und eitern, nun können wir sie nicht gebrauchen.

Clara ist nun schon 14 Tage bei der Mutter, und ist es Zeit, daß sie nach Hause kommt, damit sie die Schule nicht länger versäumt.

20sten April. Ostern. Eigentlich gedachte ich Heute die Ostern mit Mutter, Hermine und Helene zu feiern, statt deßen sitze ich nun mutterseelenallein mit Lili in der Stube. Otto ritt gegen 9 Uhr Heute Morgen allein nach Braunfels, da es von dem gestrigen Regen so schmutzig ist, daß wir nicht fahren konnten, und er doch John notwendig nach seiner Rückkehr von Austin sprechen muß. Das ist einmal wieder ein Ostern, als wenn man ganz allein in einem dicken Urwald oder auf einer unbewohnten Insel lebte.

April 1862

Keine Seele auf den Straßen, nicht das kleinste Kirchenglöckchen läßt seinen Schall hören; Grünen Donnerstag und Charfreitag hatte keiner von uns daran gedacht, was für ein Tag es eigentlich sei! – Mutter schrieb mir Gestern, daß Walter in Wilke's Artillerie Compagnie eingetreten sei. In oder nahe bei Friedrichsburg haben die Indianer wieder mehrere Menschen, ja eine ganze Familie ermordet, und viele Pferde gestohlen. Ottilchens Ausschlag beßert sich langsam, aber das Kind will noch gar nichts eßen, und wehrt sich mit Händen und Füßen, wenn ich ihr Zwiebackbrei geben will.

20). Ich schreibe an Alwine Tillman, Herr Blersch wird den Brief so wie auch das Daguetip der Kinder für Sophie Ostermann mitnehmen.

21. Otto kam kurz nach Tisch zurück. John hatte den Governor gesprochen, es scheint nun fast, als wenn aus dem Projeckt, in Deutschland Waffen für die Regierung zu kaufen, nichts wird. Otto bekam durch Brigade-General, Mr. Bechem einen Brief von seinem Bruder Gustav, daß die gute treue Schwester Laura gestorben sei! – Wieder ein treues Herz zur ewigen Ruhe eingegangen! –

Mittwoch Morgen den 23. April reiste Otto allein in unserm Buggy herunter nach Columbus, um Cotton einzukaufen. Heute, nach 8 Tagen dem 30sten ist er noch immer nicht zurückgekehrt. Er schrieb mir Samstag, daß er die Stange zerbrochen habe, wahrscheinlich halten ihn auch die schlechten Wege noch auf, da es seitdem er fort ist, mehreremale tüchtig regnete. Herman's Fuß war einige Tage recht schlimm, sehr geschwollen und Rose daran. Eine Nacht weinte er fast unaufhörlich, bis ich ihm warme Umschläge machte, und sich darnach der Schmerz linderte. Donnerstag Abend kam Clärchen wieder an, und überraschte mich mit einem prachtvollen Rosen Bouquet, welches mir großes Vergnügen machte. Tante Hanchen kam auch mit, sie reist zur Anna, um sie in ihrem Wochenbett zu pflegen. Tante ist nun seit 8 Tagen dort, und hat uns noch gar nicht besucht, sie kann ihren harten, alten Kopf nicht beugen; all right! – we do wery well without her!

30.) Ernestine Lesser hilft mir seit einigen Tagen nähen, sie ist sehr leidlich.

30. Mr. Andro Erskine ist von seiner schweren Kopfwunde vollständig genesen, Er sagte mir Heute Morgen „Good By" als er zur Armee nach Virginien abreiste, bedauerte nur sehr, daß er Otto nicht eher sprechen konnte, da er von seiner tour nach Columbus noch immer nicht zurück ist. Nachdem wir in der großen Schlacht bei Corinth, („battle of Shiloh") einen glänzenden Sieg erfochten haben, (General Johnston unser General en Schef ist getödtet, außer ihm noch viele Officire und Tausende von Soldaten) (der föderale General Prentiss ist gefangen) haben wir wieder Island No. 10 verloren und 2000 der Unsrigen sind gefangen genommen worden.

Suchardt der alte Wütherich führte Heute Morgen einmal wieder eine seiner gemeinen Schimpfscenen auf, so etwas braucht man sich in Deutschland von dem gemeinen Volk nicht gefallen zu laßen. Ich wollte, wir wären erst so weit wie Herr Blersch, welcher Vorgestern über Mexiko nach Deutschland reiste, mit Frau und Kindern.

30. April. Heute Nachmittag kam Otto wohlbehalten von Columbus zurück, Er brach unterwegs die Stange am Buggy, und litt einige Tage sehr an Rheumatismus im Kopf, als er bei Böttcher und Knipscheer war. Gott sei Dank, daß er sich jetzt wieder wohl fühlt. Heute Morgen kam die schreckliche Nachricht, daß New Orleans wahrscheinlich schon in Feindeshand sei! Schrecklich! – Der Cotton ist von den New Orleansern verbrannt, der Zucker verdorben, alles Heu in den river geworfen worden, alle Stores

sind auf der Eisenbahn weiter in's Land gemovt etc. etc. Mehrere
große Kriegsschiffe sind schon in New Orleans.

Mai 1862

1.) Otto hatte Heute wieder einen Auftritt mit dem gemeinen
Menschen, dem Suchardt, sprach deßhalb den Sheriff Mr. Mc.
Klougherty, welcher ihm Morgen den Kopf zurecht setzen wird.

4) Alfred ritt Heute früh auf einem Pferd von H. Tiemann nach
New Braunfels. Nachmittags copirte ich einen Brief für Otto,
dann machten wir, während Frau Lesser die Lili hielt, mit Clara
und Eugen einen Spaziergang nach Moos Mühle, wobei wir uns
über Cotton An- und Verkauf etc., unsere Hoffnung einmal wieder nach Deutschland zu kommen etc. unterhielten.-

Samstag den 10ten Mai. Frau Nolte kam Heute Nachmittag,
um mir adjeu zu sagen, der Koffer ist gepackt, und Morgen früh
wird mich Otto nach Braunfels fahren, wo ich bei Hermine mit
Lili und Eugen 2 Wochen bleiben werde.

Sonntag, den 11. Anstatt nach Braunfels zu fahren, sitze ich
nun wieder wie immer zu Hause und verwahre Lili. Sappo ist
fortgelaufen, Martha, das Ungeheuer von einem Pferd, (welches
mir schon zweimal im Garten alles zertreten hat, alle Thore und
Fenzen zerbricht ropes zerreißt etc.) hat seinen wunden Fuß
schon wieder zweimal im rope hängen gehabt, wodurch er wieder
sehr schlimm geworden ist. Heute Morgen kam M. Jean von San
Antonio, deßhalb konnte Otto schon nicht fort.

13-14. Otto hatte wieder Rheumatismus im Kopf, und mußte 2
Tage in Zimmer bleiben, er kauft für M. Jean, welcher ein Fran-
zose ist und ein feiner Mann zu sein scheint, 150 Ballen cotton.

Mai 1862

M. Jean brachte Waaren von Havanna nach New Orleans, indem er die Blocade durchbrach, kam dann nach Texas um für das Papiergeld cotton zu kaufen und diese in Mexiko wieder gegen Silber zu verkaufen.

Sontag den 18 Mai. Vorige Woche kam die Nachricht, daß die Yankee's New Orleans genommen haben, die Forts Jacson & Phillips sind unnöthiger- und verrätherischer Weise an den Feind übergeben worden. Wer weiß, wie lange es noch dauert, so ist der Feind auch in Texas, Gott weiß, wie es dann geht. Das erste wird dan sein, daß aller cotton verbrannt wird, und der unsrige auch, Otto's Mühe, Sorge und Arbeit (Jahrelange) wäre dan vergeblich, und könnte er in seinem 44sten Jahre wieder von vorne anfangen, welches sehr bitter wäre. Doch wir wollen den Muth noch nicht verlieren, Gott wird noch Alles zum Besten wenden!–

Hermine schrieb mir, das sie alle Tage vergeblich auf mich gewartet habe, ich schrieb ihr Gestern sie möchte mich nicht mehr erwarten, da ich noch keine Aussicht sähe, wie es möglich zu machen sei, zu ihr zu kommen.

In der Nacht von Freitag auf Samstag hatten wir einen furchtbaren Regen mit Hagel, Blitz und Donner, der River stieg 15 Fuß, und werden jetzt Korn und Gras genug wachsen.

Am Mittwoch schmierte der blinde Joe unser Schlafzimmer bei Lessers aus, und weißte es, so daß es jetzt etwas wohnlicher aussieht.

Juni 1862

Seit 2 Wochen bin ich nun schon wieder von Braunfels zurück, wo ich bei Hermine 2 angenehme Wochen verlebte. Hermine überraschte mich eines schönen Freitag Morgens, sie kam mit Frau H. Runge mit deren bequemen Wagen und holten mich. Otto war gerade mit Mr. Jean nach Hortontown geritten, um Fuhrleute zu engagiren, die beiden Herrn begegneten uns unterwegs. Da es 2 Tage vorher ganz furchtbar stark geregnet hatte, so war der Weg sehr schlecht. Der junge Frobese unser Kutscher lief fast den ganzen Weg im Trab neben den Mulen her, und hieb darauf. Da die Guadelupe sehr hoch war, so baten wir Herr Wirkeman vorauf zu reiten, welches er auch bereitwillig that. Wir gingen fleißig auf Visiten, nach Tomaes, und an Landa's Mühle. Einen ganzen Tag ging ich zu Alwine, und einen Tag zur Mutter. Mutter war einige Tage recht unwohl, ich überredete sie, das Arbeiten im Garten aufzugeben, sie wird in 4 Wochen auf 2 Monate mit Helene zu Eduard gehen. Der arme Eduard ist noch immer nicht beßer, wenn er nur am Ende die Schwindsucht nicht hat. Das einzige Unangenehme war Eugen's fortwährendes Abführen und Ottilchen's Ausschlag, weil sie deßhalb oft Abends sehr unruhig war. Pfingstmontag kam Otto mich wieder zu holen. Abends gingen wir zusammen ins Theater, d. h. Otto fuhr uns alle in unserm neuen Wagen hin, Mutter zog es vor zu Haus zu bleiben. Das Stück: Eine Erzählung ohne Namen, wurde sehr gut gegeben. Nachher tanzten wir Alle ziemlich viel, besonders Otto hatte in vielen Jahren nicht so viel an einem Abend getanzt. Die Hanchen Seekatz verwahrte mein süßes Ottilchen in Herrn Seele's Zimmer. Gegen 2 Uhr fuhren wir erst vom Ball weg, und gegen 7 Uhr wieder nach Seguin, wo wir 11 Uhr ankamen. In den beiden Frauen Runge habe ich 2 recht liebenswürdige Frauen kennen gelernt, gebe jedoch der Frau H. Runge den Vorzug. Könnten wir doch unser Property hier jetzt verkaufen, so könnten wir jetzt nach Brfls. ziehen, was doch in vieler Beziehung angenehmer für uns wäre, als wie hier zwischen Amerikanern und ungebildeten, gehäßigen Deutschen zu wohnen. Otto verkaufte unser altes Buggy in San Antonio zu 115 $. Die eine von den beiden großen Mähren hat ein sehr hübsches Muhlenfohlen. So eben ritt Otto zu Mr. Miller, der arme Mann hat seinen Fuß gebrochen. John kaufte sich 2 große Mulen und ließ sich einen starken Wagen bauen um damit nach Mexiko zu fahren, und seine cotton dort zu verkaufen.

Sibley's Brigade kommt von Mexiko zurück, – verfehltes Unternehmen – Sibley ein total unfähiger General, und Trinker.

Gestern Brief von Herr Wipprecht – er liegt mit seinem Regiment in Yorktown, bei Richmond. – Der Brief war 2 Monate unterwegs. – Letzte Woche gute Nachrichten, daß die Conföderalen die Yankee's in mehreren Schlachten besiegt haben. - Die Ladies Dove, Cochran, Croo, Ellis und Neill sind mit ihren Kindern nach Corpus Christi gereist, um dort ihre Männer, welche mit ihrer Compagnie dort stehen, zu besuchen, eine merkwürdige, und nach deutschen Begriffen, unpaßende Mode. – Otto ist es geglückt, über 100 Ballen seines eigenen Cottons in San Antonio gegen eine Anweisung auf Mexiko zu verkaufen. Obgleich sein Verlust dadurch vielleicht 1000 $ beträgt, so hat er doch klug und weise gehandelt, denn beßer ein Sperling in der Hand, denn 10 auf dem Dach. – Eine große Sorge ist dadurch von seinem Herzen genommen und seit langer Zeit kann der arme Mann wieder ruhig schlafen. – John muß einen Eid leisten, daß er entweder Waaren oder das Geld für seinen cotton wieder nach Texas zurückbringen will, so wie Jeder, der noch cotton nach Mexiko ausführt. – Über ganz Texas ist das Marcial Law verhängt, und jeder Bürger muß den Eid der Treue schwören.——

Seit 4 ½ Woche keinen Regen, die Gärten total vertrocknet, auch die Kornerndte ist in großer Gefahr, wenn es nicht sehr bald regnet. Herr Tieman ist nach Columbus, um cotton für uns zu holen, hoffentlich bringt er uns irish potatoes mit. –

Juni 1862

24. Lili hat 2 Zähnchen, beide seit 8 Tagen bekommen, sie seifert gar nicht, wahrscheinlich wegen dem Ausschlag am Köpfchen.

Die vorige Woche war Otto nach San Antonio, er nahm Clara und Herman mit, die Kinder logierten bei Navarros und waren sehr entzückt über Mr. Guilbeau's schönen Garten.

Juni 30. Sontag. Eugen und Ottilchen wurden beide krank, nach dem Diner bekamen sie Erbrechen, Durchfall und Fieber. Sie waren beide die ganze Woche recht krank, das Erbrechen hörte Montag auf, aber Durchfall und Fieber dauerten bis Freitag. Ich behandelte sie nach bestem Wißen mit der Waßercur und mit gutem Erfolg, so daß sie sich jetzt Beide, obgleich sehr mager geworden, doch wieder wohl befinden.

Herr Tieman brachte nur 2 Eimer Kartoffel mit von Columbus, welche sehr schön sind.

Der kleine Arthur Nolte ist seit 8 Tagen todtkrank, Dr. Starke quacksalbert an dem armen Kind herum, er scheint jetzt auf der Beßerung zu sein.

July 1862

Montag den 8. July. Gestern hatten wir einen recht vergnügten Tag, John und Hermine mit allen Kindern kamen schon um ½ 9 in ihrem neuen Wagen und ihren schönen Mules von denen jeder 200 $ kostet. Sie blieben bis 5 Uhr abends, und waren wir recht vergnügt zusammen. Die Männer unterhielten sich von ihrer großen Tour nach Mexiko, und wir Frauen wünschen, daß sie erst glücklich wieder zurück wären. Die Kinder 8 an der Zahl aßen vorher auf der Veranda, als wir dann hernach aßen kam ein tüchtiger Regenschauer, wir rückten so nahe wie möglich nach dem Hause zu und aßen vergnügt weiter. Wir hatten einen großen Catfisch, Rinderbraten, Savoicn aus dem Garten, deutsche Kartoffeln, roasting Ähren und einen Schneeball. Darauf tranken wir Caffee und um 5 Uhr Thee mit Bisquit und Rodonkuchen. Eugenie war unwohl, sie hatte Fieber gehabt und als Hermine sie einpackte, hatte sie einen rothen Friesel über den ganzen Körper bekommen, auch Clärchen hatte Fieber gehabt und war mager geworden. Unsere Clara fuhr mit, um einige Tage bei ihren Cousinen zu bleiben.

8. Eben vor dem Eßen fuhr Otto mit dem Wagen und den Mules (welche er für Mr. Jean bei Duggan gekauft hat) zu Herr Tiemann, damit dieser die Mules sehen sollte, er war aber nicht zu Hause, sondern oben am Geronimo im Camp am exerzieren. Alle Milizpflichtigen sind dorthin beordert, sie müßen 5 Tage exerzieren. Otto hat sich ein ärztliches Zeugnis verschafft, daß er von der Sonnenhitze krank wird.

Mr. Jean scheint ein feiner und liebenswürdiger Mann zu sein, er machte Otto eine sehr schöne Wagenwhip zum Präsent und mir ein gesticktes weißes Umschlagtuch.

Seit 3 Wochen habe ich ein kleines black girl, Jane, welche mir Ottilie verwahrt, sie gehört Major Mc. Kulloch und kostet 3 $ monatlich. Das Kind will durchaus nicht zu ihr gehen und schreit fast jedesmal, wenn sie sie nimmt. Lou ist jetzt viel freundlicher wie früher, und thut ihre Arbeit ordentlich. Arthur Nolte ist auf der Beßerung.

13. Heute ist unser süßes Lilichen 8 Monate alt, Gott sei gedankt, daß er sie uns am Leben erhalten hat. Die vergangene Woche hatte das arme Würmchen eine heftige Brustentzündung, Otto war nach San Marcos geritten, um Corn für das Governement zu kaufen. Die Nacht vom Donnerstag auf Freitag war das arme Kind so krank, daß ich Lou zu Nolte's schickte, um Dr. Starke zu rufen. Er war nicht da. Da Lili nun fast keinen Athem mehr bekommen konnte, und zu ersticken drohte, so dachte ich, ein

Brechmittel würde ihr vielleicht gut thun und gab ihr ½ Theelöffel voll Expectorant wonach sie einige mal Erbrechen hatte und etwas besser athmen konnte, das Fieber war noch sehr stark. Donnerstags hatte ich sie zweimal schwitzen laßen und gebadet, naße Strümpfchen angezogen und eine Binde gemacht. Der einzige Fehlgriff bestand, glaube ich, darinn, daß ich ihr anstatt der Binde immer einen kalten Umschlag hätte machen müßen, und diesen so oft wieder erneuern, wie er warm wurde. Dieses that ich Freitag den ganzen Tag und zog ihr noch öfter naße Strümpfchen an, ließ sie Samstag noch einmal tüchtig schwitzen, und jetzt scheint sie mir wieder ganz hergestellt zu sein.

Sonntag den 13. fuhren wir gegen Abend ein wenig in Mr. Jeans Cariage und mit seinen Mulen spatzieren. Wir fuhren mit allen Kindern, Jane hinten auf, hinter Willow Spring und suchten nach Weintrauben, fanden aber keine einzige Traube an den Ranken, welche im vorigen Jahr schwer voll hingen.

14. Ich ließ Lou einen großen Traubenpai backen, um Otto's Geburtstag Heute ein wenig zu feiern, da er Morgen an seinem Geburtstage nicht hier ist. Wir verzehrten ihn vergnügt nach Tisch, dann schenkte ich ihm einen schönen wollenen Shawl, welchen ich angefangen und Mutter fertig gestrickt hatte. Clara schenkte ihm einen Überzug über den Schaukelstuhl (gehäckelten) – genannt tidy, welcher aber unglücklicherweise nicht fertig geworden ist. Gegen 4 Uhr kamen Dittmars als ich noch beschäftigt war, Überzüge von einem alten Blancet über 2 Tincantin's für die Reise nach Mexiko zu machen, gegen ½ 6 Uhr fuhr Otto mit Mr. Jeans Gefährt nach San Antonio.

Den 15. July. Ich nähte Knopflöcher und Bänder an den Überzug über den Wagen. Gegen ½ 4 Uhr half mir der gute alte Petty die Martha anschirren, dann fuhr ich mit allen Kindern, Lou und Jane in Wilcox Pastier, wo wir uns mit den Kindern köstlich amüsirten. Lou und Herman kletterten um die Wette und warfen die Trauben herunter, Clara und Jane pflückten sie von den Ranken, wobei ihnen die Finger tüchtig juckten. Wir bekamen einen Korb und einen Blecheimer voll. Unser neuer Wagen ist sehr stark und gut und läuft dabei sehr leicht. Rennert, welcher das Verdeck darauf machte, wurde von Austiner Herren welche durchaus einen Wagen haben wollten, $ 800 dafür geboten, es ist doch schade, daß Rennert ihn dafür nicht verkaufte, 600 $ wäre doch ein schöner Profit gewesen. Herman war seit Sonnenaufgang mit Joseph Angermüller fort um unsern Black zu suchen, kamen gegen 2 Uhr wieder und hatten nichts davon gesehen noch gehört.

Der Lessern habe ich Gestern einmal in aller Freundschaft ihr freches Maul gestopft indem ich ihr sagte, so lange sie mir die Personen nicht nennte, welche über Otto schimpften, glaube ich es nicht, und die Leute müßten doch wohl glauben, daß sie das Schimpfen gern hörte etc etc. Heute den 17. July werden Tomatoes eingemacht. Eugen, deßen Gesicht von einem Geschwür auf der Stirne geschwollen ist, rief eben: Da ist eine Schlange, ich lief hin, und da war richtig eine Eierschlange in dem Cottonhäuschen. Lou schlug sie mit der Axt todt. Arthur Nolte ist noch immer sehr krank, ich war Gestern dort, dann bei Frau Wahsnicht, und bei Frau Lange, geb. Hahnert.

Den 19 July. Glorious News from the battle-field: Mc.Clellan captured, 36000 Prisoners taken. – 14 General Officers taken! – Wenn es nur wahr ist!

20. Wir fuhren Heute Sontag Nachmittag mit allen Kindern und Jane zu Dittmars, wo wir den Nachmittag recht vergnügt zubrachten. Den 21. Brief von Walter aus Ringold Barraks.

Den 23sten July Ottöchens Sterbetag! Agnes Dittmar und Frau Hartenstein baten mich, sie zu impfen, was ich auch ´that, indem ich von Jettchen Moos Ärmchen Limpfe nahm. Ich überzog Otto's Reisekoffer und packte ihn.

23. July. Ich packte Heute Morgen Otto's Proviant für seine große Reise; gegen ½ 12 Uhr bekamen wir großen Besuch, Herr Sternberg mit 3 Söhnen, 2 kamen mit Sibley's Brigade von dem unglücklichen verfehlten Kriegszug nach New Mexiko, allein verunglückt durch die Schuld des schändlichen Trunkenbolds General Sibley.

24 July. 1862. Heute Morgen den 24 Juli reiste Otto über Braunfels ab nach Mexiko. Zwei Dinge machen mich sehr besorgt für Otto, erstens die schreckliche Hitze, und zweitens die Indianer. Wie will ich mich freuen, wenn ich erst höre, daß Otto und John nebst Musje Jean glücklich in Monterey angekommen sind! – Der Store bleibt während Otto's Abwesenheit geschloßen. Die Hitze ist wirklich furchtbar, alle Mittage 32 und 33 Grad Reaumur im Schatten.

Abends hatten wir abkühlenden angenehmen Regenschauer. Mc. Cullochs Neger brachte unsere Riesin „Martha", da sie die Fenz niederbräche, und mit allen Duggans Pferden es sich in ihrem Kornfeld gut schmecken ließ. Ich schickte Jane mit dem Neger nach Hause; ließ Herman gleich auf Martha zu Mr. Miller reiten, die Margareth auch zu holen, um sie dann beide in Duggans Pasture zu schicken.

Samstag den 26. Eben ritten Clara auf Seppo und Herman auf Margareth, die Martha leitend, nach Duggans um die beiden Riesenpferde dort in den Pastur zu bringen. Auf dem Rückweg wird Herman hinter Clara reiten.

Sontag den 27. Heute erhielt ich den ersten Brief von Otto. Er war recht munter, obgleich er die erste Nacht von Brfls. nach San A. im Regen fahren, und im Wagen schlafen mußte. John hatte auf dem kurzen Wege schon die Vorderachse zerbrochen. Griesenbek fährt auch mit nach Monterey, Mexiko.

Dienstag den 29. July 1862. Die Erlaubniß meines gütigen Mannes benutzend, habe ich so eben mit Parson Wilson den Handel abgeschloßen, und Lavinia oder Lou für 1100 $ gekauft. Ich bin sehr froh darüber, denn jetzt bin ich doch vor der groben häuslichen Arbeit gesichert. Squier Petty gratulirte mir zu dem Kauf, denn, sagte er, unter 500 gäbe es keine, die so fleißig wäre, wie Lou.

Sad News from our boys in the war. Tom Holloman, Buttler and Millet killed, Erskine, Miller, Reich, Capt. Beene, Baltasar Schmitt, Dun und andere verwundet, von 50, welche eine Batterie erstürmen wollten, sind nur 15 unversehrt geblieben. Traurig, wann wird dieser Krieg enden! –

Mrs. Joh. Johnson überließ ich eben auf ihre dringenden Bitten 6 yrd Calico zu einem Kleid für ihre Sihsi.

Otto bitten, mir ein Stück hübschen, echten dunkeln Calico mitzubringen

Einer von den irischen Campbels Boy's brachte die Kuh Black mit einem fetten Kalb, welches schon 3 - 4 Monate alt ist, und Eugen wieder wie das vorigjährige Jane genannt hat. Für das Eintreiben mußte ich 2 $ bezahlen.

Col. Huff brachte die 700 $ zurück und bedauerte Otto nicht zu finden.

August 1862

5. Clara's Geburtstag. Das liebe Kind wurde Heute 11 Jahre alt. Sie wurde sehr reich beschenkt, auch von Eugenie und Elfride, welche seit einigen Tagen hier sind. Nachmittags kamen Dittmars und Emmy Torry, Agnes schenkte Clara ein Kanarienvögelchen,

worüber sie wie auch über die übrigen Geschenke, große Freude hat. 8) Agnes ist so freundlich die Kinder alle Tage Nachmittags einige Stunden zu unterrichten, sie giebt sich viele Mühe mit den Kindern und scheint eine ausgezeichnete Lehrerin zu sein.

Heute Morgen kaufte ich 3 load Futter und half bei dem Abladen. (zu 21 $)

Ächt texanisch: Friedensrichter Petty erzählte mir diesen Morgen, er sei Gestern Abend zu Wittwe Meininger gebeten worden (von dem Bräutigam selbst) um sie gegen Abend zu trauen. Als er hin kam war die Braut in ihrem Alltagszeug in der Kuhpenn, rief den Syire und sagte ihm, sie müße erst ihre Kühe melken, dann wolle sie Hochzeit halten, auch sei der Bräutigam noch nicht da. Der Syire trollte also den weiten Weg nach Hause zurück, aß sein souper und ging dann hin und traute das Paar, sie waren im Putz und hatten Gesellschaft etc.

Ich lieh dem alten Schramm 110 $ er wollte ein Ochsenteam kaufen und die Summe fehlte ihm.

September 1862

Sontag, den 14ten Sept. Eugenie und Elfride waren 14 Tage und Emmy Torry 3 Wochen bei uns, alle reisten vor 14 Tagen wieder ab. Emmy ist ein recht liebes, artiges Mädchen, sie und Clara haben sich recht lieb, ihre Mutter schrieb mir einen recht artigen Brief. Von Otto erhielt ich endlich einen Brief von Monterey, nachdem ich über 3 Wochen ohne Nachricht von ihm war. Er ist gesund und vergnügt und ißt täglich frische Trauben. Waaren seien sehr rar und theuer.

Clara und Herman gehen seit 2 Wochen zu der Mrs. Nelson in die Schule, sie soll eine sehr gute Lehrerin sein, vorige Woche machten Agnes und ich ihr einen Besuch in der Schule. Außerdem machten wir noch Besuche bei Mrs. Ellen Mc. Knight, Mrs. Burges, Joe Johnson, Moore, Mathie La Gette, Mrs. Medlin und Baahs. Morgen fange ich mit Agnes an meinem schwarzseidenen Kleid an zu nähen.

Heute vor 8 Tagen fuhr ich mit Lou und den Kindern den ganzen Tag zu Frau Buss. Onkel Henry Moore lieh 2 Pferde von Mrs. Jo. Johnson für mich (wofür sie keine Bezahlung haben wollte) und spannte sie an den Wagen. Es war ein schöner Tag, die Zwillinge machten viel Geschrei, was etwas störend war. Lou mußte nach dem Eßen Waffeln backen, Abends hatten wir eine vergnügte Rückfahrt im Mondschein. Agnes zog vor, allein zu Hause zu bleiben, und in die Sonntagsschule zu gehen, da Mr. Johns von San Antonio kam, zu predigen.

Vor einigen Wochen kam wieder ein dicker Brief von H. Wipprecht an, in welchem er von der gewonnenen Schlacht am Chicohomminy erzählt, und von den vielen Strapatzen, welche unsere Soldaten auszustehen hatten.

Den 13. Sept. Heute Morgen wurden zum erstenmale wieder seit langer Zeit 6 Kanonenschüße abgefeuert, zu Ehren der neuerdings erfochtenen Siege der Conföderirten. Unsere Soldaten haben wieder 2 Siege in Virginien, 1 in Kentucky und 1 in Tennessee erfochten. Alle Leute hoffen nun auf baldigen Frieden. Es wäre aber auch bald Zeit; alle Lebensmittel sind unerhört theuer, und Dry Goods und Shoes fast gar nicht zu haben. In San Antonio sind alle Preise noch viel höher, wie hier. Während Butter hier 2 bit [1 Bit = 25 Cent] das Pfd. kostet, kostet sie in S. A. 6 bit, Eier 4 bit, ein Strang Zwirn 4 bit, eine Melone 1 $ u. s. w. Eine baumwollene Hose 10 $, ein paar Schuhe 10 $, ein Sattel 50 $, Calico 1-1.25 per Yrd. u. s. w.

September 1862

Ich erhielt von Otto seit 2 Wochen keinen Brief, der letzte von Monterey, war vom 16 Aug. Im Store verkaufe ich ziemlich viel, Gestern für 25 $ und Vorgestern für 35 $, obgleich fast nichts mehr darin ist, und ich die Thüre vorn verschloßen halte.

Otto schreibt, daß in Monterey keine Waaren zu haben seien, und John wahrscheinlich nach Europa gehen und dort Waaren einkaufen würde, so wie Mr Jean nach Havanna.

October 1862

6. Vor 2 Wochen kam Otto glücklich und gesund von Mexiko wieder an, litt aber seitdem fast fortwährend Schmerzen am Kopf. Er hatte sich viele Mühe gegeben, der gute Mann, mir Birnen und Weintrauben mit zu bringen, sie waren aber fast alle faul, und hatten wenig Geschmack. Außerdem bekomme ich noch 1 Stück schönen Calico und auch zu meiner großen Freude einen Sack mit Caffee. Wenn ich ihn nur erst hätte !! – Einige Tage ehe Otto kam, kaufte ich von Mr. Ervine ein Mulattenmädchen, „Kate", wie ich sie taufte, für 750 $, wozu ich 300 $ von Herr Nolte leihen mußte. Als ich zur Mrs. Dr. Johnston gehen wollte, mich nach dem Character der Kate zu erkundigen, und in Eile rasch um die Ecke bei der Kellerthüre bog, glitschte ich aus und fiel auf die linke Seite auf die Kellerthüre, wobei ich mir den Arm und die Hüfte so zerfiel, daß beide den andern Tag schwarz und blau waren. Mr. Duggan war so freundlich die „Bill of sale" zu schreiben, welche ich auf meinen Namen recorden ließ. Die Nacht verbrachte ich fast ganz schlaflos, da ich mir viele Sorgen machte, ob Otto auch mit dem Kauf zufrieden sei, besonders, da ich noch Geld dazu geliehen hatte. Ich dachte aber, es sei eine gute Speculation, das lumpige Papiergeld anzulegen. Und so ist es denn

auch, Otto war auch sehr zufrieden, und hätten wir die Kate schon 3 - 4 mal mit Nutzen wieder verkaufen können.

6. Ich kaufte mir ein goldenes Armband und 1 Brosche für $ 16 und $ 5, auch noch eine kleine Brosche für Clara zu Weihnachten für $ 3, alles um Papiergeld anzulegen. Vor einigen Tagen kam die Nachricht, daß Jg. Johnson, Mrs. Joe Johnsons Sohn in der letzten Schlacht bei Manasses getötet worden sei! Arme Mutter!

Von Walter erhielt ich einen muntern Brief von Corpus Christi, und schickte ihm und Gustav durch Mr Staddem eine Box mit Kuchen, eine Hose, Seife, Lichter, Cigarren, Schreibpapier etc. etc.

Vorgestern fuhr Otto mit H. Albrecht Dittmar in die Mountains, um nach unsern Pferden zu sehen, und ob Wilhelm nach seinem unglücklichen Sturz mit einem Pferde, welcher ihm beinahe das Leben kostete, wirklich seinen vollen Verstand nicht wieder erhalten hat.

Von Jettchen Nohl aus Saltillo in Mexiko brachte mir Otto ein Briefchen mit, auch Minchen Reuter vom Secco schrieb mir kürzlich.

Den 17. October. Letzten Samstag Nacht kehrte Otto von den Mountains zurück, er brachte mir ein Körbchen voll Trauben mit, sie sind aber in diesem Jahre der Trockenheit wegen schlecht gerathen, klein und sauer.

Die letzte Nacht schlief Frau Buss und ihr Heinrich bei uns, und fuhren Heute Morgen mit Otto nach San Antonio, auch der alte Herr Dittmar wollte bei Hartensteins einsteigen und mitfahren.

Clara ist blaß und viel verdrießlich, auch Herman sieht blaß aus, ist aber munter und scheint gesund zu sein. Eugen hat einen Ausschlag am Mund und an der Nase, der gar nicht zu heilen scheint, auch hat er wieder seit einigen Wochen Diarrhoe, ich gab ihm jetzt Leberthran. Lili ist nun schon 11 Monate alt und hat erst 4 Zähne, sie hat noch ein wenig Ausschlag am Köpfchen, wächst aber prächtig. Sie ist ein klug Dingelchen, zur Lou geht sie recht gern, wenn aber Kate sie nehmen will, so wehrt sie sich mit Händen und Füßen, weil diese sie schon zweimal hat fallen lassen.

Mutter und Helene sind wieder zurück, der arme Eduard war während ihres Besuchs so krank, daß Mutter glaubte, er wäre gestorben, der arme Bruder scheint die Schwindsucht zu haben. – Arme Olga!

Otto war die letzten Tage recht betrübt über die Nachricht von A. Erskine's Tod, der in der mörderischen Schlacht von Sharpsburg gefallen ist.

Sontag den 27. Oct. 62. Letzten Donnerstag war ich mit Otto, Lili und Kate in Braunfels. Wir standen schon um ½ 4 Uhr Morgens auf, fuhren um ½ 6 Uhr fort und waren ½ 9 Uhr in Brfls. Mutter war ziemlich wohl, klagte aber über wiederholtes, sehr starkes Herzklopfen. Helene war wie immer sehr herzlich und freundlich, Tante kalt. Hermine, welche ich auf ein paar Stündchen besuchte, sah ihrer Entbindung stündlich entgegen, arme Schwester, hoffentlich hat sie es jetzt überstanden!

Otto erhielt Vorgestern über Braunsville einen Brief von seiner Nichte Anna Hoesterey, worin sie den Tod ihrer geliebten Mutter näher beschreibt, die arme Laura hat noch viel vor ihrem Tode gelitten.

Vorgestern fuhr Mr. Jean mit Mr. Petty nach Joungs Pasture, um Jeans Mulen zu suchen, sie kamen erst Abends zurück ohne sie gefunden zu haben. Jean blieb die Nacht bei uns. Otto ritt Gestern Morgen im stärksten Norder fort und brachte die Mula's richtig bis Mittag, um 4 Uhr fuhr er mit Jean herunter nach Columbus, um für $ 18000 Cotton zu kaufen, Mr Jean will auch seine schöne Cariage nebst Mulen gegen Cotton verschwappen.

Ich habe ein so großes Blutgeschwür am linken Bein, daß ich hinken muß; Eugen's Mund ist jetzt endlich geheilt nach 3 Monaten.

29. Otto hat das Kalb unvorsichtigerweise mit heraus laufen laßen, so daß wir jetzt ganz ohne Milch sind. Herman ritt Gestern aus, um Black u. Kalb wieder einzutreiben, fand sie aber leider nicht. Auch scheint Otto einmal wieder den Schlüßel zum Store mitgenommen zu haben, denn er ist nirgends zu sehen.

Heute Morgen war Dr. Johnson hier, er ging von Haus zu Haus und schrieb alle Gewehre auf, die sich in der Stadt befinden. Demnach scheint es fast, daß die Leute besorgen, die Yankees in kurzer Zeit hier zu sehen. In Galveston sind sie schon, vielleicht sogar in Houston und Corpus Christi?

Captain Arbuckles Sohn wurde Gestern begraben.

November 1862

November 7. 62. Letzten Freitag Nachmittag nachdem ich vorher in Mrs. Nelsons Schule einem spelling-match beigewohnt, ging ich zur Mrs. Picock, um ihre Kuh, welche sie offerirte, zu sehen. Die Kuh gefiel mir nicht, sie ist klein und mager, die andere, eine schöne große Kuh, wollte sie nicht verkaufen. Von da ging ich zu alte Calverts, um den armen Toni Goodrich zu sehen, welcher eine halbe Stunde früher, von einem 30 Fuß hohen Pekanbaum gestürzt war. Der arme Knabe hatte eine furchtbare, klaffende Wunde unter dem Kinn, als Mrs. Elliott mir dieselbe zeigte, konnte ich mich des Weinens nicht enthalten. Als ich heraus ging, begegnete mir seine Mutter, (welche Mrs. Dr. Johnson bei Wilsons geholt hatte,) in ihrem Buggy, als sie sah, daß ich weinte, fing sie vor Angst laut zu weinen an. Nachher will ich hinreiten, und sehen, wie es ihm jetzt geht.

Vorletzte Nacht sind Menschen in Frank Fennels Druggstore gebrochen, und haben 10 Flaschen voll Strichnin und auch noch Laudanum gestohlen. Sind es Neger gewesen, und wollen sie alle Weiße hier vergiften?

Es ist eine schreckliche Zeit jetzt, und man lebt in Angst und Schrecken. Die Yankee's sind schon in Galveston, Powderhorn & Laracea.

Den 1. Nov. bekam Hermine einen kleinen Sohn, ich freue mich von Herzen für sie, daß sie es noch einmal glücklich überstanden hat und wünsche für sie, daß es das Letztemal ist.

December 1862

Wie froh bin ich, die Kate wieder los zu sein, Heute war ich so glücklich, sie an einen Mann namens Hampton am San Marcos zu 1000 $ zu verkaufen. Auch die Kinder sind alle froh, daß sie verkauft ist, ebenso Lou. Otto fuhr Gestern mit Margareth in einem Buggy von Jefferson nach San Antonio, Herman ritt auf einige Tage nach Buss. Clara ist nicht recht wohl, sie klagt viel über Leibschmerzen auch sind ihre Augen so schwach, daß sie Abend das Lesen nicht vertragen kann. In der Schule macht sie gute Fortschritte, wie ihre Lehrerin, Mrs. Nelson sagt. Herman ist kürzlich etwas gewachsen, er ist leider nicht fleißig in der Schule, sondern hat immer Vogelfang und Hasenjagd etc. in Gedanken. Eugen ist viel verdrießlich, der arme Schelm leidet noch fortwährend an Diarrhoe. Ottilchen hat jetzt 9 Zähnchen, die letzten 5 hat sie bekommen, ohne im Geringsten dabei krank zu sein, sie fängt an einige Schritte allein zu gehen.

Den 23. Nov. fuhren wir mit Lou und allen Kindern nach Braunfels, um unserer lieben Mutter zum Geburtstag zu gratuliren. Otto, der arme Mann litt die ganze Nacht furchtbar an rheumatischen Kopfschmerzen, raffte sich aber gegen 7 Uhr auf, und ging es auch später glücklicherweise beßer. Wir waren sehr vergnügt zusammen, aßen Mittags nebst Hermine und John einen schönen Geburtstagsputer, Salat, Gemüse etc. tranken Nachmittag den Caffee auch bei Mutter und Abends nach dem Thee gingen wir zu John und Hermine tranken Glühwein und aßen Kuchen und Orangen. Wir spielten und sangen, lachten und tanzten. Otto schenkte der Mutter ein Calico-Kleid und seidenes Tüchelchen, ich eine Portion schönen Kopfsalat, Clara Caffee und eingemachte Melonenschalen, Herman seinen schönen Geranium, Clara auch ein schönes Bouqet Blumen. Herman und Eugen schliefen bei Hermine, Clara bei Emmy Torry. Den andern Morgen nach dem Frühstück fuhren wir bei herrlichem Wetter wieder nach Haus und nahmen Helene mit. Letztere war 2 Wochen bei uns, eine bei Agnes und eine bei Julius. Ich bat sie doch bis nach Neujahr bei uns zu bleiben, sie bekam aber so sehr Heimweh, woran sicher zum Theil auch der Ball bei Seele den 2ten Weihnachten mit Schuld war, daß sie den Tag vor Weihnachten wieder zurück fuhr. Da ich gar keinen Cedarbaum bekommen konnte, so schnitt ich meinen größten Oleander aus und machte davon ein ganz nettes Christbäumchen, ohne daß es Otto oder die Kinder wußten, nur Herman hatte etwas durchs Schlüsselloch gesehen, sagte aber nichts. Als ich schellte, waren Alle sehr überrascht, und mein lieber Otto und ich genoßen die Weihnachtsfreude ungestört mit den Kindern. Otto bekam von mir einen schönen Quilt eine Freundinn von weißem Brillantgarn, das

Kißen mit rother Seide überzogen und ein paar grüne gestickte Pantoffeln. Er schenkte mir 100 Pfd. Sauerkraut, 50 Pfd. Butter und ein Faß Texas-Wein. Von Clara bekam er einen Federwischer und grün seidenen gehäckelten Tabacksbeutel. Clara erhielt eine hübsches Calico-Kleid, goldene Brosche, gestickte Hose, Puppen Hut und Kleid, Altargeräthschaften in eine katholische Kirche (im Kleinen) von Zinn und von Mr. Jean ein prachtvolles Körbchen von Tannenzapfen, inwendig mit kirschrother Seide gefüttert; die beiden Jungens und Lili einige Spielsachen. Ich hatte 8terlei Kuchen gebacken.

Gestern den 30sten Dec. machte ich 13 Leber und 12 Servelat-Würste. Von Mr. Hampton kaufte ich Heute wieder zwei kleine Schweine, recht fett, eines 104, und das andere 112 Pfd. zu 20 c. das Pfd. Auch 2 ½ Bhs. Potatoes zu 4 $ per Bhs. Die Preise aller Stoffe und Lebensmittel sind durch die lange Blocade, Speculation, und durch die hohen Preise, welche die Goverments Agenten bieten, furchtbar hoch. Flour kostet das 100 Pfd. 35 $, cornmeal 5 $ per Bhs. Corn 3-4 $ per Bhs. Schweinefleisch 20 C. das Pfd. und wir haben 4 ganze Schweine gekauft, beinahe 500 Pfd. Recht glücklich bin ich, daß ich die Cate wieder verkauft habe an den Hampton zu $ 1000. Aus dem nichtsnutzigen Mädchen wäre doch nie etwas geworden, sondern ich hätte nur einen fortwährenden Ärger im Hause gehabt. Weder Lou, noch eines der Kinder konnten sie leiden.

1863

Januar 1863

Den 18. Januar 1863. Morgen werden es schon 14 Tage, daß meine gute Mutter kam, uns zu besuchen, Herr Krochmann, welcher auch mit kam, blieb die Nacht bei uns, reiste aber den nächsten Morgen in Herrn Degeners Gesellschaft per Stage wieder nach Gonzales und von da nach Galveston, welches von unsern Truppen den Yankees wieder abgenommen worden war. Herr Krochmann fühlte sich augenscheinlich unbehaglich, daß er an dem Gefecht nicht Theil hatte nehmen können.

Mutter war Heute bei Julius zu Puterbraten eingeladen, sie ging in starkem Regen fort; den ganzen Tag regnete es ohne Unterbrechung, dieser Regen ist Tausende von Dollars werth, hoffentlich bekommen wir noch mehr. Heute litt ich den ganzen Tag an Kopf- und seit 2 Wochen fast täglich an Gesichtschmerzen. Otto ist seit 8 Tagen nach Columbus, um verwickelte Cotton-Geschäfte zu ordnen. Herman, Eugen und auch die kleine süße Lili leiden seit einigen Tagen sehr an Diarrhoe, flanell-Binden, kalte

Januar 1863

Clistire und Sago Suppe mit Rothwein haben jedoch schon gute Dienste gethan.

Tante hat ihren harten Kopf nicht beugen können, sie hat uns wieder keinen Besuch gemacht. Nun, uns ist nichts daran gelegen, sie kommt selbst am Schlechtesten dabei weg.

Welche große Dummheit habe ich doch begangen, unser Clavier zu verkaufen, Otto trägt jedoch die Hauptschuld, denn seiner damaligen Sprache nach, war es so gut wie sicher, daß wir in Zeit von einem Jahre in Deutschland waren. Anstatt deßen sitzen wir noch ganz fest hier und sind schon seit beinahe einem Jahr ohne Clavier, was so viel heißt, wie ohne das geringste Amusement. Unser Leben vergeht ein Tag wie der andere, ohne Vergnügen oder Erheiterung und mit Sorgen und Mühen etwas Eßbares herbei zu schaffen, welches wahrhaftig keine Kleinigkeit ist, in einem Lande, wo es weder Obst noch Gemüse noch Kartoffel giebt, nichts wie Fleisch und Speck und Speck und Fleisch; Selbst nicht einmal Milch.

Februar 1863

5. Heute Morgen ritt Otto trotz starkem Norder mit der Martha nach Braunfels, um das neue Buggy zu holen, welches Eikel gemacht hat. Es hat kürzlich so viel geregnet, daß die Wege sehr kothig sind, und die Leute gute Hoffnung auf eine Erndte in diesem Jahre haben. Die letzten Tage kamen sehr schlechte Nachrichten, in Arcansas sind 8000 unserer Soldaten gefangen genommen worden, worunter auch unsere White's Compagnie, in welcher Fritz Suchardt. In Corpus Christi leiden viele an Scorbut, der arme Georg Schmitt liegt nun schon seit Monaten, von dort zurückgekommen, steif an Rheumatismus und Scorbut, zu Bette.

Von Gustav und Walter habe ich lange nichts gehört, wie mag es ihnen gehen.

20. Januar überraschte uns Eduard ganz unverhofft, er ist jetzt endlich auf der Beßerung, Dr. Kapp hat ihm die Versicherung gegeben, daß er die Schwindsucht nicht hat, was Eduard, wie er sagt, 2 Jahre fest geglaubt hat.

Den 30. Januar fuhr Mutter mit Suchardt wieder nach Braunfels, nachdem sie 3 ½ Wochen bei uns war. Wir hatten während Mutter hier war viel Norder und Regen, so daß wir außer öftern Spaziergängen nirgendwo hin kamen. Eduard ritt auch wieder fort, um noch einige Tage bei Mutter in B. zu bleiben. Er wird nun wol wieder ein eigenes Geschäft anfangen, Otto hat ihm vorgeschlagen, in S. Antonio ein Geschäft anzufangen, und will ihm zu dem Zweck 3000 $ leihen.

Ich machte mir das Vergnügen Mutter mit etwas Proviant zu versehen, alles Sachen, welche sie in Braunfels nicht haben kann. 1 Säckchen mit Pekan's, ein Stück Speck, eine große Servelat-Wurst, einige Pfd. Butter und eine Portion Sauerkraut. Den 26sten Jan. zu meinem Geburtstag bekam ich von Otto ein roth sammt Nadelkisschen, ein Schwanenpelzchen, und 6 Flaschen Rheinwein, von Clara ein schönes Blumenbouqet von der Mutter eine schöne Stickerei auf Papierstramin, zu einer Wandtasche, von Hermine eine kleine Puterhenne und Agnes Dittmar ein Lesezeichen und ein hübsches Gedicht. Vor 14 Tagen starb Buss kleines Zwillingsbübchen an der brandigen Bräune.

6 Februar 1863. Heute Morgen früh vor dem Frühstück kam Mr. Jean mit der Stage von Columbus hier an. Otto ritt Gestern mit der Martha nach Braunfels, um unser neues, von Eikel gemachtes Buggy zu holen, und brachte dasselbe Heute gegen Abend, so wie auch Eugenie und Alfred, welche einige Wochen hier bleiben sollen.

7. Februar. Heute Morgen ließ ich von Mr. Fritze unser großes Kalb schlachten, welches recht schön fett ist. An 12 verschiedene Familien verschenkte ich die beiden Vorderviertel, wodurch ich manchen Dank erndtete.

8 Febr. Ein prachtvoller Sontag Nachmittag vor mir auf dem Tisch steht ein schönes köstlich duftendes Bouquet von Reseda und Levkoyen. Meine doppelte Levkoye vor dem Hause steht in voller Blüthe, Erbsen Salat, Spinat und Charlotten stehen sehr schön im Gärtchen. Gestern pflanzte ich 10 und Clara sieben Rosenstöcke, welche Otto von Mutter und Eikel in Braunfels zum Geschenk bekommen hatte. Otto ist mit Mr. Jean vor dem Essen zu Tieman gefahren. Lou kochte gestern Seife, sie ist jedoch zu weich gerathen und muß noch einmal gekocht werden. Ottilie läuft jetzt ganz hübsch allein, sie ist bis jetzt noch nicht die Treppe hinunter gefallen, obgleich oft ganz allein herauf und herunter kriecht.

Sontag den 15. Februar. Alfred ist munter und guter Dinge, Eugenie aber hat Heimweh, Husten Schnupfen, und wird, wie es scheint, die Masern bekommen. Unsere Kinder sind Gott sei Dank bis jetzt alle gesund, lieber Gott erhalte sie uns dabei.

Donnerstag den 26. Februar 1863. Gestern ließ Hermine durch ihren Knecht, „Holzmann", Eugenie und Alfred wieder holen. Eugenie hatte die Masern recht stark, besonders Montag und Dienstag vor 8 Tagen war sie sehr krank. Am Montag den 23. dieses wurde sie 9 Jahre alt, ich schenkte ihr eine Flasche O de Cologne und ein großes Stück Kuchen. Eugenie ist sehr verschieden von Clara, während Clara jedes Buch, was ihr in die Hände kommt, verschlingt, oder sich doch sonst beschäftigt, wenn es auch nur mit Näherei für die Puppen ist, womit sie wie es scheint nie fertig wird, obgleich ihre Puppen schon unzählig viele Kleider haben, so las Eugenie nicht nur gar nicht, sondern saß auch Tagelang da, ohne sich mit irgend etwas zu beschäftigen. Otto ist nun schon seit 9 Tagen nach Austin und Webberville, er glaubte bis Montag Abend wieder hier zu sein, nun ist es schon Donnerstag und er ist noch nicht zurück. Wahrscheinlich ist der Colorado oder San Marcos so hoch, daß er ihn nicht crossen kann. Oben im Gebirge muß es sehr stark geregnet haben, denn die Guadalupe war Heute Morgen 7 Fuß gestiegen, wie ich gegen Abend mit den Kindern nach Moos Mühle spatzieren ging, war sie schon wieder 5-6 Fuß gefallen. Clara klagt seit Gestern sehr über Fieber, Kopfschmerz und Husten, ich hoffe, daß sie die Masern nicht auch bekommt. Vergangenen Freitag war ich mit Agnes Dittmar, Clara, Herman, und Alfred im Conzert in der Female Academie. Dr. Johnstons waren die „leader". Es wurde zum Besten von Sibley's Brigade gegeben. Samstag Abend wurde es wiederholt, wo dann die darkee's auch kommen durften. Da Agnes gerne noch einmal gehen wollte, ging ich wieder mit, auch Lou ließ ich gehen. Diana mußte zu Hause bleiben, da sie mir oft Veranlaßung zur Unzufriedenheit gegeben hatte.

Der alte Herr Stapper vom Cibolo ist, vom Schlagfluß getroffen, oben in Comfort bei seinem Schwiegersohn Liek in die Guadalupe gestürzt und ertrunken. Herr Schmitz bezahlte endlich das schuldige Silber für das Clavier. Knecht Holzman holte Eugenie und Alfred wieder nach Hause.

März 1863

10. Gott dem Höchsten sei Dank, daß er mein Gebet erhört, und uns unsere geliebten Kinder erhalten hat. Letzten Sontag vor 8 Tagen waren wir noch den ganzen Tag bei Dittmars ganz vergnügt, wir nahmen Herr Otto Fischer welcher einige Tage bei uns

zu Besuch war, Herman und Eugen mit hin. (Otto ritt von Austin
direkt nach Twin Sisters, und brachte Herrn Fischer mit herunter)
Clara und Lili waren unwohl und hatten Fieber, weßhalb ich sie
unter Lou's Obhut zu Hause ließ. Montag hatten Diana und Clara
die Masern, bis Dienstag Lili und Mittwoch auch Eugen. Alle hatten dabei Tag und Nacht das hitzigste Fieber und Durchfall, welcher sogar bei unsern 3 Kindern in Ruhr überging und woran Lili
noch immer leidet. Ich packte Lili 5 mal zu verschiedenen Zeiten
ein ohne sie zum Schwitzen bringen zu können, einmal ließ ich
sie 4 Stunden in einem fort liegen, und wechselte das nasse Tuch
4 mal, und versuchte es auch dazwischen mit der trockenen wollenen Decke, aber alles ohne Erfolg. Auch Clara und Eugen
brachte ich durch Einschlagungen nicht zum Schwitzen. Ich ging
dann dazu über, sie alle drei, bei Tag und Nacht, wenn das Fieber
sehr stark war, am ganzen Körper mit kaltem Waßer abzuwa-
schen, wodurch sie immer auf einige Stunden kühler und ruhiger
wurden. Gegen die Ruhr wandte ich Sitzbäder, Clistire und naße
4-6fache Lappen auf den Leib an, mit dickem Flanneltuch darüber. So hat denn das Fieber endlich nachgelaßen und nach 8 Tagen endlich ganz aufgehört, die Masern sind überstanden und
auch die Ruhr beßert sich bei fortgesetzten Clistiren, Umschlägen
und paßenden Suppen, Toest-bread etc. Clara habe ich schon 5
mal jeden Abend, ehe sie einschlief, ein großes Clistier gegeben,
eine große Mannssprütze voll, welche sie immer ganz bei sich behalten hat, und in deßen Folge ihr große Stücke Galle abgegangen
sind.

Gestern Morgen früh reiste Otto in Herrn Dittmars Gesellschaft in unserm Hack nach San Antonio, wo er von Herrn
Schleuning zu seiner Hochzeit eingeladen ist. Mutter schreibt mir,
daß Herman Runge und Frau in 4 Wochen nach Deutschland
reisen, Mutter meint, die Frau wäre zu beneiden!

März 1863

März 10. Vorgestern, Sonntag Nachmittag, fuhren Otto und ich spatzieren bis Colonel Jounge Pasture, wobei wir wie gewöhnlich Luftschlößer und Pläne für die Zukunft bauten, ob sie sich wohl jemals realisiren werden?

Heute Morgen kam die dicke watschelige Fanny und erzählte, das Mrs. Erskine's Negerjunge „Ben" in Folge der tiefen Halswunde, welche er im Streit von Morrisins Boy erhalten, gestorben sei. Auf die arme Mrs. Erskine stürmt das Unglück in jeder Art und Weise ein, erst ein Kind ertrunken, dann der Mann im Krieg erschoßen, nachdem er von seinem Hieb im Kopf von dem Mörder Jackson kaum genesen, für sein Vaterland in den Krieg gezogen war.

Eduard ist wieder nach Austin gezogen, um mit Julius wieder sein früheres Geschäft fortzusetzen. Gustav und Walter sind mit ihrer Compagnie nach Brownsville versetzt. Viele Leute hoffen auf den baldigen Frieden, ja sind deßen ziemlich sicher.

April 1863

Ostern Sontag, den 5ten April 1863. Ein langer, langweiliger Ostersontag! Anstatt denselben vergnügt mit Otto und den Kindern in Braunfels bei John & Hermine zuzubringen, wie ich es brieflich mit ihr verabredet, war ich den ganzen Tag mutterseelenallein mit den Kindern zu Hause, wie ich denn schon hunderte von Sonntagen zugebracht habe. Gott sei Lob und Dank, daß unsere geliebten Kinder alle wieder von den Masern und der Ruhr genesen sind, nur meine süße Lili leidet noch immer an Durchfall, hoffentlich ist Otto auch gesund, und kein Unfall, sondern nur Geschäfte die Ursache seines unbegreiflichen Zögerns. Letzten Mittwoch waren es schon 8 Tage, daß Otto nach Webberville reiste, um Cotton zu kaufen. Am Freitag Morgen erhielt ich 2 Briefe von ihm, einen von La Grange, wo er Frau Rhode besuchte, deren Mann gestorben ist, und einen von Roundtop, worin er noch versichert, mich wenn möglich noch vor Ostern nach Brfs. zu bringen. Bis Gestern Abend war ich mit den Kindern schon reisefertig, und half noch im Mondschein den Kindern und der Lou den großen Wagen aus dem Shop in die Kuhpenne ziehen. Otto wünschte selbst mehr wie ich Ostern in Braunfels zu feiern, und nun ist es schon Abend, und er ist immer noch nicht da! – Bei Jefferson wartet schon seit Freitag Morgen ein Amerikaner sehnlichst auf Otto's Ankunft.

Eben klopft es – ich rufe herein, in der Meinung es wäre ein Spaß von Clara – und herein kommt Otto, gesund und frisch! – Nur Geschäfte haben ihn abgehalten, früher zu kommen – Und heute ist unser Verlobungstag, vor 13 Jahren!

Von Laura Hoesterey einen Brief welcher 4 Monate unterwegs war, über Monterey, sie ist verlobt mit Heinrich von Ragou (später verbessert: Rague)

Den 2ten Ostern fuhr ich mit Otto über Schumansville nach Braunfels, waren Abends vergnügt im Theater und nachher noch auf dem Ball, wo Hermine und ich Julius begrüßten, ohne von Tante Hanchen und Anna Notiz zu nehmen. Dienstag nach Tisch fuhren wir wieder nach Hause, Hermine begleitete uns und nahm ihre beiden Jüngsten mit, Walter, einen dicken, prächtigen, lieben Kerl, und Clärchen, ein ziemlich schlecht gelauntes verzogenes Kind.

Den 26. April. Letzten Mittwoch reiste Hermine wieder nach Hause, nachdem sie 14 Tage vergnügt bei uns zugebracht hatte. Wir fuhren fast jeden Nachmittag im Buggy mit Martha davor gespannt. Einen Nachmittag waren wir bei Dittmars, einen bei Frau Tiemann, und einen ganzen Tag gingen wir mit Agnes Dittmar zu

Mrs. Miller, wo wir in der Guadalupe fischten, aber außer Agnes, welche einen kleinen Traud fing, nichts fingen. Otto war mit Hermann, Mr. Ben Georg und Georg Wilcox in den mountains, um 12 wilde mulen herunter zu treiben, welche er zu 1000 $ Conf. Notes an den alten Wilcox verkauft hatte

Donnerstag Nachmittag, nachdem ich über 900 $ halb Gold, halb Papier an 6 Fuhrleute ausbezahlt, nachdem ich ihre Frachtbriefe nachgerechnet hatte, fuhr ich Clara bis an die Ferry, sie ging dann allein bis zu Dittmars, wo Emy Torry ihrer wartete. Auf dem Hinwege setzte ich Diana bei einem Baume ab, der voll Weinranken hing, mit unreifen Trauben. Auf dem Rückwege nahm ich sie wieder mit, und Lou backte den andern Tag eine köstliche Traubentorte davon.

Sonntag den 26. April. Wir wollten eigentlich Heute zu Dittmars fahren, und Clara und Emy wieder mit uns nehmen, aber in letzter Nacht und noch den ganzen Morgen regnete es so stark, daß wir uneigentlich zu Haus bleiben mußten. Heute Mittag hatten wir ein gebratenes Hühnchen und eine tüchtige Portion Döpperbsen, von dem Neger Oncle Willis kaufte ich 4 Eimer voll Döpperbsen, zu 1 $ 25 ^{c} den Eimer, und von Oncle Billy Ireland einen Eimer voll, so daß wir uns schon oft satt Erbsen eßen konnten, ein sehr seltenes Tractament.

Juni 1863

Den 7. Juni. Sontag Morgen. Clara, Herman, Eugen & Elfride sind in der Sonntagsschule. – Die arme Ottilchen liegt auf dem Sopha und schläft, das arme Kind hat die Augenkrankheit. Heute vor 14 Tagen, Pfingsten waren es 3 Wochen, daß ich mit Eugen, Lili und Diana bei Hermine war. Ich war recht vergnügt da, nur

Lili machte mir die letzte Woche durch ihr Kranksein viele Sorge. Sie hatte immerfort Diarrhöe, Fieber und Mundfäule, und wurde furchtbar mager. Pfingsten kam Otto, um mich wieder zu holen, er brachte Clara und Herman mit, welche ich noch 8 Tage bei Hermine ließ. John reiste den Freitag vor Pfingsten nach Houston. Pfingsten gegen Abend machten Mutter, Tante, Hermine, Frau Runge und ich einen schönen Spaziergang an die Comal-Quellen mit Otto. Den andern Morgen fuhren wir früh wieder nach Seguin, Mutter fuhr mit uns, um bei Julius einige Waaren einzukaufen. Mittwoch fuhr sie mit Suchard wieder nach Brfls. Donnerstag zog Tante Hanchen, welche sich wieder mit mir ausgesöhnt, in Schumacher Voges Haus, um eine Schule für kleine Kinder zu errichten. Heute vor 8 Tagen fuhr Otto wieder nach Braunfels, um die Kinder wieder zu holen, er kam Nachts um 11 Uhr bei schönem Mondschein zurück, und brachte Frau Appmann nebst ihrem kleinen Georg mit. Ich fuhr fast jeden Nachmittag mit Frau Appman aus, und glaube ich, daß es ihr recht gut bei uns gefallen hat. Lou hielt während meiner Abwesenheit alles in der besten Ordnung, ich brachte ihr gelbseidenes Hutband und ein hübsches Kopftuch mit

Frau Appmann blieb 8 Tage bei uns, wo sie dann Otto durch Mr. Fritz wieder nach Braunfels fahren ließ. Elfride war drei Wochen bei uns, Helene kam mit Cäcilie Navarro, um die Kartoffeln für Hermine zu holen, (Mr. Fritz holte außer Baumwolle auch deutsche Kartoffeln von Herrn Knippscheer bei Columbus 2 ½ $ per Bushel 4 B für uns und 6 für Hermine) und nahmen sie auch Clara und Elfride mit. Clara soll einige Zeit bei der Mutter in Braunfels sein, sie bekommt Unterricht auf dem Klavier von Frau Stuve, von Herr Stuve in verschiedenen Gegenständen und von Frau Lafrenz in Handarbeiten.

July 1863

Den 15. July 1863. Otto's Geburtstag. Er wurde heute 45 Jahre alt. Ich überraschte ihn mit verschiedenen Geschenken, eine Stickerei auf sein mexikanisches Kißen, eine blaue Hose, schwarze Atlasweste, eine Flasche Lemon Sirup, welche ich von Hermine gegen Strickbaumwolle geschwappt hatte, 250 selbst gemachte Envellopps und eine Pfirsichtorte.

Heute war Ziehung für die Miliz, Otto bekam auf 2 Monate Urlaub von Dr. Tate, dem Regimentsarzt, er hatte gehofft, wegen seines Rheumatismus ganz frei zu kommen. Heute Morgen kamen schlimme Nachrichten, nämlich, daß Vicksburg in Feindeshand sei.

Seit einigen Tagen hatten wir ganz sonderbares Wetter, die Luft war während 3 Tagen mit einem so dicken Rauch oder Nebel gefüllt, daß die Sonne wie eine feuerrote Kugel aussah, dabei war es ganz windstill und schwül, so daß manche Leute für ein Erdbeben fürchteten. Seit Gestern hat es sich aber wieder aufgeklärt, und haben wir wieder täglich, 29, 30, und um die Mittagszeit sogar oft 31 Grad Hitze.

Der kürzlich gefallene starke Regen, hat die Praerie wieder mit schönem Gras überzogen, wir haben plenty Waßermelonen, fast täglich kommen 2 - 3 Ochsenwagen voll in die Stadt, unsere Pfirsichbäumchen hängen zum Brechen voll, und die Farmer werden noch ziemlich viel Korn machen.

Den 1. July bekam Frau Nolte einen kleinen Sohn und den 5ten Frau Buss eine Tochter, welche aber nach einigen Tagen schon wieder gestorben ist.

Den 16. July. Die vorige Woche hatten wir großen Ku???l und Trouble, ich ließ durch Mr. Fritze die Stube und das kleine Zimmerchen mit grauer Farbe anstreichen, Lou mußte alles abseifen, und ich selbst firnißte die meuble und strich die Fußleiste gelb an mit einem grünen Rändchen darüber. Vor das Fenster machte ich einen gelben und einen weißen Vorhang, so daß unsere Stube jetzt wieder recht hübsch und angenehm ist. Auch das kleine Zimmerchen ist jetzt für meine in 2-3 Monaten zu erwartende Niederkunft ein recht nettes gemüthliches Zimmerchen.

Walter und Gustav liegen jetzt mit ihrer Compagnie bei Goliad. Welcher Unterschied zwischen den beiden Brüdern, Walther von Allen, die ihn kennen, geliebt, mit einer Mission an General Magruder nach Houston gesandt, Gustav verachtet und krank im Lazareth.

20 July. Gestern Sontag Nachmittag war Frau Tieman mit ihrem Theodor den ganzen Nachmittag bei mir, Gegen 4 Uhr fuhr Otto im Buggy nach Braunfels, er wird es dort bei dem Anstreicher laßen und mit Herman seine Tour nach Twin-Sisters zu Pferde fortsetzen. Otto hat vor, sich bei Fischers einige Tage zu verweilen. Mutter will auf 6 Wochen nach Austin, Frau Braun wird so lange Nachts bei Clara und Helene schlafen. Agnes Dittmar ist schon seit einigen Wochen bei Helene zum Besuch. Samstag fuhr ich mit Herman und Eugen zu Paris Smith und holten 1 Buhsel Pfirsich, Otto nahm für Clara eine kleine Box voll mit nach Braunfels.

September 1863

6. Anfangs August, Reise nach Austin mit Mutter, Hermine mit ihrem kleinen 9 Monate alten Walter und Eugen. Nachts 10 Uhr bei Mutter angekommen in Braunfels.- Mutter starkes Herzklopfen, welches erst Morgens gegen 3-4 Uhr nachließ. - Agnes Dittmar mit Otto gegen 12 Uhr zurück nach Seguin. - Versprach und blieb bis zu meiner Rückkehr bei Lilichen. - Donnerstag, den 30.

July Nachmittags von Braunfels abgereist, Philipp zum Kutscher.
Als wir mitten in der Crossing in der Guadelupe waren, konnten
wir wegen einem großen Baumstumpen, vor welchem die Mulen
standen, weder vor noch rückwärts, bis endlich ein kleiner Junge
eine der Mulen am Zügel nahm, mehr herunter und aus dem River leitete. - Als wir einige Meilen weiter gefahren waren, wollte
der graue Mule, „Schenk" nicht mehr traben, sondern schlug aus
und oft über den Strang, sobald er gewippt wurde. - Philipp ein
schlechter Fuhrmann. - Im Schritt gefahren bis 10 Uhr - Prachtvoller Mondschein. - 2 Meilen vom San Marcos gekämpft. - Hüh-
nerbraten gut schmecken laßen. - Eine Stunde hingelegt, Walter
in einem fort geschrien. - Weiter gefahren bis 3 Uhr Morgens. 2
Stunden geschlafen, Mutter und Hermine im Wagen, ich mit Eugen neben dem Wagen in der Praerie. - Um 6 Uhr machte Hermine Feuer, kochte Caffee und briet Schinken, ich holte in der Nähe
recht süße Mustangtrauben. 6 ½ 7 Uhr ging es weiter, der Mule
schlug zwar noch oft hinten aus, im ganzen ging es aber beßer; -
Oft sehr steiniger Weg, durch tiefe Creeks immer Berg auf, Berg
ab. - Am San Marcos schöne, große Farmen, - der San Marcos,
ein prachtvoller, klarer Fluß, recht kaltes Waßer - schöner, 3 mei-
lenlanger Bottom. - Mittags um 2 Uhr kamen wir bei Eduard an -
Olga versteckte sich - Alic ein netter kleiner Junge - Schöne lufti-
ge Wohnung - Austin groß und weit ausgelegte Stadt auf und an
einem großen Hügel - Viele schöne Privathäuser und Stores, von
Letzteren viele geschloßen - Sehr sandige Straßen zum Theil voll
Unkraut, Capitol, Land office, prachtvolle Gebäude - im Capitol
tausende von Fledermäusen - Cisternenwaßer - Hermine und ich
viel Durst gelitten. - Olga gutmüthig, aber keine zuvorkommen-
de, freundliche Wirthin - Eduard ein guter Hausvater, sehr ernst,
that alles, um uns den Aufenthalt bei ihm angenehm zu machen.
Einen Nachmittag zum Caffee bei Doome [Dorme?], nette Fami-

lie - Einen Tag bei Tillmanns - Schön eingerichtet, dumme Gans - Eduard ein klein schmierig Negermädchen gemiethet, zu 25 $ per Monat. - Während ich in Austin war, reiste Otto mit Herman nach San Antonio, wo Mr Jean eben von Mexiko angekommen war. Dieser fuhr mit Otto nach Seguin und nach 2 Tagen fuhren sie zusammen nach Columbus, La Grange, Round Top etc. John holte uns von Austin wieder ab, wir mußten wieder eine Nacht in der Praerie campen, und nahmen von einer unbewohnten Farm einige Fenzriegel und Bretter mit - als Hermine im Stichdunkeln ein Feuer anzündete, fing die Praerie an zu brennen, John schlug das Feuer mit einem Brett aus. - Ich blieb von Montag bis Freitag bei Clara und Helene, Franz Moureau war so gütig, mich durch Köhler nach Seguin fahren zu laßen. - Die arme Clara hatte ein recht schlimmes Auge, war auch sonst nicht recht wohl und oft verdrießlich.

Übergabe von Vicksburg durch Verrath!

Confederate money steht jetzt zu Silbergeld wie 10 zu 1. -

Ich fuhr mit den Kindern auf die andere Seite des Jeronimo, wo wir dicke wilde Pflaumen fanden, ich machte 25 Pfd. mit Zucker ein.

Otto schwappte von Stein 10 Gallonen Molasses gegen einige Waaren aus dem Store.

9. Gegen Abend kam Mutter mit Suchardt um einige Tage bei Julius zu bleiben, und den 11ten deßen Geburtstag mit zu feiern.

Julius Liebling „Hector" ist todt in Parson Tompsons Feld gefunden worden, sehr wahrscheinlich von diesem erschoßen.

Parson Buttlers Sohn, Mrs. Mayes Sohn und Fritz Gläser sind in der Schlacht bei Gettisburg gefallen.

Walter schreibt von Victoria, daß er vom exerzieren frei sei, weil er keine Schuhe habe.

Franz Moureau ist nach Mexiko abgereist.

1 Regiment in Galveston hat wegen zu schlechter Kost, wurmiges Maismehl und Molasses das exerzieren verweigert.

den 15ten Sontag Nachmittag. Ich bin mit Eugen und Lili ganz allein, Diana und Lou sind ausgegangen u. Otto mit Herman nach Wilcox gefahren. Gestern überraschte uns Gustav, er ist noch sehr mager, muß die 2 Monate, die er krank in Corpus Christi im Hospital gelegen hat, furchtbar ausgestanden haben. Er wiegt jetzt 126 Pfd. und hat 100 gewogen. Gestern Nachmittag kam auch Ebner endlich von Matamoras zurück und brachte uns Zucker, Reis, Bohnen, Starke, Äpfel, Schreibpapier, Schuhe & Flannel.

Mutter und Gustav aßen Gestern Mittag mit uns, Julius war auch zum Caffee bei uns, wo wir Nürnberger Lebkuchen und Pfirsichtorte hatten. Mutter ließ sich von Gustav Heute Morgen in Julius Buggy wieder nach Haus fahren, sie sah sehr angegriffen aus.

Hermine und John wollen schon in wenigen Wochen mit allen Kindern nach Mexiko. John muß hin, um seine Cotton zu verkaufen, und Hermine ist zu bange vor den Yankees, um allein mit den Kindern zurück zu bleiben. Ich bedaure die arme Hermine um die schreckliche Reise, mit 6 Kindern! - Auch wird sie mir, wenn ich künftig nach Braunfels komme, sehr fehlen, sie ist mir die liebste Schwester und Freundinn.

Eugen hat viel Ausschlag im Gesicht, er schlägt für mich und Papa alle Tage die reifen Pfirsich ab. Lili ist jetzt recht gesund, und wächst tüchtig, wol 6 mal im Tag läuft sie zu Frau Lesser.

Herman reitet täglich sein eigenes kleines Pferdchen „Frank", welches ihn auch schon abgeworfen hat.

den 15. Sept. Heute Morgen erhielt ich einen recht muntern Brief von Walter aus Camp Wilke, bei Victoria. Er schreibt, daß sie ganz ohne Zelte unter freiem Himmel campen müßen.

Als ich mich vorgestern wog, fand ich zu meinem Erstaunen, daß ich es auf 125 Pfd. gebracht habe.

Sontag, den 20. Sept. Gustav fuhr Freitag mit Suchardt wieder nach Braunfels. Endlich hatten wir einen schönen Regen, aber auch gleich darauf einen hübschen kleinen Norder, wobei Lou 40 Talglichter machte. Diana macht sich, obgleich sie das Lügen noch immer nicht ganz laßen kann.

Otto reiste Gestern mit einem Mr. Cotton nach San Antonio, er will versuchen eine Anstellung bei dem Goverment zu bekommen, damit er nicht mit der Miliz ins Camp muß. Tiemann, Nolte, Fritz und Bartholomae, die armen Schlucker müßen alle nach San Antonio ins Camp, die armen Frauen!

Frau Tieman war Gestern hier, ich schwappte 6 Pfd. Stärke mit ihr gegen Butter und Eier. Die Mrs. Dunn ließ mir sagen, sie nähme für 1 Pfd. Butter 15^c Silber oder 2 $ Papiergeld. Letzteres steht jetzt zu Silber, wie 10-1.

Diana, Herman u. Eugen haben die mumbs, Geschwulst hinter den Ohren und unter dem Kinn, von Eugenie angesteckt, sind aber lange nicht so krank, wie Letztere.

28. September 1863. Montag. Mittags nach Tisch: Vor 13 Jahren unser Hochzeitstag. Gestern den ganzen Tag die letzte Nacht und bis jetzt noch fortwährend starker Regen. Vorgestern säete ich den ganzen Garten voll Rüben, deutsche Kartoffel, mustard, Charlotten, Sellerie, Petersilie und Salat, nachdem ihn Lou umgegraben hatte.

Nach dem Eßen tranken wir ein Glas Pesty zur Feier des Tages.

Von John und Hermine kam vor dem Eßen ein recht trauriger Abschiedsbrief, sie wollen dieser Tage mit Alwine Moureau nach Mexiko abreisen. Es ist mir recht traurig, daß die gute Hermine ganz von Braunfels fort geht, die Arme hat mit ihren 6 Kindern eine schreckliche Reise vor; Gott beschütze sie!

Hermine schreibt, daß ihr Clara hilft, so viel sie könne. Mutter hat die Rose und ein ganz verschwollenes Gesicht, auch recht traurig für mich, da wird sie zu meiner Entbindung, welche ich jetzt täglich erwarte, auch nicht herkommen können.

October 1863

October. 4. In der Nacht vom 30sten Sept. auf den 1. Oct. reisten John und Hermine nach Mexiko ab. Wann und wo und ob wir sie mal wiedersehen? Mutter ist Gott sei Dank auf der Beßerung und schon in Stahely's Haus eingezogen.

Otto spedirte Gestern Morgen Fuhrleute, welche seine letzten 20 Ballen Cotton von Columbus, Round Top etc. herauf holen, welche dann unter Mr. Jeans Namen nach Mexiko ausgeführt werden. Nach dem Eßen fuhr er nach Braunfels, um Mutter abzuholen. Er nahm für Mutter den großen Ofen mit, auch ein Säckchen Pecans für Clara von Herman, von ihm selbst gesammelt.

Die meisten Leute erwarten täglich eine Invasion der Yankee's in Texas, wie wird es uns noch ergehen, wenn sie hierher kommen? Vor 14 Tagen packte ich eine Kiste mit unseren werthvollsten Sachen, Gold und Silbersachen etc. welche auf alle Fälle über San Antonio nach Eagle Pass geschickt wird.

Sobald meine Entbindung vorüber ist, wird Otto ins Gebirge gehen, um wo möglich unsern Platz an einen „Schnell" zu verkaufen.

Sontag. 11. Seit 8 Tagen ist Mutter bei uns, und erwartete ich täglich seit der Zeit vergebens meine Niederkunft. Für mich selbst ist es mir nicht so unangenehm, wie für Mutter, welche wieder gerne bald nach Braunfels will. Sie war erst 3 Tage vorher in Stahely's Haus gezogen, wo nun Gustav, Helene und Clara allein zusammen hausen. Mutter hat sich in den 8 Tagen schon recht erholt, sieht aber noch immer recht angegriffen aus. Otto holte Vorgestern mit Eugen 2 Galonen wunderschönen Honig am Yorks Creek, die Gal. zu $ 2^{75} Silber, ich füllte ihn in große PineApple-Flaschen. Die Zeitungen bringen im Ganzen beunruhigende Nachrichten, es ist ziemlich sicher, daß die Yankee's versuchen werden, Texas zu nehmen, und fürchte ich sehr, daß es ihrer Übermacht gelingen wird. Wie wird es uns dann noch ergehen? Werden wir noch mit allen Kindern von Haus und Hof flüchten müßen?

15. Brief von Hermine an Mutter, sie sind glücklich in Piedras Negras auf der andern Seite des Rio Grande angekommen. Glücklicherweise hatten sie recht schönes Wetter und sind, kleine Erkältungen abgerechnet, alle gesund. Hermine schreibt auch, daß Wilhelm Reuter so sehr schlecht ausgesehen habe; Helene schreibt sogar, er wäre todt! - Die arme Minchen, wie trostlos und verlassen muß sie sich in der Einöde fühlen! -

October 17. 1863. Gestern Abend erhielt Mutter einen sehr traurigen Brief von dem armen Eduard, daß am 13. dieses sein Liebling, der kleine liebe Alex in Folge von Erkältung an Hals und Lungenentzündung gestorben sei. Olga sei mit ihrem kleinen Töchterchen zu Dohme's gegangen und er mit dem jungen Dohme allein! Armer Eduard und Olga, erst 4 Jahre verheirathet, schon 2 Kinder verloren und sonst so viel durchgemacht, besonders mit Krankheiten!

November 1863

23. Montag. Mutters Geburtstag. Otto ritt Heute Morgen früh mit Wilhelm Jonas über die Santa Clara, wo er Ochsen für Silber an Fuhrleute zu verkaufen hofft, nach Braunfels, um Wilhelm, welcher Soldat werden soll, durch seinen Einfluß frei zu machen. Otto nahm einen Brief von mir an Mutter (eine Gratulation enthaltend) mit.

24) Heute Morgen kamen Fuhrleute, welche Otto für das Goverment engagirt hatte, und brachten den Frachtbrief zurück, indem sie erzählten, der ganze Rio Grande sei von den Yankees besetzt, 1500 Deserteure hätten Eagle Pass genommen. Die Yankees würden in Zeit von 16 Tagen in San Antonio erwartet! Gott weiß, wie es uns nun noch ergehen wird, kommen die Yankee's her, so laufen unsere Negerinnen gewiß beide fort!

Walter hatte die Bräune und war gefährlich krank, kürzlich ist er in die Nähe von Houston mit seiner Compagnie versetzt worden, der Arme musste 4 Tage und Nächte in nassen Kleidern zubringen! – Die Yankees haben Brownsville und Corpus Christi genommen!

Den 20. October Abends ½ 11 Uhr wurde unser kleiner Richard Lee geboren. Ich hatte, nachdem der Kleine geboren war, einen starken Blutfluß, und wurde 3 mal in Folge dessen ohnmächtig. Dr. Johnston be- und misshandelte mich dermaßen, daß ich nach einigen Stunden außer Gefahr war, aber jetzt nach 5 Wochen noch immer nicht recht bei Kräften bin.

Der Kleine wurde 10-12 Tage zu spät geboren, er ist das größte von allen unsern Kindern und wog 11 Pfd. In den ersten 4 Wochen nahm er schon 2 Pfd. zu. Mutter blieb nur noch 8 Tage nach Richards Geburt bei mir, ich war noch so schwach, daß ich kaum den Kleinen baden und anziehen konnte. Aber Mutter hatte keine Ruhe mehr bei uns, auch litt sie wieder sehr durch Hitze am Kopf und hatte wehe Augen bekommen, wofür ihr meine blaue Brille sehr gute Dienste that. Otto holte Clara von Braunfels, den Tag bevor er Mutter nach Hause fuhr, und Clara blieb 3 Wochen bei uns, da Otto, welcher erst mit Herrn Nolte ins Gebirge reiste, und dann nach San Antonio, (um Mr. Jean noch vor seiner Abreise nach Mexiko zu sehen) nicht früher Zeit hatte, sie wieder zurück zu bringen.

Richard Lee Wuppermann

Clara war oft verdrießlich und zankte sich viel mit Herman. Sie sieht zwar nachher immer ihre Unarten ein, bereut sie und verspricht Beßerung, aber leider fällt sie immer wieder in dieselben Fehler!

Kaum so weit wieder hergestellt, mußte ich zwei Kleider für Clara nähen, wobei mir Frau Nolte und Agnes Dittmar halfen, Helene hatte versprochen sie zu nähen, schickte sie aber durch Mutter ungenäht zurück.

Montag den 23. war sehr schönes warmes Wetter, ich fuhr mit den Kindern und Diana in die Nähe von Wenigers [?] Farm, Herman und Diana kletterten auf die Bäume, und schlugen Pecanüße ab, und Eugen und Lili halfen aufsuchen.

November 1863

Otto fuhr mich letzte Woche fast täglich spatzieren, in Folge deßen ich mich sehr erholte. Den 13. Nov. Ottilien's Geburtstag fuhren wir mit allen 5 Kindern und den beiden Negerinnen nach
Joungs Pasture, wo die Kinder Pecans suchten.

December 1863

11. Ich sitze am Krankenbett meines kleinen lieben Richard, der
arme kleine Engel hat eine Entzündung in Hals und Brust, Gestern Morgen schien er auf der Beßerung zu sein, und ich hatte die
beste Hoffnung, aber vorige Nacht wurde es so schlimm, daß er
kaum atmen konnte. Es ist jetzt bald 12 Uhr, seit Heute Morgen
um 3 Uhr mache ich ihm kühle Umschläge um Hals und Brust,
ohne daß er Erleichterung hat.Seit 8 Uhr ist er schon eingepackt,
und kommt nicht zum Schwitzen. Lieber Gott hilf du und erhalte
uns das liebe Kind!
Lili ist jetzt recht gesund und macht uns viel Spaß durch ihre
drolligen Einfälle, zu Eugen sagt sie, wenn er nicht will, wie er
soll: dumme Mädchen! Diana schimpft sie nigger, fool. Eugen
leidet wieder fortwährend an Durchfall und ist viel verdrießlich.
Herman war an seinem Geburtstag bei Georg Wilcox, er kam erst
den andern Tag zurück und erhielt seine Geschenke, 1 flower-
brod, 1 Quart Pecans und eingemachte grüne Traubenpai. Clara
lernt recht fleißig in Braunfels, sie ist dort die beste Schülerin.
   Von Hermine erhielt ich den 7. Dec. einen Brief vom 20sten
Nov. von Monterey, ihr kleiner Walter war 5 Wochen krank, sie
hatte ihn schon aufgegeben, war aber jetzt auf der Beßerung.
   Heute morgen schrieb ich an Walter, der arme Junge soll wieder krank sein, er ist jetzt in Camp Lubbock near Huston.

December 1863

Morgen werden es schon 8 Tage, daß Otto in die mountains ist, um Fohlen zu brennen, auch wollte er mit Wilhelm zu einem Regimentsarzt, um ihn frei zu bekommen, und nebenbei auch um die Schaafe zu sehen, worauf er für Clara und Herman vor 5 Jahren zwei Actien genommen hat, jede zu 100$. Wenn doch der vertracte Schnell unsern Platz oben nähme!

1864

Januar 1864

1. Neujahr! Welcher Unterschied zwischen einem Neujahrstag in Deutschland und hier in Seguin. Während jedermann sich dort freut, Einer dem Andern Glück wünscht und Jeder mit frohen Hoffnungen dem kommenden Jahre entgegen sieht, denkt hier kaum jemand daran, das es der erste Tag eines neuen Jahres ist, welches so viel Gutes und Angenehmes aber auch viel Sorgen, Kummer und Entbehrungen bringen kann!

14 Tage vor Weihnachten kam Gustav zu uns, er blieb 8 Tage und reiste dann mit der Stage nach Houston zu seiner Comp^nie in der Hoffnung in einigen Wochen wieder retour zu kommen, und in San Antonio als Sattler angestellt zu werden. Von Walter noch immer keine Nachricht! – Von Hermine und John einen Brief von Monterey, die arme Hermine hat viel durchgemacht, ihr kleiner Walter war seit 5 Wochen sehr krank und Heute schreibt mir Mutter, welche wieder einen Brief von Hermine bekommen hat, daß er nun schon 8 Wochen krank sei und sie alle Hoffnung auf seine Rettung aufgegeben hätten!

240

Die Weihnachtstage waren wir recht vergnügt zusammen, nur der kleine Richard war noch nicht recht wohl, in der Zeit als Otto in den mountains war, war er so krank, (entweder war es Lungenentzündung oder Bräune) daß ich schon um sein Leben besorgt war, mit Gottes Hülfe, naßen Umschlägen und schwitzen wurde er wieder wohl. Aus Mangel an einem Cederbäumchen ließ ich durch Otto und Diana einen meiner beiden Oleander hereinsetzen und putzte ihn so gut wie möglich auf. Unsere gute Clara hatte für alle außer Herman ein Geschenk, für Otto einen grün-seidenen gehäckelten Tabacksbeutel, für mich ein niedliches Körbchen von Pferdehaar, für Eugen eine Fahne und für Lili putzte sie die alte Gutta Percha-Puppe wieder auf, welche ich vorigen Sommer in der Neger Kiste im Store fand. Otto schenkte mir eine Anweisung auf sich selbst von 30 $ zu ziehen nach Beendigung des Krieges!

8 Tage vor Weihnachten machte ich mit dem kleinen Schmidtchen auf Willow-Spring einen guten Swap, ich gab ihm nämlich die alte Uhr, welche ich vor 10 Jahren von Frau Runge gegen ein paar goldene Ohrglocken swappte, ein paar Kamineisen und dito Draht (fender) gegen ein paar fette kleine Schweine, welche wir Beide jedes zu circa 100 Pfd. schätzten, welche er noch dazu schlachten und nebst den Därmen rein machen und herein bringen mußte. Nachher stellte es sich heraus, daß das eine 140 und das andere 145 Pfd. wogen. Otto zerschnitt die Schweine und malte mit Gustav das Fleisch zu der Servelat-Wurst, Onkel Henry, Dianas father, kam Abends nach dem Eßen und stopfte die Würste. Die Leberwurst ist delicat, Mutter und Clara schickte ich zwei davon. Wir schenkten Mutter zu ihrem Geburtstag den großen Kochofen, welches ihr große Freude machte.

Sontag nach Weihnachten hatten Lou und Diana Ball in der Küche, sie amusirten sich sehr gut, und die Neger betrugen sich alle sehr gut. Scipio Neighbors, Turner Jeger und John Calvert spielten abwechselnd das Bango, und Onkel Salomom Jefferson ließ den Turner den „Jek" vor mir tanzen einen Tanz, wobei der Kerl auf einem Fleck stehen blieb, und nur die Füße mit rasender Schnelligkeit bewegte. Es amüsirte mich wol 2 Stunden dem Tanz zuzusehen und die witzigen Einfälle der Neger zu zu hören. Vor dem Ball aßen sie cakes und pullten candy.

Dienstag den 29. December fuhr Otto zu dem alten Mr. Georg um Cotton gegen ein Pferd zu schwappen, welcher Handel jedoch nicht zu Stande kam. Er nahm Herman mit, welcher gern auf ein paar Tage zu Buss gehen, und Louis Klein besuchen wollte.

Mittwoch, den 30 December fuhr ich morgens ganz früh, es war noch dunkel während ein feiner warmer Regen fiel, mit Otto und Eugen zu dem kleinen Schmidtchen und dann mit Eugen wieder nach Hause. Otto reiste mit Schmitt nach Austin, von Mr. Maney unserm Representanten mit 3 Empfehlungsbriefen an die höchst gestellten Männer versehen. Er will sich nämlich erbieten für das Goverment nach Deutschland oder vielmehr Europa zu reisen, und dort Waffen für Cotton zu kaufen! Gott gebe seinen Segen, das der Ausgang zu unserm Besten sei!

Vor 3 Tagen nahm eine Mrs. Colonel Johnson, welche mit Miss Mattie Jefferson hier war, meinen Clavierstuhl mit, welchen ich ihr zu 15 $ Specie[12] anbot, und wollte das Geld noch denselben Tag schicken. Nachdem ich ½ Tag vergebens darauf gewartet, schickte ich Diana hin, und ließ den Stuhl wieder holen. Sie schickte 150 Confederat Notes, welche ich ihr aber mit einem höflichen Billet zurücksandte. Auch für meine gestickten Stuhl-Überzüge wollte sie 150 $ C. St. N. geben.

---

12 specie: Münzgeld

Wenn man nur wüßte, wie der Ausgang des Krieges sein würde, so könnte man jetzt Händel machen, wodurch man vielleicht später steinreich würde, oder auch bettelarm!

Mrs. Erskine sandte einen großen turky als Christmas gift. Mittwoch Morgen den 29. Dec. Als Otto abreiste, war es recht warm, besonders Nachmittags schien die Sonne sehr warm, so daß wir kein Feuer brauchten. Abends kam aber ein furchtbarer Norder, so daß unser schöner Salat, von dem wir Weihnachten noch gegeßen, total erfroren ist. Den ersten um 11 Uhr hatten wir 1 Grad unter Null, und den andern Morgen war sogar in dem kleinen Waßereimer in der Stube Eis. Ich hoffe nur, daß Otto in der Nacht unter Dach war. Die armen Soldaten, es war kalt genug, daß ein Mensch erfrieren konnte.

20. Otto kam von Austin wohlbehalten zurück, trotz der furchtbaren Kälte. Governor Murrah hatte ihn freundlich empfangen, und sich mit ihm unterhalten, war aber vor der Hand nicht auf Otto's Vorschlag eingegangen, wie wohl er ihn auch nicht ganz abgewiesen, sondern zu Otto gesagt, er möge ferner über die Sache nachdenken und ihm darüber schreiben. Otto hatte sich dem Gouverneur angeboten, nach Europa zu gehen um Maschienen und Waffen etc. für den Staat einzukaufen!
Heute Morgen schrieb Eduard, daß seines Schwiegervaters Gebäude auf deßen Farm von ruchlosen Menschen niedergebrannt seien.

Nolte's sind Heute Hals über Kopf auf ihre Farm gezogen, ich hätte es an ihrer Stelle bei dem kalten Wetter nicht gewagt, da ihre Kinder erst vorige Woche die Masern hatten, als ich nach dem Eßen hinging, um sie erst noch einmal zu sehen, fand ich blos Frau Heyer, welche das Haus und Küche fegte.

Herr Bötcher war 2 mal Abends hier, als er nach San Antonio ging und auch bei seiner Rückreise, er blieb jedesmal bis 10 Uhr und ritt dann noch zu seinen Wagen nach Youngs Pasture. Ich ließ ihm souper machen und dann spielten wir eine Parthie 66. Er erzählte von den enormen Preisen in S. A., für einen Nußknacker hatte er 6 $ C.S.N. bezahlt.

Vorgestern verschwappte ich meinen Sattel und bridle gegen 5 $ Specie 4 Puterhähne und 8 Hühner. Otto war nicht zufrieden mit dem Handel, er meinte, ich hätte mehr dafür bekommen können.

Von unserm armen Walther noch immer keine Nachricht.

Den 22sten hatte ich die große Freude den lieben Walter nach 2 ½ Jahren wieder zu sehen. Er erhielt von dem Doctor an dem Hospital zu Columbus einen Urlaub von nur 2 Wochen, der arme Schelm war noch so mager und schwach, daß er kaum die Treppe hinauf gehen konnte. Er sagte, die Reise von Columbus bis Braunfels und zurück koste ihm so viel, wie er in 1 ½ Jahr als Soldat verdient habe.

Das Papiergeld steht in Brfls jetzt 15 und in S. A. 20 zu 1, hier hält es sich noch 10 zu 1.

Den 24sten Sonntag holte Otto Helene und Clara ab, damit sie zu meinem Geburtstage bei uns sein möchten, sie kamen Abends sehr spät, erst gegen 9 Uhr bei schönem Mondschein an.

Meinen Geburtstag, den 34sten habe ich recht vergnügt gefeiert, Helene schenkte mir ein sehr schönes von ihr gesticktes Schnupftuch, Clara zwei gestickte leinene Streifen an Hemdärmel, der Streifen um den Hals war noch nicht fertig geworden. Die liebe Mutter hat eine filét-Decke für mich in Arbeit, noch nicht fertig geworden, und Agnes Dittmar sandte eine von ihr gestrickte wollene Mütze nebst einem freundlichen Briefchen.

Den Mittag hatten wir zur Feier des Tages einen fetten Puter, es war so schönes warmes Wetter, daß wir auf der offenen Gallerie zu Mittag aßen. Nach Tisch zog ich Otto zum Vergnügen mein blau seidenes Kleid an, und ging mit Helene ein wenig zu Heinz.

Den 27. fuhr Otto Helene und Clara wieder nach Hause. Clara wäre lieber hier geblieben.

Von Hermine einen lieben Brief, die Ärmste hat ihren kleinen Walter nach 9wöchentlichem Kranksein verloren.

Februar 1864

6. Gestern war Herr Dreihs hier und sagte mir, daß Walter schon wieder nach seiner Compagnie, über Austin abgereist sei, er hatte versprochen, noch einige Tage zu uns zu kommen, da er aber dem Doctor sein Wort gegeben, nicht länger wie 2 Wochen auszubleiben und Suchardt zufällig die mail ritt anstatt zu fahren, war er zu gewißenhaft, länger zu bleiben.

Von Gustav einen Brief erhalten von Houston aus, er war krank gewesen, aber wieder auf der Besserung.

Die Yankees sollen jetzt 9000 Mann in Indianola haben, San Antonio, Austin, Gonzales und Houston werden befestigt!

Otto reiste Vorgestern, Freitag Morgen nach San Antonio um mit seinem Captain Schleicher zu sprechen, und wenn möglich von demselben den Auftrag zu bekommen, in Mexiko Waaren für das Goverment zu kaufen. Von unserm Governor hat Otto bis jetzt vergeblich auf eine Antwort gewartet, vor ungefähr 14 Tagen machte er demselben einen schriftlichen Antrag, Cotton Bond in Europa zu verkaufen und dafür Maschienen, Gewehre, Zeuge etc. für den Staat einzukaufen.

Unser kleiner Richard hat denselben Ausschlag wie Lili ihn als Baby hatte, und schläft Nachts sehr unruhig, da ihn derselbe dann sehr zu jucken scheint. Ottilie, das süße Blauäugelchen war die

Februar 1864

vorige Woche recht krank, sie hatte 4 Tage und Nächte ein hitziges Fieber, Waßercur und strenge Diät haben sie mit Gottes Hülfe schnell wieder gesund gemacht. Gestern schlachtete Mr. Rhodes eine Menge Schweine für das Goverment am Walnut-Spring, ich ließ durch Diana eine Parthie Därme dort reinmachen, durch Lou 2 Köpfe, 3 Leber und Herzen holen und macht noch von 4 - 10 Uhr Abends 15 große schöne Leberwürste. Otto brachte Mr. Rhodes dazu, daß er die Knochen den Soldatenfamilien schenkte.

März 1864

Ostersontag, den 27. März 1864. Dies ist denn doch der stillste Ostertag, welchen ich bis jetzt erlebt habe. Otto ist auf der Reise nach Eagle Pass, um für 4000 $ Waaren einzukaufen, welche Mr. Jean hier in unserm Store verkaufen wird. Die Hälfte der Waaren gehören Otto, die andere Hälfte Mr. Jean. Clara hatte letzten Montag Prüfung in der Schule, Otto reiste hin und brachte eine Karte und Zeichnung mit, welche Clara gemacht, und welche beide recht gut waren. Auch schrieb sie an ihren Papa einen sehr hübschen englischen Brief letzte Woche, welcher ihm viele Freude machte, er war recht schön geschrieben, und hatte einen guten Styl. Clara hat sehr viel Talent zu allem, wenn sie nur nicht ein so unzufriedenes melancholisches Gemüth hätte, wodurch sie sich manche Stunde verbittert! – Lili scheint dagegen, Gott Lob, ein recht heiteres Gemüth zu haben, sie hat allerhand drollige Einfälle. Vor einigen Tagen schleppte sie wie gewöhnlich jeden Morgen, meine Haarnadeln fort, als ich ihr dann rief: Lili bring mir schnell meine Haarnadeln wieder, gab sie mir dieselben, indem sie sagte: Da, Schreisack! – Als sie ihren kleinen Fuß Gestern Abend an das ??? Körbchen stieß, sagte sie: By Jingo, I hurt

246

my foot! – Zu Mr Jean sagte sie, als derselbe sie fexirte: hush your mouf! – Sie ist jetzt kerngesund und hat sehr hübsche blaue Augen, frischrothe Bäckchen und blonde Haare. Der kleine Richard wächst prächtig, sein Ausschlag scheint sich auch bald zu verlieren. Eugen scheint auch Claras Gemüth zu haben, er ist sehr viel verdrießlich und leicht beleidigt, und nimmt, wie sein Papa, alles schwer, und von der schwärzesten Seite. Herman wächst gar nicht, er scheint gesund zu sein, hat aber eine graue Farbe. Er ist ein Bruder Leichtfuß, neckt den ganzen Tag an seinen Geschwistern und zeigt sehr wenig Lust zum Lernen, dagegen zum Hasen und Fische fangen und Vögel mit Steinen todt werfen ist er ein Genie.

Hermann Wupperman (1870)

Heute vor 14 Tagen war ich in Braunfels, ich fuhr Mittags nach Tisch mit Diana und Richard hin, und kam gegen 4 Uhr bei Mutter gerade in eine Caffeevisite. Den andern Morgen ging ich mit Agnes, eine Wohnung suchen, die einzige, welche ich fand, war Sattler Homans Haus, er muß aber für sich selbst erst eine neue Küche bauen, und da kann es noch 3 Monate dauern, bis die fertig wird. Morgen will ich nun wieder hin, um die Haas'sche Wohnung zu besehen, von welcher mir Agnes schrieb.

Mr. Jean war im Ganzen 3 Wochen hier, es schien ihm recht gut bei uns zu gefallen, er ist ein recht netter Mann und habe ich mich oft recht gut mit ihm unterhalten, mit seinen Cotton-Einkäufen ging es nur sehr langsam, doch kaufte er am Ende noch 50 - 60 Ballen von Mr. Georg, Mr. Fennel & G. P. Smith.

Hermine schickte ein Kleid für Mutter und 2 paar Schühchen für Lili und Richard von Monterey, welche sehr gelegen kamen, besonders die für Lili, da sie nur ein paar von Schuster Blum gemachte hat, welche ihr aber sicher in 2 Jahren noch groß genug sind.

Die letzten Monate habe ich ziemlich viel gehandelt, 40 Buhsel Corn durch Mr. Evans an Mexikaner zu 2 $ den Bhs. verkauft und 20 Bhs. Zu 1^{25} (geschält) wieder eingekauft, nach Braunfels geliefert. Otto's alte Komode, welche ich vor 14 Jahren von Mutter in die Haushaltung bekam, und welche vor 16 oder 18 Jahren 10 Thlr 7 ½ $ gekostet, verhandelte ich gegen einen guten Reisekoffer und 5 $ cash u. s. w.

Den 29sten. Montag den 2ten Ostern fuhr ich morgens früh gegen ½ 8 Uhr mit Ottilchen, Richard und Diana nach Braunfels. Kaum eine Meile von Hause fing der Norder auf unangenehme Art an zu blasen, und sprang nach einiger Zeit gegen Westen um, stürmte und blies uns solche Staubwolken in's Gesicht, daß es gar nicht zum Aushalten war. Lili und der Baby hatten bis Buss geschlafen, da sie aber dann wach wurden, und an zu schreien fingen, so kehrte ich bei Frau Buss ein, welche mich sehr freundlich aufnahm. Ich aß bei ihr zu Mittag und fuhr gegen 4 Uhr weiter. Der Wind hatte dann nicht nur sehr nachgelassen, sondern war auch wärmer geworden. In der Guadalupe hatte ich einen großen Schreck, das Buggy kam nämlich auf einer Seite mit den Rädern über einen dicken Stein, und bog sich so weit herüber, daß nicht viel fehlte, so wäre es übergeschlagen.

Nachts mußte ich mich mit den Kindern ohne Nachtzeug behelfen, da ich Anfangs vor hatte, in einem Tage hin und her zu fahren. Andern Morgens ging ich mit Helene, um die Haas- und Luttersche Wohnung zu besehen, die Erstere war entsetzlich klein, die Andere, ungetr??st und ohne Schatten um's Haus.

Haas war nicht zu Hause, und seine Frau konnte keine bestimmte Auskunft geben, ob ich die Wohnung haben könne oder nicht, somit bin ich nun noch gerade so klug, wie vorher. Vorige Woche schrieb mir Mr. Jean, daß Otto nach Eagle Pass sei, vorgeblich für das Ingenieur-Department, in Wahrheit aber um Waaren einzukaufen, welche Mr Jean hier verkaufen wird. Letzterer kam mir mit Eugen und Herman entgegen, als ich gestern nach einer angenehmen Fahrt, wieder nach Hause kam. Heute Morgen ist er wieder nach San Antonio, er kam nur hierher, um Cotton von Georg P. Smith in Empfang zu nehmen.

Leider finde ich, daß Mutter mit zunehmendem Alter etwas sehr strenges, scharfes in ihrem Character hat, welches immer mehr hervor tritt, ihre Liebe zu ihren Enkeln ist sehr mäßig, und ist sie im Gegensatz zu andern Großmüttern viel unnachgiebiger und strenger wie die eigenen Mütter, Hermine, Olga und ich. Auch gegen ihre Schwiegerkinder ist sie oft schroff und unliebenswürdig.

Die Yankees sollen in 3 Kolonnen gegen Texas am Anrücken sein 68000 Mann stark! Wie wird das noch enden?!-

April 1864

Den 12. April 1864. Sontag Nachmittag. Heute Morgen war ich mit Herman, Eugen und Lily in der Episkopal-Sunday Shool & Church, wo ein Bishop eine kleine Predigt hielt. Nach der Kirche kam Frau Joh. Schmitt zu mir, und sagte: Mrs. General Bee wünsche unser Haus zu renten. Mutter schreibt, der Haas in Braunfcls habe noch nichts von sich hören laßen, ich wünschte, die Bee kaufte unser Haus, so wüßte ich wol, wozu ich Otto perswadiren würde!

An Johannes Schmitt verhandelte ich 6 Bände Barmer Wochenblätter gegen 12 Pfd. Honig. Vorgestern fuhr Mr. Schiek nach San Antonio, und hoffe [?] ich, Otto kommt Heute Abend auf Besuch nach Haus, er hat seine Reise nach Eagle Pass und zurück in 10 Tagen abgemacht und schrieb er mir, daß er für $ 4209 Waaren eingekauft habe.

Letzte Woche hatten wir noch einen ziemlich kalten Norder, und bis jetzt in diesem Jahr noch fast keinen Regen, das Gras ist noch sehr klein und Milch und Butter selten.

Meine letzte Lecture war: „The Spy" von Cooper, und jetzt lese ich den „Watchman" von James A Maitland, ein ziemlich langweiliges Buch, aber ich lerne englisch dabei. Mit Mr. Jean stehe ich in Correspondenz, ich weiß selbst nicht, woher ich englisch lesen und schreiben gelernt, denn ich habe weder jemals eine Lection genommen, noch selbst studirt.-

Sontag den 17. April.

Heute vor 8 Tagen kam mein lieber Otto unverhofft gegen Abend an, ich stand gerade mit dem kleinen Richard, und zeigte Ernestine Lehser meine schönen Rosen, als auf einmal eine liebe wohlbekannte Stimme rief: Guten Abend lieb' Fräuchen! - Dienstag fuhren wir bei einem unangenehmen kalten Nordwind mit Lili und Richard nach Braunfels, Mutter hatte endlich eine Wohnung für uns gefunden, oder vielmehr Dr. Bracht, welcher noch zu mir sagte, (als ich ihm mittheilte, wie es mir schiene, habe die Mrs. Taylor keine rechte Lust, auszuziehen): Ich soll sie schon heraus kriegen, etc. Mittwoch Morgen fuhr Otto per Schiek wieder nach S. Antonio, er war melancholisch gestimmt, hauptsächlich durch einen Brief von John, welcher von Matamoras aus schrieb, daß sie Ende März mit dem Schiff: „Weser", nach Liverpool fahren würden.

Freitag Abend brachte Schiek Mr. Jeans und Otto's Waaren, eine schöne und geschmackvolle Auswahl, und Samstag Morgen kam Mr. Jean zur Stage, und verfügte sich in sein Quartier bei der Lehsern, sein Clerk, Naveran wird bis Dienstag auch hier sein.

Die Mrs. General Bee wird hier unsere Wohnung renten, zu 12 ½ $ den Monat.

Herman fand Vorgestern die kleine schwarze Mähre mit einem Fohlen, und ritt Gestern nach Braunfels, um bis Montag dort zu bleiben. Unsere Kinder sind alle Gott sei Dank recht gesund, besonders Lili blüht wie ein Röschen, und ist recht liebenswürdig. Heute Morgen schob sie ihre Brodkrusten Mr. Jean hin, indem sie sagte: You eat that. Unsere Rosen und Nelken sind alle schön in der Blüthe, auch die Schattenbäume hinter der Küche blühen prächtig.

Von Walter erhielt ich einen muntern Brief von Galveston, wo es ihm sehr gut gefällt, Gustav hatte leider das Fieber und war im Hospital zu Columbia.

Juni 1864

In New Braunfels seit 3 Wochen. Gestern vor 3 Wochen, den Tag vor Pfingsten zogen wir aus unserm hübschen Häuschen, ich fuhr die Ambulance, vor welche die große Martha (welche Otto seitdem an Mr. Jean für $ 125 verkaufte) und Fritz gespannt waren, in dem Wagen saßen Lou und Diana, Clara und Herman, Lili und Richard. Otto fuhr mit Eugen im Buggy, vor welches Seppo gespannt war. Mr. Schiek und Masur fuhren unsere meubles, 2 Wagen hoch bepackt, Mr. Jean und Naveran halfen uns einpacken. Während Otto traurig war, daß wir unser Häuschen, wo wir so lange Freude und Leid zusammen erlebt, verließen, war ich froh, dem traurigen, öden Seguin und den unangenehmen Nachbarn adjeu sagen zu können.

Über den Umzug von Seguin nach New Braunfels schreibt Clara: „Da mein Vater sehr viel von Hause fort und auf Reisen war und es in Seguin, wo man immer von Komplotten der Neger gegen die Weißen hörte, unheimlich wurde, zogen meine Eltern [...] mit den beiden Negerinnen (Lou und die 63 gekaufte Diana) nach Neu-Braunfels. Wir wohnten am Rande der Stadt, mit Stall und Wagenremise am Hause".

Da der Jud, der Landa uns seine Wohnung nicht anders wie mit halbjähriger Vorausbezahlung vermiethen wollte, so schickte ich Herman 8 Tage vorher mit $ 90 um ihn zu bezahlen.

Otto erhielt vor 8 Tagen glücklicherweise eine gute Anstellung bei Vance & Bro. in S. Antonio, wo er monatlich $ 75 verdient. Letzten Samstag kam Otto nach Hause, und ritt erst Donnerstag Morgen (durch starken Regen bis dahin zurückgehalten) mit Julius wieder nach S. A. Er war nicht recht wohl, lag viel auf dem Sopha und war schlechter Laune.

Unsere Kinder haben alle den Stickhusten, Eugen hat ein Auge ganz mit Blut unterlaufen, ihm und Lili sprützt oft das Blut aus der Nase vom heftigen Husten, auch dem armen kleinen Richard sind die Augen ganz geschwollen. Der kleine Kerl hat noch immer kein Zähnchen, obgleich er sonst für seine 7 Monate außergewöhnlich groß und stark ist. Lou ist schon lange am kränkeln, Dr. Bracht, welchen ich Vorgestern um Rath frug, meint, daß sie Wasser im Leib habe.

Juni 1864

Den 5ten. Vorgestern ist Frau Buss nach Mexiko abgereist!-
Der arme Julius, er hatte schon seine Effeckten, Bett etc. nach La-
Grange geschickt, wo er durch Herrn Campmanns Vermittlung
eine Anstellung in der neu zu errichtenden Hutfabrick erhalten
hatte, als er wieder eine Aufforderung erhielt, sich im Camp zu
stellen, er ist nun nach S. A. um Campman zu sprechen.

Unsere Wohnung gefällt mir recht gut, sie ist geräumig, kühl
und luftig, das einzige unangenehme ist die Lage, so ganz am
Ende der Stadt, der weite Weg zur Mutter!

Vorige Woche 1 Brief von Gustav, er ist noch in Columbia,
von Gen. K. Smith, an welchen er um einen Detail ins Ordonanz
Department geschrieben, hat er richtig, wie ich ihm prophezeite,
keine Antwort erhalten.

Den 26. Juni. Heute Morgen erhielt ich einen muntern Brief
von Walter, er liegt mit seiner Co^{nie} bei Galveston, wo es ihm sehr
gut gefällt. Er schwelgt in Musik, hilft Ständchen bringen, Con-
zerte aufführen etc.

Gustav hat einen Detail ins Ordonanz Department zu Houston
erhalten, und ist jetzt dort. Julius ist in La Grange durch Verwen-
dung des Herrn Kampman bei einer Hutfabrick untergebracht.

Von Otto erhielt ich die ganze Woche keinen Brief; mit dem
Juden Landa hatte er in San Antonio bei Klöpper eine unangenehme Scene.

Regen immer fort, fast jeden Tag kleine Schauer; der San Antonio River war so groß, daß er 7 Häuser fortriß. Wälders verloren ihre Negerinn, Clavier, alle übrigen meubles, $ 1500 in Silber
etc. Die Guadalupe war so hoch, daß die Post von Seguin zweimal nicht crossen konnte.

Letzten Samstag, den 18. Juni hatten wir ein sehr hübsches
Concert hier, zum besten der armen Soldatenfamilien. Herr Plag-
ge von Austin, ein tüchtiger Clavierspieler dirigirte. Wir sangen

vier Quartette von Mendelsohn, doppelt besetzt, von den Damen: Frau Schwantes und ich Sopran, Frau Stuve und Helene Alt, Herr Schimmelpfennig und Gehren Tenor und Bodemann und Mittendorf Bass. Helene und ich sangen noch das Duett aus dem Freischütz: Schelm halt fest. Außerdem wurden noch sehr schöne Sachen gespielt, so daß das Publikum algemein sehr befriedigt war. Von Seguin waren viele Bekannte hier, Mrs. Jo. Johnson war mit 3 Cariages voll Mädchen hier bei uns welche sich alle wuschen und frisirten.

Das Comitee wollte das Conzert Nachmittags und auf dem Courthause haben, wir Sänger und Musiker setzten es aber durch, daß es Abends und bei Schumacher war, weil sich ein Conzert Abends bei Beleuchtung viel beßer macht, und das Courthaus so schlecht gebaut ist, daß es lebensgefährlich würde, wenn eine große Menschenmaße darin zusammenkäme.

Unser kleiner Richard hat 2 Zähnchen durch und sitzt allein. Die Kinder haben noch immer den Stickhusten, doch scheint er sich allgemach zu verlieren.

Herr Dreiss hat von Monterey die freudige Nachricht erhalten, Staehely's seien in Liverpool glücklich angekommen.

July 1864

Brief von Herr Blersch von Matamoras welcher Staehelys Ankunft in Liverpool bestätigt

Heute vor 14 Tagen war Otto hier, er kam Nachts vorher, Mr. Jean, welcher aber bei Smith logirte, kam mit ihm. Letzterer und Herr Bechem aßen mit uns, und tranken Nachmittags den Caffee bei uns, wozu ich einen großen Rollkuchen gebacken hatte, auch

Helene kam zum Caffee. Mutter war zu Stuve's eingeladen, ging aber nicht hin, weil sie sich in Folge einer Erkältung zu unwohl fühlte.

Letzten Sontag war Otto wieder hier, Eduard fuhr mit ihm nach S. A. um dort Einkäufe zu machen. Nachmittags waren wir bei Mutter zum Caffee, sie klagte noch etwas über Brustschmerzen. Eduard war sehr still, er hatte leider wieder etwas Blutspeien, welches ihn sehr verstimmte. Abends kam Frau Schwantes und spielte etwas mit Eduard. Helene hat eine sehr angenehme, auch schon ziemlich starke Stimme, sie sang einige Lieder, worunter mir besonders: des Goldschmidts Töchterlein, gut gefällt.

Bei Stuve's im Kränzchen sehr vergnügt, getanzt, alle Damen begleiteten mich nach Hause, Frau Stuve und ich mit der Laterne voran.

Den 17. July. Letzten Dienstag, Versammlung der Musiker und Sänger bei Frau Schwantes - zu wenig Stühle - lebhafte Debatte zwischen Frau Stuve und Herr Günter - Günter und Schmitz, Frau Stuve und Schwantes als Musik-Comittee gewählt - Dr. Bracht mich nach Hause begleitet.

Vorgestern den 15. July, war Otto's Geburtstag (46 Jahre alt) er war nicht zu Hause, weßhalb der Tag auch nicht gefeiert werden konnte.

Den 14. kaufte ich Mittags nach dem Eßen eine load Heu, half dieselbe im Store selbst einbringen, und hatte den Nachmittag Caffee Visite. Frau Runge, Schwantes und Stuve, Magdalene Börner, Agnes Dittmar, und Helene, nachher kam auch Mutter. Sie war sehr niedergedrückt, denn sie hatte von Frau Maas in Galveston einen Brief erhalten, daß unser guter Walter dort im Lazareth am Fieber krank läge, wir trösteten uns mit der Hoffnung seiner baldigen Wiedergenesung.

Gestern den 16. ritt ich Morgens um 7 Uhr mit Herman und Eugen zu Nolte's. Ich hatte Frau Nolte nicht gesehen, seitdem sie auf ihre Farm gezogen war, seit beinahe 7 Monaten. Herman ritt Mr Jeans Martha, Eugen hinter ihm. Ich ritt Seppo und hatte Sarah Mather's Sattel und Reitrock geliehen. Frau Nolte war sehr erfreut mich zu sehen, ich brachte den Tag sehr vergnügt bei ihr zu. Sie zeigte mir ihren (echt texanischen) Garten, in welchem man das Kraut kaum vor Unkraut finden konnte; wir badeten in der Guadalupe, gingen auf die Insel und aßen Pfirsich, und ritten ziemlich spät wieder fort, so daß wir die letzten 4-5 Meilen im Mondschein ritten.

Heute Morgen war Eduard bei mir, er fuhr Mittags mit Helene per Stage wieder nach Austin.

18. Frau Nolte erzählte mir, daß in Seguin zwei Mädchen ertrunken seien, welche ich beide recht gut gekannt habe. Annie Le Grande im Jeronimo und Beatrice Neighbors in der Guadalupe beide beim Baden. Seitdem habe ich Clara verboten im Comal bei vom Steins zu baden, und denke mit Schaudern daran, daß Clara daßelbe Schicksal habe treffen können. Otto schrieb mir Gestern, daß er beabsichtige von Vance fort, erst einige Wochen zu den Pferden in die mountains und dann nach Laredo zu gehen, um dort den Herbst und Winter zu zubringen. Ich schrieb ihm, daß ich ihm darin keinen Rath geben könne etc. und er selbst wissen müße, was er thue.

19. Clara schläft bei der Großmutter bis Tante Helene von Austin zurück kommt, Großmutter kommt jeden Abend und ißt supper mit uns. Herman ritt Heute Morgen vor Sonnen Aufgang fort um seine Freunde Georg Wilcox und Jimmy Miller zu besuchen, und zugleich am Jeronimo nach der verlorenen kleinen schwarzen Mähre zu suchen.

Unser Gesangskränzchen ist für einige Monate ausgesetzt.

Frau Dresel ertränkte sich im San Antonio River, um ihrem traurigen Dasein ein Ende zu machen, ein Neger, welcher ihr nachsprang, um sie zu retten, ertrank ebenfalls!

Auf dem Wege von Friedrichsburg nach Eagle Pass wurden letzte Woche wieder 2 Leute gehenkt, Franzen und Martin, sie wollten Speck nach E. P. bringen, wahrscheinlich gehen die Mörder wieder ungestraft durch.

28. Sontag den 24sten Abends bei Dittmars zum Thee. Otto kam die Nacht vorher um 3 Uhr an, kaum lagen wir Mittags nach Tisch und schliefen ein wenig, als auf einmal Herr Bechem mit Herr Krochman hereintraten. Krochman hat 26 Tage Urlaub, er ist noch immer auf Pelican-Spit mit seiner Comp^{nie}. Montag waren Bechem, Krochmann und Appman bei uns zum Thee. Herr A. sprach viel von dem angenehmen u. billigen Leben in Würtemberg. Otto lud die Herrn B. u K. ein den 1. July 1867 im rheinischen Hof zu Mainz mit ihm ein Glas Wein zu trinken!- Gott gebe, daß es in Erfüllung gehe!- Herr B. fügte noch hinzu, jeder solle seine Frau mitbringen!-

Da Lou ein sehr geschwollenes Bein hat, so schrieb ich einen Zettel an Dr. Bracht ob etwas damit geschehen solle; er kam ganz exited vor Freude und brachte die Nachricht, unsere Truppen hätten Washington City genommen! wenn es doch keine falsche Nachricht wäre! – Krochman hatte Walter im Hospital gesprochen und brachte die frohe Nachricht, daß er auf der Beßerung sei, und bald auf Urlaub nach Hause kommen würde. Otto konnte sich diesmal gar nicht von uns trennen, anstatt nur Sontag, blieb er bis Mittwoch, zu seinem Geburtstage schenkte ich ihm nachträglich ein mit schwarzem Cattun überzogenes Regenschirm, das Gestell dazu fand ich in Staehelys Küche in einer Ecke stehen, 1 paar lederne Pantoffeln, und für 1 $ Cigarren, welche ich bei Herr

Dittmar kaufte. Außerdem hatte ich ihm einen Pfirsichkuchen gebacken.

Frau Forke schenkte Mutter und mir eine Birne, sie hatte einen Baum im Garten, an welchem 150 Stück hingen, welche ihnen aber bis auf 30, (wahrscheinlich von Kreuz Neger) gestohlen wurden. Den Rest pflückten sie noch nicht völlig reif ab, ich theilte die meinige mit Otto und den Kindern, Otto wollte sein Theil durchaus nicht nehmen, ich mußte es ihm mit Gewalt in den Mund stecken. Er kaufte bei Pfeiffer 7 kleine grüne Aepfel für 4 bit [1 Bit = 25 Cents], und gab mir 2 und Mutter und den Kindern jedem einen.

26 fuhr ich mit Otto und dem kleinen Ridschi nach der Comalstadt zu der Frau Wäsche, die Leute waren am Zuckerrohr preßen und Roggen dreschen, Niemand hatte Zeit mir Kohl aus dem Garten zu holen. So lieh ich mir denn ein Meßer ging den weiten Weg durch das ganze Feld und suchte mir unten im Garten die 6 besten Köpfe aus, steckte sie in einen Sack und schleppte sie herauf ins Buggy. Für die 6 Köpfe mußte ich 1 $ Silber bezahlen, und das war noch billig. Auf dem Rückweg hielten wir bei Fergusons altem Platz Amnestaat, und gingen unten an den Comal einen sehr lieblichen Platz, wo ich oft früher in Herminens Gesellschaft war und wo wir oft vergnügt den Caffee tranken.

28. So eben war Herr Krochmann hier mir adjeu zu sagen, er will mir einen Brief an Walter mitnehmen.

Gestern schwappte ich mit Herr Scherff, ich gab ihm 1 Dutzend neue, noch ungenähte Handtücher gegen 10 $ Zucker (40 Pfd braunen) und 2 $ cash. Dann ging ich in die Quartett-Probe zu Herr Schmitz. Frau Stuve fuhr wieder derb gegen Günther los, welcher versprochen hatte, zu kommen, aber wieder, wie gewöhnlich, ausblieb.

Otto brachte letzten Samstag Nacht die Kiste (von Eagle Pass) von San Antonio wieder mit, alles war noch in der besten Ordnung, gerade so, wie ich es eingepackt hatte.

Den 29. Heute Mittag geht Herr Krochman wieder fort, ich werde ihm Briefe an Gustav und Walter mitgeben, ersterem ein Halstuch und Letzterem $ 10 in Gold schicken, damit der arme Schelm Reisegeld hat, im Falle er Urlaub bekommt, Mutter schickt ihm auch 5 $. Gustav schrieb an Mutter, daß er oft bis Nachts um 12 Uhr arbeite und sich schon $ 100, natürlich paper, verdient habe; ich habe ihm den Rath gegeben, sich von seinen Ersparnißen einen Neger zu kaufen.

Die Mörder, welche Kleinhans ermordeten, Holz und Alsens, sind aus der Jail gebrochen und entflohen.

Dr. Bracht brachte die Nachricht, die Yankee's, seien von unsern Truppen aus Washington City getrieben und Letztere sei genommen!

August 1864

5ten, Clara's Geburtstag war ein fröhlicher Tag für uns. Da Helene noch in Austin ist, so schläft Clara noch bei der Mutter, Letztere kommt jeden Abend und trinkt Caffee bei uns, bleibt noch ein Stündchen und geht dann mit Clara nach Hause. Clara kam also an ihrem Geburtstag erst um 12 Uhr (aus der Schule) nach Hause, und wurde dann reich beschenkt. Von Otto erhielt sie einen silbernen Federhalter mit goldener Feder, von Herman 1 Flasche Zuckerbier, von Eugen einen marbel, und von mir 1 seidene Schürze, 6 feine leinene Schnupftücher, 1 paar goldene Ohrringe, und dito Ring, 3 hübsche Bilder, einen Rodonkuchen und einen großen Pfirsich. Aber nicht nur war Clara's Geburtstag, sondern Otto wurde auch vom Militärdienst frei. Über die Art und Weise mußten wir beide herzlich lachen. Das Zeugnis lautet nämlich komischer Weise, daß Otto zum Militairdienst untauglicher sei, wegen *geistiger Unfähigkeit in Folge einer Art Sonnenstich vor 14 Jahren*, durch die Zeugniße von Brigade-General Robert Bechem und des Colonell Jacob Schmitz, frühern Haus- oder Stallknechtes in Cöln am Rhein!!! Nachmittags fuhren wir über einen schauerlich steinigen Weg, welcher wirklich lebensgefährlich, mit Eugen zu Herr Spiehs nach dem Waco-Spring. Herr Spiehs zeigte uns die prachtvollen, klaren starken Quellen und beschenkte uns mit großen köstlichen Weintrauben.

6. fuhr ich Nachmittags mit Otto zu Prestons, wo wir einen Besuch machten, Agnes Dittmar ritt auf Seppo mit.

Sontag 7. hätte ein schrecklicher Tag für uns werden können, wenn der liebe Gott in seiner Güte und Gnade nicht das fürchterliche Unglück abgewendet hätte. Da Clara Nachmittags Geburtstags-Visite halten sollte, so war ich morgens in der Küche und backte Berliner Ballen, als Diana auf einmal rief: Ther comes my mother (mit Suchard) zu gleicher Zeit sah ich eine groß Carriage mit 2 Mulen halten. Auf einmal kommt Clara gelaufen und erzählt mit Schluchzen daß Herman beinahe überfahren worden wäre! Es schaudert mich noch jedesmal wenn ich daran denke, und danke ich Gott, daß ichs nicht selbst ansehen mußte.

Herman war draußen vor dem Store und schlug mit andern Jungen Hummeln todt, welche unter dem Store gleich bei der gate ein Nest hatten. Eine Hummel flog ihm ins Gesicht und stach ihn ins Auge. Indem er bemüht war, die Hummel abzuschlagen sah und hörte er die Carriage nicht, die mulen warfen ihn nieder, und sein Kopf war schon vor dem Rade, sein Ohr schon gequetscht, als es dem driver gelang, die hartmäuligen Thiere anzuhalten. Der arme Schelm sah sich plötzlich hinter den mulen liegen und kroch hinten unter dem Wagen heraus. Als ein Herr ausstieg und ihn frug, ob er sich wehe gethan, sagte er nein, (tanzte Nachmittags auf Clara Visite mit den Mädchen, wozu Neger Jack alle möglichen gräulichen Melodien auf seiner Fiddel kratzte) und klagte erst den andern Tag über Müdigkeit und Schmerzen in allen Gliedern. Abends nach 8 Uhr war Quartett-Probe bei Frau Schwantes, da Otto zu müde war, mit zu gehen, so ließ ich mich durch Diana mit der Laterne abholen.

Die Nachricht, daß unsere Truppen Washington City genommen hätten, hat sich leider nicht bestätigt.

9. Clara war gestern bei Kösters eingeladen, und blieb, da getanzt wurde, bis ½ 11 Uhr Abends. Lou ist noch immer krank, sie hat Waßer im Leib, in der Brust und im rechten Bein.

Richard wird jetzt recht lebhaft, er hat 3 Zähnchen, ist zwar recht mager geworden, hat aber noch guten Appetit, und ist munter. Ottilie ist ein allerliebstes Kind und hat alle Tage neue drollige Einfälle. Clara klagt über Müdigkeit und Leibschmerzen, in der Schule ist sie die Erste, sie schreibt eine sehr hübsche Hand und zeichnet auch schon recht accurat, alles was sie angreift, thut sie so gut, wie es in ihrer Macht steht.

Herman ist so ganz anders, er macht immer daß er seine Schularbeiten so schnell wie möglich fertig bekommt, unbekümmert, ob sie gut oder schlecht sind. Er ist sehr behende und wird vielleicht einmal Lust zum Seemann bekommen, oder auch zum Forst oder Landman, ein Gelehrter wird aber gewiß nie aus ihm, ist auch nicht nöthig zu seinem Glück! Er hat ein gutes Herz und einen leichten Sinn, sein Hauptfehler ist Trägheit, d. heißt wenn er etwas thun soll, was er nicht gerne thut, im andern Fall kann er auch recht rasch und fleißig sein, aber die Ausdauer fehlt ihm ganz, er ist alles schnell müde.

12. Heute hatte ich viel Besuch, Miss Clasing und Clemens Böttcher (welcher nach San Antonio detailed ist) waren Mittags zum Eßen bei uns und Nachmittags zum Caffee Mrs. Ellis und Sanders (geb. Ada Wilson) von Seguin.

13. Ein munterer Brief von Otto nebst einem Brief von Schwager Ernst und sein und seiner Frau Bilder. Der Herr Schwager schickt immer gewaltige Predigten, er scheint ein geistlich stolzer Herr zu sein, ohne es selbst zu wißen, ja bei sich selbst denkt er wunders wie de-

Ernst und Bertha Wuppermann

müthig er wäre, auf dem Bild sieht seine Frau aus, als wenn sie 40 Jahre alt wäre.

16. Aug. Bürgers brachte die verlorene Mähre zurück, wofür ich ihm $ 2 ½ bezahlen mußte, das Fohlen war schon von dem früheren Eigenthümer gebrannt. Nachmittags fuhr ich mit Eugen zu dem Reininger, 4 Meilen auf der San Antonio route, Herman ritt die kleine Mähre; Reininger hatte schon ein anderes Pferd gekauft, und will nun die Mähre nicht. Als ich zurück kam, war Helene endlich von Austin zurück gekommen, mit der stage, sie war 4 Wochen dort. Herr H. Fischer war einen Tag (18ten) und Nacht hier. Gestern Morgen kam unser lieber Walter per Suchardt, er sieht schon wieder recht gut aus, und ist vergnügt. Gut, daß er noch vor dem Conzert gekommen ist!

Der kleine Richard ist das freundlichste von allen Kindern, er hat jetzt 4 Zähnchen, und fängt schon an, sich allein an einem Stuhl aufzurichten. Lily hat sehr drollige Einfälle; als ich sie Gestern aus Versehen auf's Füßchen trat, sagte sie: ich sag es der Großmutter, daß Du mich auf den Fuß getreten hast; wenn ich ihr etwas auftrage, z. B. der Lou etwas zu sagen, so sagt sie: ich hab keine Zeit, ich muß Schularbeiten machen.

Eugen leidet wieder den ganzen Sommer an Diarrhoe, ist aber munter dabei, er ist ein kleiner Pedant, sehr reinlich und ordentlich, ganz das Gegentheil von Herman.

Der kleine 5jährige Kerl reitet schon ganz nett, eben habe ich ihm das Vergnügen gemacht, ihn allein auf Seppo nach der Post reiten zu laßen, Herman ritt auf der Mähre mit ihm.

In den Quartett Proben ammüsire ich mich oft recht gut, Frau Schwantes und ich ärgern das Demuthsbild Frau Stuve oft durch unsere Bemerkungen an Herrn Schmitz über das Tempo der Lieder etc., wo sie denn niemals verfehlt, zu opponiren.

26. Das zweite Conzert, Samstag den 20. August war recht hübsch und verlebten wir einen recht angenehmen und vergnügten Abend. Donnerstag Abend tranken wir bei Tante Hanchen Kaffee und aßen Puffertskuchen, Mutter, Walter, Helene ich und Carl Basse. Letzterer war nach einem zweimonatlichen Urlaub auf der Rückreise nach Louisiana, um zu seiner Compagnie zurück zu gehen. Er sagte u. a. das Herz habe ihm oft weh getan, so prachtvolle Plantagen 40 - 60 gute Backsteinhäuser (wie ein kleines Dorf) ganz total zerstört und aufgebrannt zu sehen. Die früher reichsten Leute, meistens Creolen, welche 100, 1000de im Vermögen gehabt hätten, hätten auch gar nichts mehr; Alexandria sei auch ganz total aufgebrannt. Nach dem souper nahmen wir Tante und Carl Basse mit in die Probe.

Den 19., Freitag Abend, war Hauptprobe bei Schumacher. Da Frau Schwantes ihr Baby sehr krank wurde, konnte sie nicht mit spielen, und mußte Frau Stuve alles übernehmen, was Frau Schwantes spielen wollte.

Otto kam mit Mr Jean Samstag Morgen gegen 10 Uhr von San Antonio an, er war recht vergnügt und wohl. Ich hatte schon in der Hauptprobe und Samstag den ganzen Tag Kopfschmerzen, so daß ich bis 5 Uhr zu Bett liegen mußte. Mrs. Fennel und Miss Emma Fennel, welche mich Nachmittags besuchen wollten, mußten mit Otto's Gesellschaft vorlieb nehmen.

Unter A. sangen wir 3 Quartette von Mendelsohn, 3fach besetzt, welche ich von Frau Buss lieh, und welche ich ihr nun nach Mexiko nachschicken muß. Ich tanzte mehrere Male mit Frau Runge, welche mir recht gut gefällt. Helene sang die „Zingara", und erndtete viel Beifall. Sontag Mittag aßen Mr. Jean, Mutter, Helene und Walter bei uns zu Mittag. Wir hatten Fleischsuppe, Suppenfleisch mit rothen Rüben, frische Potatoes, welche noch der Eimer $ 1 kosten, mit Rinderbraten, und Pfirsich Compot und dito Torte. Es schmeckte Allen vortrefflich, nachdem wir unser gewöhnliches Mittagsschläfchen gehalten hatten, holte uns Schumacher in seiner Cariage ab, wir fanden dort große Gesellschaft, auch wurde das ganze Conzert beinahe wiederholt. Montag Morgen um 4 Uhr fuhr Otto mit Jean wieder nach San Antonio. Er erzählte mir, daß er in Gemeinschaft mit Rhodius vorhabe, unsere Cavallardo gegen Corn zu verschwappen, und dies ans Goverment zu verkaufen. Wenn das doch gelänge! - Gestern Morgen, den 25. Aug. schrieb ich an Hermine, bis jetzt haben wir noch gar keine Nachricht von Staehelys.

26. Gestern Abend kam Walter nach dem Eßen, er theilte mir mit, daß Frau Iken's Baby, ein kleines Mädchen, Gestern Nachmittag plötzlich gestorben sei, ich will nun gleich hin gehen und der armen Frau einen Besuch machen.

28. Mr. Preston starb plötzlich, die arme Frau mit ihren 2 kleinen Kindern!

31. Den 28. letzten Sontag war Herrn Schmitz Geburtstag. Clara und Emilie vom Stein machten ihrem Lehrer zwei schöne Kränze, außerdem schenkte ihm Clara noch ein Lesezeichen, und ein prachtvolles Bouquet Rosen, Herman einen Kranz von Frauenhaar und ein Körbchen mit Pfirsich. Er lud alle seine Schüler auf Montag den 29. zu Schumacher zum Ball ein; Auch sollten sie ihre kleineren Geschwister und Eltern mitbringen. Clara und Herman gingen um 3 Uhr, ich folgte ihnen mit Lili und Eugen gegen ½ 5 Uhr. Als ich hinkam, wurde ich gleich zum Caffee eingeladen, es waren noch viele bekannte Damen da. Es wurden allerlei Spiele gespielt und nach den Tönen von 3 Instrumenten, 2 Geigen und 1 Baß, tüchtig getanzt, Kinder und Erwachsene durcheinander. Gegen 8 Uhr schickte ich Diana und ließ Helene und Walter auch rufen, sie kamen gleich, Walter holte noch einige junge Mädchen, und so amüsirten wir uns alle ausgezcichnet. Lili

und Eugen schickte ich um 9 Uhr durch Diana nach Hause und ich hatte meine Noth, Clara und Herman um 10 Uhr nach Hause zu bringen, besonders Herman hatte eine wahre Tanzwuth ergriffen, er tanzte beinahe jeden Tanz mit Meta Köhler, und ohne sich zu geniren, es mochte gespielt werden, was da wollte, er tanzte immer Galopp.

Otto schrieb mir, daß er vorhabe, Dienstag von San Antonio abzureisen, demnach kann er nun jeden Augenblick eintreffen!

Eugen und Richard leiden beide sehr an Diarrhoe, bei Richard sind die Zähne schuld, Eugen will ich einmal Leberthran nehmen laßen, und hoffe, daß er dem armen Kind hilft. Auch Clara sieht blaß aus, sie klagt sehr viel über Leibschmerzen und Müdigkeit. Lou ist noch immer krank, thut aber doch so langsam ihre Arbeit dabei; es ist jetzt ein rechtes Glück, daß wir die Diana haben. Vorgestern Morgen war ich bei Homanns, sie haben mir ihr Haus ziemlich fest auf den 1. Nov. versprochen. Wir brauchen dann anstatt 15 doch nur 8 $ den Monat zu bezahlen, und haben mit dem schändlichen, gemeinen Landa nichts mehr zu thun. Gestern waren Mary Clarbucle ihr Bruder und Mrs. Kree zum Eßen hier, schmachtlappig Volk das!

September 1864

4. Vorgestern fuhr ich mit Otto nach Seguin, und nahm Lili, Richard und Dinah mit. Otto verkaufte sein eisernes Safe zu $ 100 an einen Mann in Houston (ich glaube, es hat ihm ungefähr 200 $ gekostet), deßhalb mußte er hin, um das safe leer zu machen. Wir stiegen in unserer Kuhpenne ab, gingen durch den Garten, welcher sehr verwildert ist, zu der Lehsern. Diese erzählte mir, daß

der Neger Jim Little, welcher vor einigen Wochen in Seguin ge-
hängt wurde, versucht habe, zwei weiße Mädchen zu nothzüchti-
gen. Von dort ging ich mit Richard und Dinah zu der Mrs. Jo.
Johnson, welche mich sehr freundlich aufnahm, und wo ich Diner
aß. Mrs. Johnson hatte zwei Babys zu pflegen, welche beide sehr
krank waren, ein kleines Negerbaby, nicht größer wie eine Puppe,
und Mrs. Bee's kleinstes Kind, ein lebendes Scelett.

Otto kam erst um ½ 6 Uhr mit dem Wagen, so daß es, als wir
durch Joungs Pasture waren, total finster war, und ich den ganzen
Weg in Angst schwebte, wir möchten mit dem Wagen umwerfen,
Dinah mußte immer vor dem Wagen herlaufen, und sich ihre weiße Schürze auf den Rücken binden, weil man vom Wagen aus die
road nicht mehr sehen konnte. Gegen 9 Uhr kamen wir endlich
hier an. Gestern den 3. Sept. ritt Otto Nachmittags mit Herr
Scherff zu Pauly's, von dort will er zu dem Tischler Krause, um
diesem einen Swapp vorzuschlagen, nämlich unser Vieh circa 75-
100 Kopf und unser Land am Blanco, gegen sein Haus hier in der
Stadt, zu nehmen.

Von Krause will Otto herauf zu den Pferden. Durch Clara ließ
ich mir bei Pfauffer für 1 $ Aepfel holen, und bekam 10 Stück,
Otto brachte mir 4 Stück mit von San Antonio, für welche er 6 bit
[1 Bit = 25 Cents] bezahlte; in Deutschland bekommt man in
manchen Gegenden einen ganzen Sack voll für 1 Thlr.

Sontag war ich bei Tante Hanchen zum Caffee; Gestern von
Herr Böttcher 1 Brief, er hat 5 Buhsel Kartoffel für uns an Herr
Zorn abgeschickt, welche auf $ 4 ½ den Buhsel kommen, mit der
Fracht.

7. Heute Morgen hatten wir einen schönen Regen, welcher den
Haushohen Staub glücklicherweise gelegt hat.

23. Vorige Woche den 17. reiste Walter nach Galveston zu seiner Compagnie ab, er hat Hoffnung, bald zurück zu kommen, um

bei Austin seinem Leutnant Pferde preßen zu helfen. Er aß den letzten Mittag noch mit uns (eingemachte Bohnen und Hasenbraten) und schrieb mir nach Tisch noch etwas in mein Tagebuch. Clara und ich machten in der Geschwindigkeit noch 2 Tabacksbeutel für ihn und Gustav.

Sontag kam Gustav unerwartet, er hat aber nur 15 Tage Urlaub. Montag nahm Dr. Bracht die Operation mit Lou vor, Herr Forke war auch gegenwärtig. Die Ärmste war in großer Angst. Unglücklicher- und merkwürdiger Weise kam anstatt Waßer Blut, und giebt Dr. Bracht wenig Hoffnung für ihr Leben. Die arme Negerin muß viel leiden, und da sie jetzt fast immer liegt, so müßen Clara und ich tüchtig mit arbeiten. Vorgestern Morgen half mir Clara den ganzen Morgen bügeln, jeden Morgen steht sie mit Sonnenaufgang auf und macht breakfast, während Diana die Kühe melkt und Herman Fleisch holt. Letzte Woche war ich einige Tage recht unwohl, so daß ich mich schnell entschloß und Richard entwöhnte. Jetzt geht es wieder beßer, auch Richard, obgleich er in Folge des Zahnens recht mager ist, ist doch munter und ißt recht tüchtig. Welch ein Glück ist es jetzt, daß ich Diana habe, sonst müßte ich mich jetzt wieder mit den deutschen Mädchen herum quälen.

22. Endlich Gestern kamen die deutschen Kartoffel an, welche Herr Böttcher so gütig war, für uns zu kaufen, da sie aber 20 Tage unterwegs waren, um 80 Meilen zu machen, (die Fuhrleute wurden unterwegs gepreßt) so waren sie zum größten Theil faul; der Eimer voll wird nun auf ungefähr $ 3 kommen!

October 1864

11. Letzte Woche kam endlich ein Brief von unserer lieben Hermine, sie beschreibt ihre Seereise und sagt, daß sie den nächsten Tag in Liverpool landen würden. Sie war fast immer seekrank und wäre sehr mager geworden, auch schickt sie eine Locke graues Haar, welche ihr eine Mitreisende Dame ausgezogen habe.

11. Letzte Woche war Ottilie recht krank, wir hatten einen so starken Norder, daß sich alle Kinder bis auf Eugen, stark erkälteten. Lili geht es jetzt viel beßer, aber der kleine Richard hat noch immer Fieber. Eugen geht seit dem 1sten zu Tante Hanchen in die Schule, die erste Woche hat er jeden Morgen geweint, jetzt geht er gerne hin.

Gestern machten wir einen tüchtigen Ritt, Otto, Mr. und Mrs. January, Agnes Dittmar und ich. Wir ritten nach Waco Spring und dann crossten wir die Guadalupe und ritten noch 2 Meilen in einer sehr romantischen Gegend. Rechts ungeheuer hohe, steil aufsteigende Felsen und links die Guadalupe. Als Otto seinen Sixshooter abschoß, flogen Tausende von Aasgeiern schreiend auf, welche in den Felsen nisteten. Letztere waren voll kleiner Höhlen, geeignete Wohnungen für Stinkkatzen, Waschbären, Füchse und Bären. Wir ritten um 2 Uhr fort und kamen erst Abend um 7 Uhr im schönsten Mondschein nach Hause. In den 5 Stunden kam ich gar nicht vom Pferde, ich ritt die kleine schwarze Sally, welche so leicht und rasch trabte, wie Agnes Pferd galoppirte. Um 8 Uhr kamen Meyers, um uns adjeu zu sagen, sie wollen in einigen Tagen nach Matamoras. Dann ging ich und holte Helene ab, mit welcher ich zu Herr Schmitz ging, um das „Zankduett" aus Maurer und Schloßer, durchzusingen, welches wir Samstag im Conzert vortragen werden. Helene singt außerdem die schöne Ballade: Des Goldschmidts Töchterlein, von Löwe.

11. Sehr gespannt bin ich, wie Lou's Krankheit endigen wird, sie ist ganz in demselben Zustand wie eine Frau, welche bald niederkommt. Letzte Nacht und auch noch Heute Morgen klagt sie über heftige Schmerzen im Leib, die Ärmste dauert mich recht sehr.

Otto wird Heute Abend einem souper beiwohnen, welches Gnr. Wigfall zu Ehren gegeben werden soll.

Den 23. Samstag Abend. Heute vor 8 Tagen waren Otto und ich bei Schumacher im Conzert, (Helene und ich sangen das „Zankduett" aus „Maurer und Schloßer".) Herr und Frau Tiemann waren auch mit uns, sie blieben die Nacht bei uns, und fuhren erst Sontag nach dem Eßen wieder nach Hause. Frau Tiemann brachte mir eine schöne fette Puterhenne mit. Als wir gegen 2 Uhr Nachts nach Hause kamen, war Lou's Baby todt. Ihre rätselhafte Krankheit klärte sich am Ende dahin auf, daß sie ein Baby bekam,

Dr. Felix Bracht

nachdem sie es jedoch bis zum letzten Augenblick ableugnete. Auch nachdem sie das Kind geboren, (wobei sie furchtbar zu leiden hatte und welches Dr. Bracht mit der Zange holen mußte) bestand sie noch darauf, daß sie es nicht gewußt habe. Das Kind, ein dicker Junge starb schon nach 2 Tagen an Krämpfen. Den 2ten Morgen fand sich, daß es stark aus dem Nabel geblutet hatte, welches Dr. und die Madame Lefebre für sehr verdächtig erklärten!-

Auch mir ist es sehr verdächtig - was soll ich aber machen? Ohne Lou, nur mit Diana allein kann ich nicht fertig werden, und ein deutsches Dienstmädchen zu Dina nehmen, geht noch weniger an, denn die würde sich entweder mit ihr auf gleichen Fuß stellen, oder sich von ihr bedienen laßen. Dann zeigte Lou auch eine aufrichtige Betrübnis, und schien mir das Kind schon von Anfang an krank zu sein, denn es schrie ganz erbärmlich, wenn man es aufnahm, und wollte gar nicht saugen!

Herr Schmitz hat Clara Gestern vor allen Kindern als seine beste Schülerin erklärt, das gute Kind lernt fleißig genug, wenn sie nur einmal recht gesund würde, sie ist so viel verdrießlich, auch seit einigen Jahren gar nicht gewachsen, jetzt leidet sie wieder sehr viel an Nasenbluten.

23. Otto erwartet nun schon seit 8 Tagen einen gewißen Davis vom San Marcos, um mit diesem nach Twin Sisters zu gehen und ihm seine Cavallardo gegen Cotton zu verhandeln, wie es scheint, wird auch diese Hoffnung wieder fehlschlagen.

Helene ist mit Gehren herauf ins Gebirge um Elvire zu besuchen, welche nun schon 3 kleine Kinder hat. Gustav arbeitet bei dem Sattler Offer. Von Walter erhielt Mutter einen Brief von La Grange, er wird wol Anna wieder nach Seguin zurück bringen.

26. Gestern kam Walter von La Grange zurück, er brachte Anna mit her, welche sich eine Wohnung suchen will.

27. Vorgestern kam Otto mit Herman vom San Marcos zurück, wo er glücklicherweise mit Mr. Davis einen trade mit seinen Pferden gegen Cotton und Corn gemacht hatte. Gestern Morgen reiste der gute Mann mit Herr Runge, Mr. Jean, Navaran und Andern nach Matamoras. Er ist voller Hoffnung, dort gute Geschäfte zu machen, und hoffe ich von Herzen, daß seine Wünsche und Hoffnungen von dem besten Erfolge gekrönt werden.

October 1864

Zu meinem großen Schrecken habe ich vor einigen Tagen [eingeschwärzt: meine Regel?] nicht bekommen, wie das gehen soll, wenn wir im Frühjahr nach Dütschland (a la Frau Schiek) reisen, weiß ich nicht!

Die brandige Bräune grassirt sehr in der Stadt, unserm Nachbar Kuhs starb Montag eine Tochter von 7 Jahren daran, alle Schulkinder gingen mit der Leiche, 20 Knaben, worunter auch Herman, waren zu Pferde.

Herr Schmitz, welcher seine Schüler nur sehr selten lobt, erklärte letzte Woche unsere liebe Clara, vor der ganzen Schule seine beste Schülerin, was ihr selbst und natürlich auch Otto und mir große Freude machte.

Den 20. October; Richards, des lieben kleinen Engels Geburtstag. Er ist jetzt recht wohl, läuft aber noch nicht allein. Gestern unternahm Otto die vielbesprochene Reise nach Matamoras in Herrn Runge's Buggy und deßen Gesellschaft. Mr. Jean und Mr. Naveran, Luziano Navarro und noch 2 Deutsche von Friedrichsburg gingen auch hin.

November 1864

13. Ottilchen Geburtstag! Der liebe Gott erhalte uns das prächtige liebe Kind! Sie ist für 3 Jahre ein großes, starkes und hübsches, auch ein recht kluges Kind. Sie wiegt 34 Pfd und ist dick und gesund. Heute Nachmittag veranstaltete ich ihr eine kleine Caffeevisite, und ging dann mit Agnes Dittmar und den Kindern dem Schießplatz zu, auf dem Rückweg schien der Vollmond prachtvoll, und es war eine sehr angenehme Temperatur.

Seit dem 1. wohne ich in Sattler Homanns Haus, eine kleine, aber recht gemüthliche Wohnung. Es war ein unangenehmer regnigter Tag zum Ausziehen, der gute Walter half den ganzen Tag, und brachte 5 Buggys voll Ladungen herüber. Helene blieb in der alten Wohnung und sah zu, daß alles aufgeladen wurde und ich ging hierher, nahm die Sachen in Empfang und ordnete an, wo sie hin sollten.

13. Heute Morgen schrieb ich an Otto nach Matamoras. Letzte Woche erhielt ich einen sehr intereßanten Brief von Hermine, sie hatte alle Verwandte besucht und es gefällt ihr sehr gut in Deutschland.

Letzten Donnerstag Nacht wurde ich durch ein sehr schönes Ständchen überrascht, welches mir auf Herrn Schmitz Veranlaßung die Herrn Schmitz, Wenzel, Gustav und Walter brachten, sie hatten 1 Baß, 2 Geigen und 1 Guitarre, und spielten die „Heimathklänge" und „Webers letzter Gedanke."

Der alte Herr Iwonsky gestorben. Einen Brief von Eduard, er hat sich von einem Artzt untersuchen laßen, welcher zu seiner und unserer Beruhigung erklärte, daß er gerade so gut, oder eher, an jeder ander Krankheit sterben könne, wie an Lungenschwindsucht.

Noch durchaus keine Aussicht auf Beendigung des Krieges. Der arme Walter und Gustav blieben so gerne bis Weihnachten hier, werden aber wol in kurzer Zeit wieder nach Galveston und Houston zurück müßen.

Sontag den 27. Heute ist Gustavs Geburtstag, wir sind Heute Mittag bei Tante Hanchen zum Eßen eingeladen, Gustav, Walter, Mutter Helene und ich. Vorigen Sontag waren wir alle bei der Mutter, sie hatte für Gustav und Walter zum Abschied einen fetten turkey gebraten. Auf einmal kamen sie beide mit verklärtem Gesicht herein, sie hatten noch 14 Tage länger Urlaub bekommen, wegen continuance of the yellow fever. Mittwoch war Mutters Geburtstag, ich ging nach dem Caffee hin und gratulirte ihr, und schenkte ihr ein Häubchen und eine seidene Schürze, worüber sie sich recht freute.

Herman hatte die böse Halskrankheit, da ich aber gleich die geeigneten Mittel anwandte, so ist er mit Gottes Hülfe wieder ganz hergestellt. Julius, welcher auch zu Mutters Geburtstag kam, brachte die Nachricht mit, daß: „Lincoln wieder erwählt sei"! Ich erhielt erst einen Brief von Otto von Davis Rancho, vom 6. Nov.

December 1864

20. Vorgestern Abend war ich mit Helene bei Herrn Lehrer Schmitz, wo wir für das nächste Conzert einen Chor aus der „Schöpfung" von Haydn einüben. Im Sopran sind Frau Schwantes, Frl. Emma und Tony Benner, Auguste Nolte und ich. Im Alt, Frau Stuve, Penner, Marie Stuve, Pauline Schmitz und Helene. Gestern Morgen ging ich wieder hin, um mit Helene und Herr Schimmelpfennig das Tercett aus dem Freischütz einzuüben. Auf der Post-Office erhielt ich einen lieben ausführlichen Brief von Otto nebst einem für Clara, ihres Papa's Bild enthaltend. Da es ein trüber neblichter Tag war, so glaubte ich, daß die übrigen Damen unserer Verabredung gemäß, nicht nach Correts gehen würden, ich legte mich deßhalb nach Tische ein wenig hin, da ich Kopfschmerzen hatte. Kaum hatte ich ein wenig geruht, so kam Helene und Emma Benner, sie wollten zu Fuß zu Correts und überredeten mich, auch hin zu kommen. Ich spannte mit Diana's Hülfe den Fritz in das Buggy und fuhr mit Frau Runge hin. Letztere war noch nicht frisirt und angezogen, that aber beides sehr rasch und überließ ihrer Nichte Mary Pierce, die Besées, welche sie für Weihnachten im Ofen hatte. Ich unterhielt mich auf dem Hin und Herwege sehr angenehm mit ihr, sie ist eine recht liebe

Frau. Herman reichte mir noch einen Brief von Otto ins Buggy, woraus ich mit Freuden ersahe, daß er wahrscheinlich bis Weihnachten hier sein wird.

An Herr Forke sandte Otto eine große Kiste voll Sachen für mich, Pflaumen, Rosienen, Gerste, Spielsachen für die Kinder, eine große Flasche Parfüm, welche leider ¾ ausgelaufen war, 3 Kleider für mich, etc. Unser Wein von Paras noch immer nicht angekommen. Mr. Frank der englische Lehrer starb an der Schwindsucht, alle Lehrer und Kinder, so wie viele Leute gingen mit der Leiche. Clara fuhr mit Emilie vom Stein allein in dem Buggy, zurück benutzte Herr Schmitz daßelbe. Herman ritt den Gray, es waren über 20 Knaben zu Pferde. Mrs Wilcox starb auch die letzte Woche.

Weihnachten, den 25. Abends 7 Uhr. Ich sitze ganz allein bei meiner schönen klaren Kerosin-Öl Lampe.

Vorletzte Nacht gegen ½ 11 Uhr kam mein guter lieber Otto von seiner Reise nach Matamoras zurück, er ist trotz angestrengter 8tägiger Reise recht gesund, eine kleine Erkältung abgerechnet. Unser Paras-Wein, welchen Dr. Nohls im May für uns abschickten, kam endlich Vorgestern den 23ten Dec. an. Helene half mir Gestern den Christbaum recht schön putzen, Tante und Mutter vor dem souper auch. Der Kinder Jubel war groß bei der Bescherung, Clara bekam einen weiß wollenen Swal 1 seidene Schürze, 2 Puppen, Meßer etc., ein Haarnetz, und von Helene ein seidenes Schürzchen, für Otto hatte ich auch einen weiß wollenen Swal gestrickt, Herman erhielt einen Kasten mit Handwerksgeräth, Ball, Meßer und einen Anzug von dunklem Tuch mit silbernen Knöpfen. Eugen ein ditto Sackröckchen, Ball, 1 paar von Clara gehäckelter Handschuhe, Trompete etc. Lili 2 Püppchen und ein neues Kleidchen etc. Die liebe Clara hatte hübsche Gardinen-Halter für mich gehäckelt und ein Nadelkißen gestickt. Helene schenkte ich ein Netz von rother Chenille, worüber sie sich sehr freute und worin ich einen Brief von Hermine legte, welchen Otto in Matamoras von H. Herman Runge erhalten hatte. Die arme Frau Runge muß Weihnachten ohne ihren husband feiern!

Heute Mittag aßen Tante Hanchen, Helene und die liebe Mutter Diner bei uns. (Die arme Mutter hatte Vorgestern wieder einen Anfall von ihrem heftigen Herzklopfen, welcher aber noch einmal glücklich vorüber ging.) Wir hatten eine gute Suppe, Hasenbraten, frischen Salat und Spinat mit gebratenen Potatoes, und schmeckte es allen recht gut. Nach Tisch tranken wir erst eine Taße guten Caffee und gingen dann zu Schumacher in die Probe für das morgende Conzert. Heute Abend ist Otto zu Dr. Bracht zum supper eingeladen, Clara und Herman sind zu Mathers gegangen, Lou und Diana zu Bitters Negerinn, um dort dem Tanzen zuzusehen und Eugen, Ottilie und Richard schlafen süß und ruhig. Mutter und Tante erhielten Jede einige Flaschen Paras-Wein von Otto, und überraschte ich Mutter, indem ich ihr einen Brief nebst Bild von ihrer lieben Frau Betzold oben auf ihre Weinflaschen legte!

26. Abends ein angenehmes Concert, ich sang mit Helene und Herr Schimmelpfennig das Tercett aus dem Freischütz: „Wie! Was! Entsetzen"- zum Schluß sangen wir den Chor aus der Schöpfung: „Die Himmel erzählen die Ehre Gottes".

Sylvester Abend waren Tante Hanchen, Mutter und Helene recht vergnügt mit uns, wir spielten Comödchen, tranken Punsch und brannten den Weihnachtsbaum eine Zeitlang. Gegen 11 Uhr gingen wir zu Frau Runge, um dort dem Negerball ein wenig zuzusehen.

1865

Januar 1865

21. Gott Lob sind wir Alle ziemlich gesund, auch mir geht es beßer, seit dem kalten Wetter, ich fühle mich kräftiger und habe
mehr Appetit. Unser lieber kleiner Richard läuft seit einigen Wochen recht sicher. Bei Frau Runge war ich einen Abend recht vergnügt, es war dort große Gesellschaft von 18 Damen. Frau Runge
ist eine liebenswürdige Frau, und darf ich gar nicht daran denken,
vielleicht schon bald auf immer von ihr getrennt zu werden. Auch
sie scheint mich recht lieb zu haben; mir fehlt etwas, wenn ich sie
nicht täglich wenigstens einen Augenblick sehe und spreche.-
    Gesangverein gegründet, Herr Schmitz Director, Herr Bode-
mann Kassirer, Herr Erhard Mittendorf Sprecher und Secretair.-
Frau Stuve ist schon ausgetreten nebst Fräulein Tochter, sie war
beleidigt, weil gegen die Statuten, welche ihr weiser Herr Gemahl
aufgesetzt, von den Herren opponirt wurde. Gestern Abend amüsirten wir uns köstlich im Gesangverein, es wurde beschloßen,
denselben nächsten Samstag zu taufen, und Herr Bodemann und

Schimmelpfennig zu Gevattern und Frau Schwantes und ich zu Gevatterinnen erwählt; das wird gewiß und hoffentlich ein vergnügter Abend werden!

Letzten Mittwoch ritt mein lieber Otto und Herman mit Mr. oder Dr. Davis und deßen beiden Negerjungen hinauf zu den Pferden an den Blanco, und lebe ich der Hoffnung, daß Davis die Pferde kauft, was um so angenehmer wäre, weil sie gewiß und sicher für uns verloren sind, wenn wir in einigen Monaten von hier fortgehen!

Mutter ist nach vielem Hin und Herschwanken, wie es *scheint*, jetzt ziemlich entschloßen mit zu gchn! Welche Freude für Hermine und mich, wenn sie nur dabei bleibt!

21. Sontag. Heute Nachmittag war ich bei Frau Dittmar zum Caffee (Mutter Helene und Marie Conring aßen Diner mit uns, Otto und Herman sind noch nicht zurück, konnten auch Heute wegen dem kalten Norder nicht zurück kommen.) Frau Forke, Landa, Tante Hanchen, Frau Runge und Mutter waren da, Helene, Mutter und ich begleiteten Frau Runge bis zu ihrem Haus. Herr Runge ist seit einigen Tagen von Matamoras zurück gekehrt. Donnerstag Mittag hatte ich einen furchtbaren Schreck; ich legte mich nach dem Eßen ein wenig auf's Sopha, da ich müde war, kaum lag ich einige Minuten ruhig, als Clara außer sich hereinstürzte: Mutter der Heuhaufen brennt! - Ich lief hinaus, und sah zu meiner Bestürzung den Heustock, welcher nur wenige Schritte vom Hause stand, in vollen Flammen! - In wenig Augenblicken war durch Feuerrufen eine große Menschenmaße zusammen; da das Waßer Aufgießen das Feuer nicht erstickte, so wurde der Haufen umgerißen, und dann das Feuer ausgeschlagen und mit Waßer ausgeschüttet. Dinah hatte Unkraut zusammen gerecht und dann verbrannt, das Feuer war ziemlich entfernt von dem Heuhaufen, auch wehte fast gar kein Wind, und doch mußte ein Fun-

ke auf das Heu geflogen sein! Gott sei Dank, daß kein Nordwind wehte, oder es nicht Nacht war, sonst wäre sehr wahrscheinlich unser Haus aufgebrannt.

Brief von Gustav von Houston, er sagt, der allgemeine Glaube sei, daß die Yankee's im Frühjahr einen Einfall nach Texas machen würden und da die Soldaten den Krieg müde wären, so würden die Y. wol wenig Wiederstand finden! Es sei die Aussicht zum Verzweifeln, daß der Krieg noch 4 Jahre dauern könne! etc. Armer Junge!!!

Brief von Herr Krochmann, der Aermste ist das Soldatenleben auch herzlich satt, im Juni würden es schon 3 Jahre daß er Soldat sei, die gemeinen Soldaten hätten kaum Cornmeal und beef genug, um sich satt eßen zu können, und nicht Holz genug um sich zu wärmen, während sich die höhern Officiere auf ihre Kosten bereichern! Schändlich! –

Februar 1865

1. Otto kam letzte Woche ziemlich niedergeschlagen vom Blanco zurück, die Pferde waren so mager, daß Dr. Davis erklärte, einen solchen Stock könne er nicht übernehmen; somit ist der ganze Handel wieder zurück gegangen. Vorgestern Morgen fuhr Otto mit Herrn Runge nach San Antonio, um mit Mr. Jean ihre Geschäfte zu ordnen. Nun regnet es seitdem so anhaltend, daß die Straßen ganz unpaßirbar sind und sie Heute nicht zurück kommen können, wie sie beabsichtigten.

Auf die Bitte des Comittee's für das Soldier's home an die Frauen und Jungfrauen der Stadt, haben diese eine große Verloosung zum Besten des S. H. veranstaltet, verbunden mit der Aufführung von Lustspielen, Tableau's etc.

Februar 1865

14. Februar. Dienstag. Letzten Freitag war Wilhelm Jonas hier, dem guten Menschen thut es sehr leid, daß wir fort gehn, ich suchte ihm noch allerlei zusammen, Kinderkleidchen, leinenen Rock und Hose von Otto und andere Sachen.

14. Dr. Brachts Geburtstag, er hat Heute Abend wieder ein Eßen, Otto schickte ihm das große Bild von Elberfeld zum Andenken. Letzten Sonnabend war große Verloosung zum Besten des Soldiers homes, Tante Hanchen Präsidentin, Frau Runge, Pfeuffer, Dittmar und Remer General-Comittee und alle jungen Mädchen der Stadt gehörten zum Verloosungs-Comittee. Es wurden 668 Loose verkauft, zu ½ $ per Loos und über 700 Gewinne gesandt. Die Verloosung dauerte von 6 Uhr Abends bis 2 Uhr Nachts. Dabei wurde getanzt. Ich blieb mit Clara und Herman bis ½ 12 Uhr, küßte Frau Runge, welche an dem Tische saß und Gewinne austheilen half, sagte den Andern gute Nacht, und machte mich fort. Otto hatte sehr viel Mühe und Schreibereien von der Geschichte.

Februar 1864

24. Letzten Samstag, den 18. war Theater und Tableaus in Seele's Local. Otto war leider nicht hier, er reiste Donnerstags vorher mit einem Neger, welchen Herr Rittberg sandte, nach den Sandy's, um das um 3jährige Hengstfohlen der Martha zu holen, hatte viele unangenehme Abentheuer, verlor mehreremale in der Dunkelheit den Weg, und kam endlich nach 7 Tagen ohne das Fohlen zurück. Ich fuhr mit Herr und Frau Runge in's Theater, und amüsirte mich ausgezeichnet, schon deßhalb, weil ich den Abend mit meiner lieben Freundinn Julie zubrachte. Lou gab ich ½ $ und Emilie vom Stein und sie brachten den Abend ganz vergnügt mit

den Kindern zu. Herman wirkte mit in dem ersten Tableau „The trial of patience", er war als Bauernjunge gekleidet, und mußte seiner alten Großmutter, Frau Forke, einen Strang Garn halten, wozu er ein saueres Gesicht machen mußte, und ihn seine Schulkameraden an der Thüre auslachten. Gegen ½ 1 Uhr Nachts fuhren wir wieder nach Hause.

Gestern Morgen ging ich mit Frau Runge bis an die Guadalupe spatzieren, bis an den Platz, wo ich vorigen Sommer einigemale mit Frau Meyer badete, wir unterhielten uns recht angenehm und gemütlich zusammen, doch kaum wieder in Frau Runge's Haus, kam ein sehr starker Regenschauer, so daß ich nachher bei dem Nach-Hausegehen, ganz ungeheuer in den Braunfelser Dreck gerieth. Frau Runge bat mich sehr, bei ihr Diner zu eßen, auch Dr. Bracht stürzte auf seine Gallerie, als ich vorbeikam, und bat mich bei ihm zu eßen, oder wenigstens einen guten Brandy zu trinken, welche gütige Anerbieten, ich aber alle mit Dank ablehnte.

24sten. Heute Morgen wieder ein herzliches Briefchen von meiner lieben Julie, von mir ein ditto retour. An sie verkaufte ich für 26 $ Meubles, Porcellan etc. an Frau Schwantes für 22 $ u. s. w.

Richard und Lily sind Gott sei Dank kräftig und gesund, Herman und Clara nur so so, und Eugen hat wieder Diarrhoe und Ausschlag. Ich selbst bin so ziemlich wohl, aber *leider, leider* wieder !! ---------

März 1865

März 1. Letzten Samstag, den 26sten Februar überlegte ich mit Otto, daß es wol am Besten sei, den nächsten Tag Kindtaufe zu halten, demgemäß trafen wir Anstalten. Da der Schlachter den

Morgen nicht kommen konnte, unser Schweinchen zu schlachten, welches jetzt schon seit 4 Wochen in einer Box saß und gemästet wurde, so schnitt ihm Otto die Gurgel ab, Lou machte es rein, und ich nahm die Därme aus. Dann schickte ich Diana zur Mutter, um den Puter zu holen, welchen mir Mutter zu meinem Geburtstag geschenkt hatte. Dann schrieb ich eine Einladung für Herr und Frau Runge und Otto lud die Herrn Dr. Bracht, Forke, Pastor Schuchardt und Bechem ein. Julie ließ mir sagen, sie würde noch selbst den Abend zu mir kommen, schickte aber bald ihre Maria und schrieb mir, daß sie meine Einladung ablehnen müße, da sie den nächsten Morgen mit ihrem Mann nach San Antonio führe, auch ließe sich ihre Reise nicht aufschieben. Ich packte nun auf und ging trotz dem furchtbaren Koth hin, um sie wenigstens noch einmal zu sehen, auch wenn möglich zu bestimmen, ihre Reise noch um einen Tag zu verschieben. Letzteres gelang mir leider nicht; Julie begleitete mich noch ein Stück zurück, und bei dem Abschied bot ich ihr an, uns künftig „Du" zu nennen, welches sie mit Freuden annahm, ich versprach ihr dann, sie wenn möglich nach ihrer Niederkunft in San Antonio zu besuchen.

Sontag, den 27. hielten wir Nachmittags um 5 Uhr in aller Stille in der Familie Taufe. Ottilie, Elise und Richard Lee wurden durch Pastor Schuchardt getauft, Tante Hanchen war Lili's und Helene Richards Pathinn. Um 7 Uhr kamen die andern Gäste. Wir hatten für die jetzige arme Zeit ein recht gutes supper und alles war so gut zubereitet, wie alle Gäste einstimmig erklärten, daß sie nach dem Eßen unfähig waren, etwas vorzulesen oder zu declamiren. Dr. Bracht machte zwar nach vielem Bitten den schwachen Versuch, „Hero und Leander" von Schiller vorzulesen, aber er hatte keine Stimme, und sagte zu Tante Hanchen, welche ihn deßhalb fexirte: Ach, Sie wißen nicht, wie einem Mann zu Muthe ist, der sich in solchen Umständen befindet! Wir hatten zuerst ein halbes Schweinchen gebraten warm, Sülze, und Potatoes nebst grünem Salat, dann gefüllten Puter auch warm mit Pflaumen-Compot, Weinpudding (kalt) mit Vanillensauce und Berliner Ballen mit Geleé. 2 Flaschen Rheinwein, rothen Paras-Wein und eine Taße Tee. Alle amüsirten sich recht gut, wir Damen zogen uns um 10 Uhr zurück, da uns die Herrn zu stark rauchten, Letztere blieben bis beinahe 12 Uhr. Die arme Mutter hatte leider den nächsten Tag den ganzen Tag Kopfschmerzen, wahrscheinlich in Folge des zu guten suppers. Gestern Nachmittag war ich bei der guten Mutter mit Frau Iken und Frau Forke zusammen. Klara und Herman waren bei Schumachers wo Herr Lehrer Schmitz und Weilbacher ihren Schülern ein Fest gaben, die Kinder hatten erst Kaffee und Kuchen und nachher Ball und tanzten bis Abends 8 Uhr. Um diese Zeit kam Herr Böttcher mit einem andern Herrn auf seiner Durchreise nach San Antonio, er blieb bis 10 Uhr, nachdem er fort war, schrieb ich noch einen langen Brief an meine liebe Julie. Heute Morgen erhielt ich den ersten Brief von ihr von San Antonio, wo sie in dem Menger Hotel logirt. Den ersten Brief, worinn sie mich mit „Du" anredet! Die erste innige Freundschaft, seitdem ich von Deutschland fort bin, also seit mehr denn 15 Jahren; keine Freundinn außer Louise Korte, habe ich so lieb gehabt, wie Julie, selbst Alwine Tillmann nicht! – Otto ritt Heute Morgen auf einem von Mr. Mathers Pferden hinauf zu Herr Rittberg, um diesem die Pferde auf Credit zu verkaufen, wozu ich ihm sehr rieth, damit er die Sorge dafür los würde.

1. Heute war Herr Erkel von Seguin hier, und sagte mir, der Schumacher Tompson wolle unsere Häuser in Seguin kaufen, wenn doch aus der Sache etwas würde!

3. Herr Dr. Bracht bot mir schon oft seine Pferde an zum Reiten, da ich aber nie von seinem gütigen Anerbieten Gebrauch machte, so kam er Heute Mittag gegen 2 Uhr und brachte mir sei-

nen schönen braunen Hengst, schon gesattelt, hierher. Ich machte
einen sehr angenehmen Ritt mit ihm, durch die Comalstadt, wo
die Weizenfelder im prachtvollsten Grün prangten, zum Missions-
berge hinauf. Wir begrüßten Frau Conring, Marie und Emma
Benner, und ritten dann den steilen Klappenbachs Berg herunter,
sagten Mutter guten Tag, und ritten dann nach Haus.

7. Heute war ein ungewöhnlich heißer Tag; ich habe schon viele von unsern Meubles verkauft, auch schon alle Federbetten.
Letzten Samstag, als wir aus dem Gesangverein kamen (wo ich
mit zum Committee gewählt wurde, um ein Program für das Ostern stattfindende Conzert zu entwerfen) hörten wir zu unserer
Freude, daß Gustav auf Urlaub gekommen sei, um uns vor unserer Abreise noch einmal zu sehen. Sontag Mittag aßen Mutter,
Helen und Gustav, Henry, Louis und Meta Runge mit uns, Otto
reiste Morgens in aller Frühe nach San Antonio und Herman war
den Samstag vorher nach Nolte's geritten, um zu fischen, brachte
aber keinen Fisch mit nach Hause. Nachmittags kamen noch
Mary Pearce, Herr Reifert und Miss Charlotte Graves, Herr Runge und Dr. Kapp zum Caffee, und wir amüsirten uns recht gut.

8. Herr Runge brachte mir einen liebevollen Brief von seiner
Frau, und bat mich, da er den nächsten Morgen früh nach San Antonio müße, nach seiner Locum zu sehen, deren Baby sehr krank
sei, er wünsche sehr, daß Locum die Milch behielte, damit sie
Juliens Kind mit stillen könne, welches ich ihm recht gern versprach, Ich gab ihm einen Brief an Otto, und seine Frau mit.

9. Heute Nachmittag war ich bei Mutter, die arme Frau leidet
sehr an Rheumatismus. Tante Hanchen ist sehr krank, ich ließ Dinah letzte Nacht bei ihr schlafen. Heute ist es ganz schauerlich
kalt, Gestern Sommerhitze, und Heute friert und niselt es.

Ich ging Heute Morgen zu Locum Runge, ihr Baby scheint auf
der Beßerung zu sein, welches ich Heute Mittag nach dem Eßen

März 1865

an Julie schrieb, um sie zu beruhigen. Mary saß mit den Kindern ganz vergnügt um den Ofen.

Den 8. war Julius mit seiner Frau hier, um Mutter vorher zu sehen, ehe wir abreisen. Dem armen Mann sind 1000 $ in Houston aus einem Koffer gestohlen worden, oder vielmehr Herrn Kampmann, welchem er das Geld mitgegeben, um ihm in San Antonio Waaren dafür zu kaufen.

Walter schrieb an Mutter, daß er zum Leutenant erwählt sei, und jetzt eifrig studire, um sein Examen zu machen. Frau Maas würde mit einem Blocade Runner nach Havanna gehen.

Hier endet das letzte von Elise Wuppermanns texanischen Tagebüchern. Aus den Erinnerungen ihrer Tochter Clara wissen wir, wie die Geschichte weiter geht. „Meine Eltern hatten seit Jahren den Plan, wieder nach Deutschland zurückzugehen, zahlreiche Male besprochen und, als es schien, als werde der Sezessionskrieg noch lange dauern, im Frühling 65 die Vorbereitungen zur Ausführung dieses Plans getroffen. In Seguin schon war alles Entbehrliche von meiner Mutter verkauft worden, und nachdem mein Vater, als bei der Behörde beschäftigt, dort seinen Abschied wegen andauerndem Rheumatismus bekommen hatte, wurde der Rest in Braunfels verkauft. Ein großer Reisewagen mit 6 Sitzen, mit zwei großen Mulen davor sollte außerdem auf dem Kutschplatz neben meinem Vater sitzend Tante Helene, dann Mutter, Großmutter und die kleinen Geschwister Eugen, Lilly und Richard aufnehmen. Ein Fuhrwagen mit vier Mulen, dem Amerikaner Galeher gehörend, der selber kutschierte und, wie ich mich erinnere, kränklich und meistens missmutig war, sollte alles Gepäck, Lebensmittel für Wochen, Matratzen und Bettzeug enthalten und in dem ich und mein Bruder mit Mr. Galeher fahren sollten.

März 1865

Mr. Jean und sein junger Kommis, der Spanier Mr. Navarran, wollten ebenfalls die Reise nach Mexico machen.

In St. Antonio, dem ersten Ziel der Reise, sollten wir uns einer ganzen Anzahl von Reisenden in eigenen buggies, unter anderen einem katholischen Bischof in großem, bequemem Wagen, mit ihren Dienern anschließen. Da die mexicanische Bevölkerung als sehr bigott ihre Geistlichkeit hoch verehrt, sah man in dem Bischof einen Schutz gegen mexicanische Räuber. Es war der Indianer und Räuber wegen geboten, in großer Gesellschaft zu reisen, begleitet von einer Anzahl berittener Mexikaner, die schon dazu angeworben waren. Nach vielen Abschiedsfestlichkeiten und vielerlei Schwierigkeiten fuhren wir am 20. April 1865 in unseren zwei Wagen von Neu-Braunfels ab und kamen abends in unser erstes camp."

„Nun nahte sich die Zeit des Abschiedes. Einladungen und Picknicks häuften sich, allerlei Beisteuern zur Reise, als Gelee, Zwieback, Sardinen, von Bekannten gestiftet, sammeln sich. Inzwischen wird noch ein Konzert und Ball zum Besten der Familien der Soldaten abgehalten, wozu viele Bekannte aus Seguin kamen und wovon noch ein Programm existiert. Es wurde eine Auktion abgehalten bei uns und Großmutter, wir kampierten noch im Hause bei schon verkauften Möbeln, auf Reise-Matratzen auf dem Boden. Unsere Negerinnen wurden auf je ein Jahr vermietet. Lou für 80 Dollars an Hotel Schmitz als gute Köchin und Dina für 60 Dollars an ein altes Ehepaar. Bei der Vermietung wurde großer Wert auf gute Behandlung für die zwei Negerinnen gelegt. Wir wurden teils durch schlechtes Wetter, teils durch die Schwierigkeit, einen Fuhrmann und Wagen für unser Gepäck zu finden, aufgehalten. Meist wollten die Frauen nicht, dass ihre Männer die weite, gefahrvolle Reise machten. Endlich am 19. April wird

mit dem Amerikaner Galeher ein Kontrakt geschlossen und am 20. abgefahren."

Es folgt eine abenteuerliche Reise, zunächst nach San Antonio und von dort mit einer größeren Reisegesellschaft weiter zum Rio Grande, über die Clara einen spannenden und farbigen Bericht in englischer Sprache verfasst. Immer wieder verlieren die verschiedenen beteiligten Gruppen einander aus den Augen. Jeden Tag erneuert sich die Suche nach einem geeigneten Lagerplatz, nach trinkbarem Wasser für Menschen, Pferde und Maultiere oder nach einem Unterschlupf gegen plötzlich einsetzenden Regen. Begleitet wird die ganze Reise von der Furcht vor Indianern, Pferdedieben und mexikanischen Räubern. Otto verletzt sich bei einem Sturz das linke Knie so schwer, dass er nur auf improvisierten Krücken „a little" gehen kann.

Schließlich erreicht die Reisegesellschaft den Rio Grande. Von einem Offizier der Conföderierten erfährt Otto, dass Präsident Lincoln tot und der Krieg aus ist. Am 8. Mai setzt die Familie von Brownsville in Texas nach Matamoros in Mexico über. Dort müssen sie zwei Wochen ausharren. Sie wohnen in derselben schlechten Wohnung, „die Staehelys vor einem Jahr hatten, bei einem alten Mexicaner und Tochter, 2 ½ Dollars am Tag Miete - zwei Zimmer auf dem Hof, wo Pferde stehen - gestampfter Lehmboden - Ratten, Mäuse, Kellerasseln und besonders Flöhe quälen uns sehr. (Meine Großmutter versprach mir 10 cents, wenn ich 100 Flöhe gefangen hätte; als ich es auf 80 gebracht hatte, reisten wir ab und ich bekam nichts!)"

Ein Dampfer bringt sie zur Mündung des Rio Grande in den Golf von Mexico. Dort nimmt sie am 1. Juni das Segelschiff „Willi" an Bord. Die Seereise nach Liverpool dauert 7 ½ Wochen. Mit der Eisenbahn fahren sie nach Hull, mit dem Dampfer weiter nach Rotterdam und abermals mit der Eisenbahn nach Barmen, dem Ziel der Reise. „Nachdem sich meine Eltern bei dem guten Onkel Gustav Wuppermann und Tante Isidore in Barmen erholt hatten, gingen sie auf die Suche nach einem Wohnort, und als sie

Laura Wuppermann
verh. Vowinckel

Walter Wuppermann

diesen in dem reizenden Städtchen Boppard am Rhein gefunden, zog die ganze Familie im September 65 dorthin. Es war das herrliche Weinjahr, und als etwas ganz Neues wurden wir überall in die Weinberge eingeladen und taten uns gütlich an den herrlichen, süßen Trauben.

Großmutter Tips und Tante Helene, welche inzwischen Onkel und Tante Staehely in Wiesbaden besucht hatten, zogen auch nach Boppard, wo schon zwei alte Geschwister meiner Großmutter lebten. Im Oktober wurde dann meine jüngste Schwester Laura geboren. "

Laura blieb nicht das letzte Kind aus der Ehe von Elise und Otto Wuppermann. 1874 wurde Walter Wuppermann geboren. Als er 24 Jahre alt war, folgte er seinem älteren Bruder Richard Lee, der schon 1890 in sein Geburtsland Texas zurückgekehrt war. Er blieb dort, heiratete und seine Nachkommen leben in den Vereinigten Staaten.

Dank

Dank schulde ich Julia Moore. Sie ist eine Ur-Ur-Enkelin von Minchen Reuter geb. Tips und Wilhelm Reuter, die beide häufig in Elises Tagebüchern erwähnt werden. Sie erforscht die Familiengeschichte der Familien Tips und Nohl, betreibt eine familiengeschichtliche Website und arbeitet an einer romanhaften Darstellung des Lebens von Minchen Tips, die in Texas ihren ersten und zweiten Ehemann jeweils nach kurzer Ehe verlor, deren dritter Ehemann Wilhelm Reuter auch nicht alt wurde und die dennoch unter schwierigsten Umständen ihre Töchter und sich selbst durchbrachte. Julia hat mir die Ergebnisse ihrer eigenen Forschungen und das Buch über die „Bremerverwandtschaft" zugänglich gemacht und mir Dateien von Fotos überlassen. Auf ihr geplantes Buch darf man gespannt sein. Ich danke auch dem Familienverband und seinem Vorsitzenden Carl-Dieter Wuppermann, dass ich im Familienarchiv wühlen und Dokumente scannen durfte.

Elises Herkunftsfamilie

Johann Conrad Tips ∞ **Anna Caroline Braun**
(1797-1850)   (1800-1885)

Die Kinder

Friedrich **Julius** Conrad Tips ∞ Anna Peltzer
(1828-1867)

Elise Tips   ∞ Otto Wuppermann
(1830-1918)   (1818-1908)

Eduard Tips ∞ Olga Basse
(1832-1872)

Hermine Tips ∞ Johann Abraham Staehely
(1833- 1903)

Klara Tips
(1835-1850)

Gustav Tips ∞ Marie Sherman
(1839-1917)

Walter Tips ∞ Johanna Mary Jane Pearce
(1841-1911)

Helene Tips ∞ Karl Emil August Reiffert
(1844-1930)

Ottos Herkunftsfamilie

Reinh. Theod. Wuppermann   oo   **Anna Sophie von Oven**
(1782-1858)   (1784-1827)

Die Kinder

Maria Anna (1807-43)   oo   Wilhelm Matthaei

Carl **Theodor** (1809-89)   oo   Emma Scheibler

Albert (1810)

Laura (1811-62)   oo   Johann Peter Hösterey

Mathilde (1813-50)   oo   Joh. Friedrich Auffermann

Pauline (1814-38)

Hulda Bertha (1815)

Adolf (1816-17)

Otto (1818-1907)   oo   Elise Tips (1830-1918)

Clara Sophia (1819-46)

Gustav (1822-1902)   oo   Auguste Amalie Teschemacher
                                          oo   Isidore Leistner

Ernst (1824-1901)   oo   Bertha Engstfeld

Georg (1825-32)

Inhalt